AF252244

*LA*

# POLITIQUE

# NATURELLE.

***

TOME SECOND.

***

# LA POLITIQUE NATURELLE.

## OU

## DISCOURS

### SUR LES

### VRAIS PRINCIPES

### DU

## GOUVERNEMENT.

PAR UN ANCIEN MAGISTRAT.

*Vis consili expers mole ruit suâ.*

HORAT. ODE IV. Lib. III. vers 65.

## TOME SECOND.

## LONDRES.

## MDCCLXXIII.

# POLITIQUE NATURELLE.

---

## TOME SECOND

---

# DISCOURS V.

# DES ABUS

## DE LA SOUVERAINETÉ.
## DU POUVOIR ABSOLU.
## DU DESPOTISME
## ET DE LA TYRANNIE.

### §. I. *Définition du Despotisme.*

Tous les hommes desirent le bonheur, mais il en est très peu à qui le sort permette d'en jouir. Nulle Société ne peut être heureuse sans liberté, néanmoins, par une fatalité déplorable, presque toutes les Nations gémissent dans les fers. Les contrées les plus vastes sont soumises aux volontés arbitraires d'un petit nombre de mortels à qui l'on diroit que le destin a livré, sans réserve, le reste des humains. Sur quelque partie de la terre que nous portions nos regards, dans les climats glacés du septentrion, sous les zônes les plus tempérées, dans ces pays qu'un soleil brûlant échauffe de ses rayons, par-tout nous voyons des Peuples soumis à des monstres sans pitié qui les gouvernent avec un sceptre de fer. Des millions d'hommes ne semblent nés,

que pour travailler au bien-être d'un feul homme qui fe croit un Dieu, & qui dès lors fe perfuade qu'il ne doit rien à des êtres qu'il fuppofe
d'un ordre inférieur, ni à la Société de qui il
tient fon pouvoir. Il s'imagine que tout lui eft
permis, que les loix les plus facrées de la Nature
font faites pour céder à fes caprices, en un
mot, qu'à lui feul appartient le droit de nuire à
tous, fans que perfonne ait celui de s'en plaindre.

Le *Defpotifme* eft un pouvoir ufurpé qui fe
fonde fur la prétention abfurde, que la volonté
quelconque du Souverain doit faire la loi dans
la Société. La *Tyrannie* n'eft que cette volonté,
quand elle eft injufte. Un Tyran eft un Souverain qui, en forçant la Société de plier fous fes
volontés les plus injuftes, ne fait que réalifer les
prétentions du Defpote. Il faudroit qu'un homme fût bien ftupide, fi pour être un Souverain,
au lieu d'être un Tyran, il ne lui en coûtoit que
la peine de faire des loix, & qu'il ne les fît pas.

Presque tous ceux qui gouvernent les hommes veulent exercer fur eux l'Autorité la plus
illimitée; cependant ils font effrayés des noms
de *Defpote* & de *Tyran*; ils ne peuvent fe diffi-
muler combien ces titres font odieux. Sous les
Souverains les plus pervers, il eft des Sujets
favorifés qui, partageant avec leurs maîtres les
fruits de l'oppreffion, fouffrent impatiemment
qu'on leur donne les vrais noms qu'ils méritent.
L'adminiftration la plus corrompue trouve toujours
& des adhérents & des apologiftes. D'un autre
côté, tout homme méchant croit avoir à fe
plaindre du Gouvernement qui contient fes paf-

ssons, ou qui ne se prête point à ses vues déréglées; il se plaint alors de vivre sous le Despotisme. Bien plus, il est des hommes qui pro-
diguent le nom de Tyrans aux Souverains les
plus vertueux, dès qu'ils n'adoptent point leurs
idées, ou refusent de se prêter à leurs passions,
à leur fanatisme, à leurs fureurs intolérantes,
ou même encore, lorsqu'ils les empêchent de
nuire. L'homme corrompu trouve légitime tout
pouvoir qui favorise ses égaremens, & traite
de tyrannie celui qui les réprime. Pour ôter
toute équivoque, tâchons de fixer le vrai sens
que l'on doit attacher à la Tyrannie.

## §. II. *De la Tyrannie.*

LE Tyran est un Souverain qui abuse des
forces de la Société pour la soumettre à ses propres passions qu'il substitue aux loix. En général, la Tyrannie est l'injustice appuyée de la force. Elle n'est propre à aucune forme de Gouvernement. Sous la Démocratie, le Peuple devient le plus souvent un tyran déraisonnable qui
ne connoît d'autres regles que les caprices qu'on
a sçu lui inspirer. Dans ce Peuple si vanté,
qui bannit Aristide, Miltiade & Cimon, qui
fit empoisonner Socrate, qui livra Phocion au
supplice, je ne vois qu'un Tyran ingrat, injuste
inhumain: dans ces Spartiates qui traitoient leurs
Hélotes avec une barbarie étudiée, je ne vois
que des monstres odieux: enfin dans ce Sénat
Romain, oppresseur de ses Concitoyens ou du
reste de la terre, je ne vois encore que des Tyrans vainqueurs d'une foule d'autres Tyrans.
L'Aristocratie n'est très souvent que la tyrannie

de plufieurs Citoyens, ligués pour foumettre les autres à leurs vues intéreffées. Les *Inquifiteurs d'Etat* de Venife font des Tyrans autorifés par le Sénat à détruire, même fur des foupçons, tous ceux qui peuvent inquiéter leur Gouvernement ombrageux. Sous le Gouvernement mixte, la Tyrannie peut s'introduire, dès qu'un des Ordres de l'Etat, entre lefquels le pouvoir fuprême eft partagé, s'en fert pour opprimer les autres. Enfin la Monarchie dégénere en tyrannie, dès que le Monarque emploie le pouvoir que la Nation lui confie pour foumettre les loix à fes injuftes caprices. On vit fous la tyrannie, dès que la juftice ceffant de commander eft forcée de plier fous les paffions de l'homme.

### §. III. *Signes de la Tyrannie.*

QUELS font donc les caracteres auxquels la Société reconnoîtra la tyrannie? D'après quoi jugera-t-elle fi fes Chefs abufent de leur pouvoir? C'eft une tyrannie de fubftituer fes paffions aux loix de la Nature & aux intérêts de la Société: c'eft une tyrannie d'afservir une Nation avec les forces qu'elle n'a confiées que pour fa propre fûreté: c'eft une tyrannie de vouloir fans la loi fe rendre l'arbitre de la vie, de la perfonne, de la liberté, des biens de fes Sujets: c'eft une tyrannie de prodiguer fans néceffité réelle le fang & les tréfors des Peuples: c'eft une tyrannie de troubler les confciences des hommes & de les forcer à fe conformer à fes propres opinions, à fon culte, à fes préjugés: c'eft une tyrannie de faire taire les loix pour les uns, & de s'en fervir pour égorger les autres: c'eft une

tyrannie de priver le mérite & la vertu des récompenfes qui leur font dues, pour les accorder
à l'inutilité & au crime : enfin c'eft une tyrannie
de vouloir commander à une Nation contre fon
gré.

. TELS font les traits généraux fur lefquels
la raifon & l'équité veulent que la Société regle
fes jugemens. Voyons maintenant d'où peut
naître cette paffion fi générale qui porte tous les
Souverains à défirer l'exercice d'un pouvoir dont
le nom les effraie, & dont les effets, quoique
toujours funeftes pour eux-mêmes, leur parois-
fent fi dignes d'envie.

### §. IV. *Du defir de dominer.*

LE defir de dominer & d'être préféré aux
autres, eft une paffion naturelle à tous les hommes: elle eft fondée fur l'amour de foi fi effen-
tiel à notre efpece, qui fait que nous voudrions
fans ceffe obliger nos femblables de travailler à
notre bien-être, de contenter nos défirs, de
nous procurer des plaifirs. La plupart des hommes veulent exercer un empire abfolu dans la
fphere qui les environne. -Un pere de famille
ne fait-il pas fouvent éprouver à fa femme,
à fes enfans, à fes domeftiques, à ceux qui dépendent de lui, les effets de fes caprices les plus
injuftes? Tout homme que la raifon n'éclaire &
ne retient pas, eft ennemi de la liberté des autres; il craint que l'indépendance dont il les
voit jouir, ne le prive lui-même des fervices &
des fecours qu'il voudroit en tirer: il fe flatte
que la force les obligera bien mieux à concourir

à ſes vues. L'homme le plus amoureux de ſa propre liberté, eſt ſouvent le tyran de celle des êtres qui lui ſont ſubordonnés. La moitié du genre humain eſt réduite à gémir ſous l'oppreſſion de l'autre.

Néanmoins ce déſir que chaque homme a de dominer, l'oblige de lutter contre l'amour de la liberté ou de l'indépendance qui anime ſes ſemblables, & qui leur eſt également naturel. Il ſubſiſte donc un conflict perpétuel entre les differens membres de la Société. Perſonne ne conſent à ſe ſoumettre à un autre, s'il n'y trouve de l'avantage, c'eſt-à-dire, s'il n'eſpere recueillir les fruits de ſa ſoumiſſion. Ainſi l'eſpoir du bonheur fait que l'on ſacrifie ſous condition l'amour de l'indépendance: perſonne ne renonce gratuitement aux droits de ſa nature; perſonne ne conſent à ſe voir aſſervir ſans profit. Tout homme voudroit conſerver ſa liberté; tout homme oppoſe une volonté permanente, à celle qui veut le ſubjuguer; la force ou la ruſe décident le combat entre la paſſion de dominer & celle d'être libre, qui ſont également naturelles aux hommes.

Le même combat qui ſe livre entre des individus de l'eſpece humaine, ſubſiſte entre les Nations & ceux qui les gouvernent. Chaque membre veut être libre, c'eſt le vœu général de la Société; mais les intérêts, les paſſions, les idées de ſes membres, rarement d'accord entre eux, les empéchent de ſe réunir pour agir de concert & pour oppoſer une digue aſſez puiſſante aux volontés d'un Souverain qui marche conſtam-

ment

ment à son but, ou qui les divise pour les faire
servir à ses projets. Le combat est donc toujours très inégal entre les Peuples & ceux qui
les gouvernent. En effet les Souverains, dépositaires des forces de l'Etat & distributeurs de
ses bienfaits, trouvent sans peine les moyens de
faire entrer dans leurs complots des hommes sé-
duits ou intimidés, dont les secours mercénaires
les aident à subjuguer le reste de leurs Concitoyens; l'intérêt particulier met ceux-ci aux prises, leur fait perdre de vue l'intérêt général, &
rend inutiles les efforts qu'ils pourroient faire
pour arrêter les entreprises de leurs Chefs. Par
une suite de cette division, il n'est que très peu
de contrées dans le monde où l'homme le plus
vertueux jouisse tranquillement de sa personne,
de son bien, & puisse dire avec assûrance que
l'une & l'autre sont à lui & ne deviendront jamais la proie d'un usurpateur.

#### §. V. *Origine du Despotisme.*

L'IDOLÂTRIE fit tomber le statuaire aux
pieds de l'image que ses mains avoient formée.
La superstition fit tomber les Nations aux pieds
des Chefs qu'elles avoient créés.

QUELQU'AIENT été les efforts des Souverains & de leurs associés pour priver le reste de
la Nation de la liberté, & pour prendre sur elle
une autorité sans bornes; peut-être ne seroient-
ils jamais parvenus à la faire totalement plier,
si l'opinion & l'ignorance ne fussent venues à
leur secours. La superstition, fondée sur la
crainte que les Peuples ont des puissances

invifibles qui gouvernent la nature, fe joignit à
la force, elle engourdit l'entendement des hommes, elle les accoutuma au joug que leur raifon
rejettoit; l'opinion confolida, l'ouvrage de la
violence. Ainfi la fuperftition produifit ce miracle ; des terreurs furnaturelles redoublerent
la timidité naturelle que faifoit naître la force;
les Nations accoutumées à trembler fous des
Chefs barbares, tremblerent encore plus fous
des Dieux qui approuvoient la barbarie.

### §. VI. *Caufes de l'Efclavage.*

L E s hommes ne font efclaves que parce qu'ils
font timides, ignorants, déraifonnables. S'il
eft des pays où regne la liberté, ce font ceux
où la raifon a le plus de pouvoir. Ceffons donc
d'attribuer toujours au climat, l'efclavage fous
lequel gémiffent la plupart des Peuples. Les
fables brûlans de la Lybie, les plaines fertiles de
l'Afie, les forêts glacées du Nord obéiffent é-
galement à des Defpotes révérés. Les fuper-
ftitions des Peuples, quoique très variées entre
elles, s'accordent toutes à les endormir dans
l'ignorance & les fers. Comment imaginer que
le climat puiffe être la caufe unique de leur fervitude? Dira-t-on que le foleil qui échauffoit
les Grecs & les Romains, autrefois fi jaloux de
leur liberté, ne lance plus les mêmes rayons fur
leurs defcendans dégénérés ? Leurs mains ne
cultivent-elles point aujourd'hui les champs jadis
arrofés du fang de leurs ancêtres magnanimes?
Ces efclaves avilis ne foulent-ils pas fous leurs
pieds les monuments de leurs peres glorieux?
Ce n'eft donc point le climat qui foumet au Des-

potifme, il s'introduit par la force & la rufe, il s'établit & fe maintient par la violence, par l'impofture & fur-tout par la fuperftition: elle feule eft en poffeffion de priver les hommes de lumieres & de leur interdire l'ufage de la raifon: elle feule leur fait méconnoître leur nature, leur dignité, leurs privileges inaliénables; après les avoir trompés au nom des Dieux, elle les fait trembler aux pieds des Rois.

## §. VII. *Effets de la Superftition.*

Il ne fallut rien moins qu'un délire confacré par le ciel, pour faire croire à des êtres amoureux de la liberté, cherchant fans ceffe le bonheur, que les dépofitaires de l'Autorité Publique avoient reçu des Dieux, le droit de les afſervir & de les rendre malheureux. Il fallut des Religions qui peigniffent la Divinité fous les traits d'un Tyran, pour faire croire à des hommes que des Tyrans injuftes la repréfentoient fur la terre. Il fallut l'aveuglement le plus complet, pour confondre l'abus avec le pouvoir, la loi avec le caprice, la violence avec le droit, l'injuftice avec l'équité. Ce fut, fans doute, dans ces moments d'ivreffe, que les Rois prétendirent avoir pris avec leurs Peuples des engagements fubreptices, fi avantageux pour eux feuls, & fi nuifibles pour les infortunés. avec lefquels ils difoient avoir contracté; ces Rois fe font perfuadés que ni la nature, ni la raifon, ni le tems, ni la volonté des Peuples, ni la néceffité même des chofes ne pouvoient anéantir un pacte infidieux. Ainfi ils s'arrogent le droit d'être impunément injuftes, fans ceffer d'être les maîtres; les Na-

tions intimidées oſerent rarement contredire les
puiſſances céleſtes, armées avec celles de la terre
pour les tenir ſous le joug. La voix de l'impoſture avoit crié aux hommes : „ ſoumettez vous
„ ſans murmure à des êtres privilégiés que les
„ Dieux irrités ont établis ſur vos têtes; étouf-
„ fez les cris d'une nature rebelle qui vous or-
„ donne de vous conſerver, qui vous permet de
„ vous défendre, qui veut que vous cherchiez
„ votre bonheur. Abjurez une raiſon criminel-
„ le; qu'elle n'examine point des droits que le
„ ciel autoriſe. Votre ſang, votre exiſtence,
„ votre vie appartiennent à un mortel que les
„ puiſſances d'en-haut ont choiſi pour vous
„ commander; il aura le droit de vous rendre
„ malheureux; il ſera l'exécuteur des vengeances
„ divines; il ſera le miniſtre des fureurs du
„ Très-Haut: pour vous, il ne vous reſtera
„ pas même le droit de vous plaindre. Si votre
„ audace vous faiſoit douter de ces oracles, &
„ le fer & le feu vous pourſuivroient en ce mon-
„ de, & des tourmens éternels puniroient dans
„ un autre votre déſobéiſſance ſacrilege. ”

ACCABLÉ de ſes craintes & rempli de préjugés, l'homme porta ſes chaînes avec patience:
il fit taire ſa raiſon, il réſiſta au deſir d'améliorer ſon ſort; il craignit de redoubler ſes maux,
au lieu de les ſoulager; il prit ſes calamités,
ſuites naturelles des paſſions & des folies de ſes
injuſtes maîtres, pour des châtiments du ciel
auxquels il falloit humblement ſe ſoumettre.
Lorſqu'un heureux haſard lui donna des Souverains plus humains & plus raiſonnables, il en
rendit graces aux Dieux: lorſque le ſort lui don-

na des Tyrans, il les prit pour des fléaux du ciel juſtement courouçé de ſes fautes. Il devint donc de plus en plus aveugle & ſuperſtitieux. La tyrannie & la ſuperſtition ſe ſervent preſque toujours de ſupports & d'aliments réciproques. C'eſt ainſi que la plupart des Peuples de la terre ſont tombés dans cette langueur, dans cette ſtupidité, dans cette inertie qui les rend preſqu'inſenſibles aux maux qu'ils ne ceſſent d'éprouver.

## §. VIII. *Orgueil du Deſpote.*

Tout homme qui ſe ſent du pouvoir, eſt tenté de ſe croire un être privilégié. Un bonheur continuel le rend inſenſible aux miſeres des autres hommes, & lui endurcit le cœur: l'impunité l'enhardit au crime; le ſuccès de ſes entrepriſes l'enorgueillit; à la fin il ſe perſuade qu'il eſt d'une autre eſpece, que le reſte des mortels qu'il voit anéantis à ſes pieds; il finit par les mépriſer. Parvenu à regarder ſes ſemblables comme des êtres indifférents & abjeĉts, quels motifs auroit-il pour s'occuper de leur bonheur? Comment pourroit-il ſonger qu'il leur doit quelque choſe?· Ces ſentimens hautains ſont encore entretenus par l'inexpérience de la miſere. Tout mortel qui n'a jamais goûté la coupe de l'infortune, ne peut être ſenſible aux peines des infortunés: l'homme heureux eſt communément un être ſans pitié. Que deviendra donc un Prince en qui ces diſpoſitions ſont alimentées par l'éducation & fortifiées par l'habitude? Entouré, dès l'enfance, de vils flatteurs qu'il voit proſternés à ſes pieds, leurs leçons ſeroient-elles bien propres à contenir ſes paſſions? Depuis l'âge le plus tendre, il est environné d'empoisonneurs qui lui répetent sans cesse qu'il est tout, que son Peuple n'est rien; il n'entend que des esclaves qui l'entretiennent de sa propre grandeur & du néant des autres; il ne voit que des Courtisans vicieux qui le corrompent dans l'espoir de tirer parti de ses inclinations dépravées: il n'écoute que des Prêtres qui le tiennent dans l'ignorance de ses devoirs, & l'abbreuvent de préjugés: il ne connoît d'autres vertus que celles que lui inspirent des fanatiques qui n'en ont eux-mêmes aucune idée. Ses yeux ne rencontrent que des hommes engraissés du sang des Peuples, qui lui dérobent le spectacle des infortunes qu'ils causent. Quelles dispositions assez heureuses résisteroient aux impressions de tant de gens, ligués pour dépraver un Souverain! Il seroit un prodige, s'il ne devenoit un monstre d'orgueil & d'insensibilité. Sans les flatteurs, existeroit-il tant de Tyrans sur la terre?

Elevés dans la licence & retenus dans l'ignorance de tous devoirs, les Despotes devinrent les ennemis nés & les fléaux de leurs Sujets. Renfermés dans leurs palais, afin d'être plus respectables, ils se rendirent invisibles comme les Dieux. Endormis dans la mollesse, ils ne songerent nullement à s'occuper des soins pénibles de l'administration; ils se livrerent à l'oisiveté, à l'indolence, à la débauche. Les Nations furent épuisées pour fournir aux plaisirs fantasques de leurs Tyrans ennuyés, à l'avidité de leurs Ministres, & au luxe insultant de leurs Cours. De tous les attributs de la Divinité que ces indignes Souverains prétendirent représenter,

la bienfaifance, l'humanité, la juftice furent les
feuls qu'ils oublierent de montrer. Accoutumés
dès l'enfance à dédaigner les hommes, à fe croire des êtres furnaturels, ils ne laifferent plus
tomber leurs regards fur une foule méprifée. Il
n'y eut plus qu'un feul homme dans chaque Société, elle ne travailla que pour lui, il ne fit
rien pour elle; lorfqu'il s'en fouvint, ce ne fût
que pour aggraver fes maux, pour appefantir
fes chaînes, pour imaginer des moyens ingénieux
d'augmenter fes miferes.

DEVENU féroce à force d'orgueil & de flat-
teries, le Defpote ne ménagea pas plus la vie de
fes Sujets que leurs propriétés: ufurpateur d'un
pouvoir que rien ne put contenir, il ne regarda
les hommes que comme des marche-pieds faits
pour le conduire où fon ambition le guidoit.
Sous les prétextes les plus légers, on lui vit
entreprendre fans remords des guerres auffi inutiles que cruelles. Les Sujets d'un maître abfolu
ne connoiffent rien de facré, que fes volontés
les plus folles. Ils fe font un honneur de périr
par fes ordres; ils mettent toute leur gloire à fe
dévouer pour lui; contenter fes defirs eft l'objet
unique de toutes les actions: dans une Nation
dégradée, les Citoyens ne fe diftinguent que par
l'empreffement qu'ils montrent de plaire ou d'o-
béir à leur maître. L'unique reffource qui refte
à la vanité d'un Peuple avili, eft de s'approprier
la vaine gloire de fon Tyran. Celui-ci, cou-
ronné de lauriers également couverts du fang de
fes Ennemis & de fes Sujets, commande encore
plus infolemment à fes Etats dépeuplés, épuifés,
malheureux même de leurs victoires.

## §. IX. *Foiblesse du Despote.*

La bonté d'un Despote est souvent plus funeste à ses Peuples que sa méchanceté. Dans les
mains d'un Prince, indolent, & privé de ferme-
té, quand par lui-même il seroit équitable, doux
& sensible, le pouvoir absolu ne rend point ses
Sujets plus heureux. La Nation, à l'insçu de
son chef, gémit sous l'oppression de tous les
Tyrans subalternes chargés des détails de l'administration. La foiblesse & l'incurie que l'é-
ducation fait communément contracter aux Princes, les livrent à la conduite de quelques Favoris
qui rendent leurs vertus inutiles, & qui seuls
savent mettre leurs foiblesses à profit. Egalement attentifs à s'assurer de la faveur, à soumettre leurs Maîtres, & à tenir les Peuples sous
le joug, ces Ministres ne sont occupés que d'eux-
mêmes; la Nation est la victime de complots &
d'intrigues qui n'ont que leur propre crédit pour
objet. Sous un tel Despotisme, la vérité, les
cris de l'infortune, la vertu sont écartés du
Trône; les trésors de la Société ne servent qu'à
rassasier l'avidité des Courtisans, & à récompenser les flatteurs, les parasites, les maîtresses de
ceux qui distribuent les graces. Les forces de
l'Etat sont successivement épuisées par des hommes frivoles & sans vues, que la faveur éleve &
détruit à chaque instant. Qui est-ce qui s'oc-
cuperoit péniblement du soin d'acquérir des talents, lorsque l'intrigue & l'ignorance décident
seules du mérite, & disposent des places? Les
guerres ne sont entreprises que pour satisfaire le
caprice & la vanité de quelques Grands; nul
systême dans l'administration; nulle suite dans les

projets; nul plan dans la conduite; la Nation
devient à tout moment le jouet des cabales des
Miniſtres & de l'indolence du Souverain. A
quoi ſervent les vertus du maître, quand l'injuſtice ou le délire de ſes repréſentans ne connoisſent aucun frein?

### §. X. *Maximes abſurdes du Deſpotiſme.*

C'est une maxime adoptée par le Deſpotiſme
que, non ſeulement ſes ordres ne doivent jamais
trouver de réſiſtance, mais encore *que l'autorité
ne doit jamais reculer.* Y a-t-il donc de la foibleſſe
ou de la honte à céder à la raiſon? N'eſt-il pas
plus noble & plus glorieux de reconnoître ſes er-
réurs, que de perſiſter ſottement dans des folies
avérées? Eſt-il un Prince que l'aveu ingénu des
fautes cauſées par la ſurpriſe ne rendît cent fois
plus reſpectable à ſon Peuple que ſon opiniâtreté
à ſoutenir une injuſtice? Mais les Deſpotes par la
crainte d'être mépriſés, ſe rendent déteſtables;
à l'exemple des Miniſtres infaillibles de la Religion, ils ne veulent jamais avouer qu'ils ont pu
ſe tromper; ils craindroient que leurs decrets ne
perdiſſent le ton ſublime des oracles.

S'ils conſentoient à les changer; comme ces
oracles ne ſont communément que l'ouvrage de
la paſſion, de l'intrigue, de la faveur, quelques
conſéquences qu'ils aient, quelqu'onéreux & révoltant qu'ils ſoient pour les Peuples, quelque
contradictoires qu'ils paroiſſent, ils deviennent
irrévocables & ſont toujours exécutés. L'autorité d'un Deſpote n'eſt point faite pour plier ou
reculer devant l'équité; tout homme qui parle

en fon nom doit être foutenu; tous ceux qui le repréfentent font cenfés illuminés comme lui; les Sujets deviennent criminels & féditieux, dès qu'ils ofent murmurer. Par cette affreufe politique, les Peuples gémiffent fans ceffe fous la Tyrannie de tous ceux qui font revêtus du pouvoir: ceux-ci font toujours fûrs d'être appuyés dans leurs oppreffions. Les foibles & les opprimés ont toujours tort fous un Gouvernement inique. Une Nation entiere eft traitée en rebelle pour foutenir le crime ou la folie d'un Tyran fubalterne.

### §. XI. *Folies du Defpotifme.*

TELS font les effets que produit le Defpotifme; telles font les fuites d'un pouvoir qui n'eft point tempéré par des Loix. Que fera-ce fi le Souverain eft un Tyran féroce qui, dépourvu d'humanité, écrafe fciemment fes Peuples fous le poid de fes paffions, s'il confent à être détefté pourvu qu'il infpire de la crainte, en un mot, s'il s'eft fait un front qui ne rougit d'aucun forfait? Que fera-ce fi le pouvoir fuprême fe trouve dans les mains de ces Tyrans fyftématiques qui prennent pour maximes de rendre leurs Sujets malheureux, afin de les rendre plus fouples & plus foumis! Que fera-ce fi ce pouvoir eft échu en partage à un conquérant ambitieux, qui ne regarde le fang de fes efclaves que comme une vile monnoie, pour lui acquérir des triomphes & de nouveaux Etats! Ces effets font bien plus funeftes encore, lorfque l'inertie & une longue fervitude ont énervé les Etats. Car ne nous y trompons pas, il ne peut y avoir de forces réelles, de puiffance, d'uniformité dans la marche du Defpotifme; l'impétuofité, le caprice, l'ignorance guident communément fes confeils. Tout fe fait avec violence, fous un Gouvernement violent. Les loix, les mœurs, les ufages changent en un inftant. Rien de fixe & de permanent fous une volonté toujours mobile & toujours obéie. Sans ceffe elle eft occupée à élever pour détruire, à réparer enfuite ce que fon imprudence avoit détruit. Des Princes qui fe fuccedent ne font jamais animés d'un même efprit; la mort d'un Souverain abfolu change en un inftant la forme de fa Nation; par des fecouffes fubites & réitérées dont la fantaifie feule eft le mobile, elle eft forcée de prendre le ton que le maître lui donne. Sous un Monarque guerrier tout fe porte vers la guerre; eft-il efclave de la fuperftition? tout devient dévot ou feint de l'être. A-t-il des goûts faftueux? le Peuple eft forcé de les payer de fa fueur. Eft-il par hafard éclairé ou fecondé par des Miniftres habiles? un fucceffeur ignorant, des Miniftres jaloux ou incapables fe piqueront de rendre inutiles fes travaux, & prendront en tout le contrepied de leurs prédéceffeurs. Eft-ii impérieux? tout tremble. Eft-il foible? tout tombe dans l'anarchie. En un mot, une contrée foumife au Defpotifme ne prendra jamais l'affiette que des loix ftables peuvent feules donner à un Gouvernement.

### §. XII. *Sa force eft précaire.*

QUELQUE réculées que foient les limites d'un Etat Defpotique, quelque nombreufes que foient fes cohortes, quelques foient fes tréfors & la fertilité de fon fol, l'expérience de tous les tems prouve que tous ces avantages font rendus inutiles par le délire de l'adminiftration ; fes fuccès momentanés ne font que des météores paffagers, & le Defpote finit par échouer dans toutes fes entreprifes. Des armées compofées d'efclaves font commandées par des favoris incapables. Une milice inconfidérée ne connoît d'autre mobile qu'un honneur chimérique qui n'eft réellement fondé que fur la vanité : les richeffes de l'Etat font diffipées par des Miniftres prodigues, & ne font employées qu'à fatisfaire le luxe, la moleffe & la frivolité de quelques Sultanes où de quelques Courtifans. Les récompenfes font arrachées au mérite & fervent à payer les hommages honteux que la baffeffe rend aux vices du Maître & de fes Vifirs. Les talents, la fcience, la vertu négligés, écartés ou punis font des objets incommodes ou inconnus au Defpote & à fes appuis. Comment l'incapacité jaloufe favoriferoit-elle le mérite qui lui fait toujours ombrage ? Comment l'impofture inquiete chercheroit-elle la vérité qui dévoileroit fes complots ? Comment des ames abjeetes & des cœurs endurcis dans le crime rendroient-ils juftice à la grandeur d'ame & à la vertu qui les forceroient de rougir ? Les vrais talents ne trouvent accès qu'auprès des Souverains qui, ayant eux-mêmes des talents, fçavent les démêler, les encourager & les forcer par leurs bienfaits à s'approcher du Thrône.

§. XIII. *Le Patriotifme eft incompatible avec le Defpotifme.*

Il ne peut y avoir de Patrie fous les volontés d'un Defpote. Un tel maître eft fait pour étouffer l'énergie, la grandeur d'ame, la paſſion pour la vraie gloire, l'amour du bien public. Les cœurs des Peuples aſſervis ne ſont point ſuſceptibles de ce beau feu qui embraſe le Citoyen généreux. Quel intérêt peut animer les Sujets du Deſpotiſme? Combattront-ils pour leurs poſſeſſions? Rien n'eſt à eux, tout appartient au maître. Défendront-ils leur bonheur? En eſt-il ſous la Tyrannie? La gloire ſera-t-elle leur mobile? Il n'en eſt point pour des eſclaves. S'armeront-ils pour leur ſûreté? Il n'en eſt point ſous des Tyrans. L'eſclave, qui n'a jamais qu'une exiſtence précaire, enſeigne dès l'enfance la baſſeſſe à ſa poſtérité mépriſée; il eſt ſaiſi de crainte à la vue de tout homme qui jouit du crédit & du pouvoir. Il ſçait que les Loix elles-mêmes ſont forcées de ſe taire devant l'autorité; il ſçait que la juſtice eſt ſans pouvoir pour protéger le foible; il ſçait que le bon droit a tort dans un pays où la volonté du maître décide à tout moment du juſte ou de l'injuſte & peut anéantir les loix. Ainſi, dès ſa naiſſance, accoutumé à s'avilir, l'eſclave du Deſpotiſme ne ſentira jamais les mouvemens de cette noble fierté qui, répandue chez les Citoyens, rend une nation grande, puiſſante & redoutable à ſes ennemis.

§. XIV. *Ses effets ſur l'agriculture & le commerce.*

VAINEMENT ſe flatteroit-on de voir l'agriculture fleurir dans des contrées ſoumiſes à des maîtres abſolus. Les campagnes rendues déſertes par la rigueur des impôts ſont encore plus dépeuplées, lorſque des guerres réitérées arrachent l'élite des cultivateurs à la charrue. La miſere force le la-

boureur à fuir fon champ, il cherche dans les
villes, un afile contre l'oppreffion & la pauvreté!
il y trouve une fubfiftance plus facile & des res-
fources contre une oifiveté que la Tyrannie rend
néceffaire.  Le Sujet du Defpote chercheroit - il
à fe multiplier? Hélas! il prévoit que fes enfans
feroient comme lui deftinés à des malheurs fans
fin.  Borné à une chétive fubfiftance que le travail le plus rude ne lui procure qu'à peine, en
augmentant fa famille, il augmenteroit des befoins qu'il ne pourroit fatisfaire  Son induftrie
lui deviendroit funefte parce qu'elle feroit bientôt
retomber fur fa tête des vexations nouvelles.
„ Les Pays, dit l'Auteur de *l'efprit des loix*, ne
„ font point cultivés en raifon de leur fertilité,
„ mais en raifon de leur liberté: l'on ne fait rien
„ mieux que ce que l'on fait librement. "

Le commerce, enfant de la liberté, pourroit-
il profpérer fous la tyrannie? Tout y devient
monopole ou exaction.  Le négoce eft méprifé
fous des Souverains partiaux qui ne diftinguent
que ceux de leurs efclaves dont le bras fert à enchaîner tous les autres.  Dans un pays où le hazard, l'intrigue & la faveur décident de tout, où
le crédit & le pouvoir font les feuls objets révérés, quel mobile encourageroit un commerce dé-
daigné par les Grands, opprimé, limité, circon-
fcrit par le Gouvernement, expofé aux extorfions de fes publicains? Si par une faveur du fort,
le Commerçant s'eft enrichi, il s'empreffe de fortir d'un Etat peu confidéré; féduit par le préjugé, il renonce bientôt à la profeffion de fes peres, pour paffer à une condition dans laquelle il
efpere joüir d'une oifiveté orgueilleufe qui le rende inutile à l'Etat: fi le Defpotifme déploie tou-

te fa rigueur, fi l'oppreffion eft exceffive, l'homme enrichi enfouira fon or, il ne jouira de rien,
il fe gardera bien de montrer de l'aifance & des
richeffes qui tenteroient l'avidité des fuppôts d'un
pouvoir à qui tout eft permis.

### §. XV. *De la Nobleffe fous le Defpotifme.*

Q'uest-ce que la Nobleffe dans un Etat Des-
potique? Peut-il y avoir quelque avantage, quelque prérogative, quelque rang dans une Nation
où le Sultan eft tout, & où les Sujets ne font que
ce qu'il lui plaît? Il n'exifte de grandeur, que
pour ceux que le Defpote éleve: il n'eft de prérogatives, que pour les ames baffes qu'il favorife; il n'eft de protection, que pour ceux qui confentent à ramper & à s'avilir. Choifis eux-mêmes par la cabale ou l'intrigue, les hommes revêtus du pouvoir ont rarement les talents de l'adminiftration. Occupés uniquement d'intrigues,
du foin de fe maintenir dans la faveur, ils s'em-
barraffent très peu de mériter les fuffrages d'une
Nation qui ne peut rien & dont ils peuvent é-
touffer les foupirs. L'émulation de bien faire
n'exifte point pour eux; il ne s'agit que de plaire à un maître indolent, indifférent, toujours facile à tromper, ou bien à ceux qui ont du crédit
fur lui. Ce n'eft communément ni l'incapacité,
ni les plaintes publiques, ni les crimes qui font
déplacer les miniftres d'un Defpote, ou qui font
tomber fes favoris en difgrace; c'eft le caprice
du maître, ce font les cabales de ceux dont ce
maître eft le jouet, qui font & défont les Vifirs
& les Satrapes; un Sultan dépourvu de raifon &
de fens, ne fçait pas s'il doit être content ou mé-

content des hommes qu'il emploie; fes fentimens d'affection ou de haine ne font pas même à lui. Comment des Maîtres de cette trempe feroient-ils fidélement fervis? Leurs Miniftres chancelants vivent à la journée; lorfque la faveur les aban-donne, ils rentrent dans l'oubli; leur ambition eft alors foiblement dédommagée par la jouiffan-ce des richeffes d'une Nation épuifée, dont ils fe font attiré le mépris & la haîne; leur pouvoir eft remis en des mains tout auffi peu capables. La Société eft fucceffivement la proie de Miniftres ignorans & pervers qui, en fe l'arrachant tour-à-tour, lui font des plaies profondes. Un Defpo-te n'eft pas fait pour avoir des Miniftres zélés & vertueux. La vertu, les talents, le mérite n'ap-prochent point de fon trône; la baffeffe, l'intri-gue, le vice conduifent feuls à fa faveur: inca-pable lui-même, il ne choifit que des hommes avilis; la grandeur d'ame, la fierté noble com-pagne du mérite, feroient des titres d'exclufion & des crimes dans des efclaves deftinés égale-ment à ramper.

## §. XVI. *Il anéantit toute Juftice.*

QUELLE Juftice peut-on attendre d'un pou-voir fondé lui-même fur l'injuftice, la violence & la déraifon! Les loix font fans ceffe, ou élu-dées par adreffe, ou violées ouvertement: elles font obfcures, pour que la fantaifie puiffe tou-jours les interpréter: elles font contradictoires & multipliées, parce que chaque circonftance mo-mentanée, chaque caprice du maître ou de fes puiffants Miniftres, chaque intéret en fait naître de nouvelles. Ces loix inventées par la paffion
d'un

d'un feul ou d'un petit nombre font communément deſtructives pour la Nation : contraires à la nature, elles multiplient les infracteurs ; dictées par l'intérêt, elles puniſſent avec atrocité & ſans proportion.   Les formes que l'habitude & l'uſage rendent reſpectables aux Peuples ſont les ſeules barrieres qui leur reſtent : mais ſouvent elles diſparoiſſent à la volonté du Souverain pour qui rien n'eſt ſacré.   Les droits, les prérogatives, les privileges des Corps, des Grands, des Particuliers ne peuvent être ſtables ; tout ce qui feroit immobile deviendroit un embarras ; le Deſpotiſme toujours changeant veut des êtres mobiles qui ſe prètent à tous ſes mouvements : ſemblable à ces enfans volontaires que la contrainte irrite, il veut tout briſer à ſon gré ; les juges qu'il choiſit pour perdre ceux qui lui déplaiſent, vendus à la faveur ou tremblants à la voix du crédit, ne prononcent que les arrêts qui leur ont été dictés.   La Majeſté des loix & la vénération due à leurs organes ne ſont point faites pour des pays où la force ſeule eſt reſpectée.   La nobleſſe, le rang, les titres n'y ſont que de vains noms dont le Maître flatte la vanité puérile de quelques-uns de ſes eſclaves, ſans leur procurer ni ſûreté ni prérogatives réelles.   Le pouvoir abſolu fait rentrer à chaque inſtant dans la pouſſiere les têtes les plus orgueilleuſes.   Tant que leur faveur ſubſiſte, les Grands éblouiſſent une Nation ſervile par leur éclat paſſager ; dès qu'elle les abandonne, on fuit ; on foule aux pieds, on tourne en ridicule les objets que l'on avoit révérés.   Il n'eſt point de Corps qui ne ſoit avili ſous un Maître dont la volonté ſuprême décide du ſort, du rang, des droits de tous ſes Sujets.   Les Grands, ſous le

Defpotifme, n'ont que le funefte avantage d'être
plus près de la foudre, & d'éprouver plus rude-
ment fes coups. Le Citoyen le plus obfcur d'une
Nation libre, jouit de plus de fûreté, de privileges, de grandeur véritable, que tous ces hommes décorés & titrés qu'un Monarque abfolu peut
à volonté plonger dans le néant.

### §. XVII. *Les grands Etats font expofés au Defpotifme.*

PLUS un Empire eft vafte, plus fes Sujets
font nombreux, plus il eft opulent, & plus il eft
expofé à tomber dans les fers du Defpotifme.
Dans un Etat étendu, la réunion des volontés qui
voudroient s'oppofer à l'oppreffion, devient presqu'impoffible. Bien plus, quand même le Souverain feroit difpofé à contenter fes Peuples, les
cris des Provinces éloignées peuvent rarement fe
faire entendre jufqu'au Trône; leurs befoins ne
font prefque jamais connus du Maître. D'ailleurs
les forces de l'Autorité Publique doivent augmenter en raifon de la multiplicité des paffions qu'elles ont à contenir. Il eft très difficile qu'un pays
étendu puiffe être bien gouverné. Si les Souverains n'avoient fous leurs loix que le nombre de
Sujets dont il leur eft poffible de s'occuper, il n'y
auroit point tant de Defpotes & de Tyrans fur la
terre. L'on néglige communément les chofes que
l'on trouve au-deffus de fes forcés: l'expérience
nous montre que le génie des Rois n'eft pas, pour
l'ordinaire, plus étendu que celui des autres hommes: la terreur & la force fuppléent à la capacité du Maître.

§. **XVIII.** *Le Gouvernement Militaire y conduit*

UN Gouvernement Militaire doit tôt ou tard dégénérer en Despotisme. Toute Nation que sa position ou les volontés de son Chef obligeront de tenir de grandes armées sur pied, finira bientôt par être totalement asservie. Tout Etat qui fait des conquêtes, n'est pas loin de sa chûte. Une soldatesque étourdie s'attache au sort de son maître ; elle ne connoît point d'ordres que les siens. Le Despotisme est une conspiration contre les Peuples, tramée par le Souverain avec une partie de ses Sujets pour enchaîner tous les autres. Soumis à une discipline rigoureuse, le Soldat est lui-même façonné à l'esclavage & par conséquent l'ennemi de la liberté des autres. Il ne connoît d'ailleurs que l'autorité visible qui lui commande, & méprise la loi, cette volonté cachée qui commande aux autres citoyens. Des hommes que l'habitude familiarise avec le carnage & la violence, s'accoutument à regarder la force comme un droit. Ainsi la milice, soumise au Despote oblige la Société à porter ses fers sans murmure. Mais le Despotisme toujours inconséquent, degoûte souvent ceux - mêmes que son intérêt devroit l'engager à ménager; ne connoissant jamais de regles que son caprice, il fait quelquefois éprouver son ingratitude à ceux - mêmes qui affermissent sa puissance : des injustices , des passedroits, des préférences injustes, des récompenses dont la faveur décide seule, abattent le courage du guerrier. Le pouvoir absolu se croiroit limité, s'il se faisoit un devoir d'être juste, même à l'égard de ses complices. Inconsidéré dans sa marche, le Despote ne voit pas que bien loin d'être indépendant lui-même ou véritablement abſolu, il dépend réellement de ſes Janiſſaires, d'une Soldateſque fougeuſe & prompte à s'en-flammer. Il ne voit pas ſouvent que les brigands devroient au moins être équitables entre eux.

Ainsi, ſous un Deſpote, l'eſclave ſtipendié qui ſert à enchaîner ſes concitoyens, n'eſt pas ſûr lui-même d'obtenir les récompenſes qu'il a cru mériter en trahiſſant ſon pays; il eſt lui-même la victime du pouvoir capricieux & injuſte qu'il ſoutient; ſon maître ſans égard pour ſes ſervices; le punit de l'avoir ſervi. Il peut bien y avoir une fureur aveugle dans les ſoldats d'un maître abſo-lu, on peut trouver dans leurs chefs une fougue inſenſée, un honneur de convention; mais la vraie valeur eſt un ſentiment raiſonné qui ne peut avoir pour objet que le bien réel de la Patrie. Le Citoyen d'un pays libre, ſe défend lui-même, en combattant ſous ſes Chefs; le ſoldat d'un Deſpote n'eſt qu'un vil mercenaire qui ne combat que pour la vanité de ſon maître, & pour ſe procurer à lui-méme des objets futiles, & vains, & des ré-compenſes précaires.

### §. XIX. *Les Prêtres amis du Deſpotiſme.*

Les Deſpotes de tous les âges ont employé a-vec ſuccès le crédit du Sacerdoce pour aſſervir les Peuples & les retenir dans leurs chaînes. Les Miniſtres des Dieux furent chargés d'entretenir l'ignorance des Peuples & de redoubler les téne-bres de leurs eſprits. L'intérét du Deſpotiſme fut toujours de ménager des Sujets que l'opinion rendoit vénérables aux autres. Plus un Gouver-nement eſt injuſte, plus le ſacerdoce lui devient utile pour seconder ses efforts, & pour contenir les Peuples que le malheur pourroit réduire au désespoir. Plus les Tyrans font de malheureux, plus les Prêtres doivent fixer vers le ciel les yeux des Peuples, pour les empêcher de songer à leurs maux. Egalement ennemis de la raison & de la liberté des hommes, les Tyrans & les Prêtres sont faits pour s'unir afin d'éternifer les calamités de la terre.

Les maux du genre humain euſſent été au moins soulagés si le Sacerdoce se fût servi de l'afcendant que l'opinion lui donnoît fur les Maîtres de la terre, pour contenir leurs paſſions & pour foutenir les droits de la liberté opprimée; mais son empire, fondé lui-même fur la terreur, fur l'impofture, fur l'aveuglement, exigea, comme le Defpotifme, que les hommes fuſſent efclaves & abjuraſſent la raison pour jamais. Le Prêtre entra donc dans la ligue du Souverain Indépendant lui-même, opulent, confidéré, il fournit à l'Autorité des moyens furnaturels d'aſſervir la Société. Cette sombre politique caufa les ravages les plus terribles dans un grand nombre d'Etats: les intérêts des Princes identifiés avec ceux du Prêtre, les engagerent prefque toujours à foutenir ses querelles. Leur confédération eut pour objet d'exterminer la raison, la liberté, la fcience; ceux qui ne prennent point la raison pour guide font toujours les ennemis jurés de la raison des autres.

§. XX. *Defpotifme des opinions.*

Telle eſt l'origine de ces profcriptions & de ces perfécutions fanglantes que les Defpotes firent fouvent éprouver aux objets de la vengeance des Prêtres. Les Tyrans voulurent toujours exercer leur Tyrannie, même sur la pensée; ceux qui ne penserent pas comme eux, leur parurent des rebelles indignes de vivre. Par cette Politique insensée, & par une lâche complaisance pour les Ministres des Dieux, les Princes ébranlerent souvent leurs Etats, ils se firent à eux-mêmes des plaies incurables. Mais un Tyran dévôt & son Prêtre imposteur ne comptent point avoir de sujets, s'ils n'ont des esclaves stupides, ou de vrais automates: ils aiment mieux régner sur des animaux abrutis, que sur des êtres raisonnables. Toute liberté de penser fait horreur au Despotisme qui l'étouffe avec fureur: des hommes destinés au malheur ne sont faits ni pour connoître ni pour chercher la vérité.

## §. XXI. *Influence du Despotisme sur les sciences.*

Sous un Despote, les sciences, les arts, l'industrie, les talents, enfants de la liberté, uniquement tournés vers des objets frivoles s'énervent & se dégradent; ils ne prêtent leurs secours qu'aux monuments méprisables de l'orgueil du Maître, de la vanité de ses Favoris, & au luxe insolent de quelques hommes engraissés de la substance des Peuples. Lorsque l'oppression a dépouillé les Etats, les arts & l'industrie sont obligés de fuir. La sagesse & la raison, faites pour guider les Souverains & les Peuples, sont des objets déplaisants pour tous ceux dont le pouvoir n'est fondé que sur le mensonge & le prestige: accablées sous le poids de la Tyrannie & de la Superstition, oseroient-elles faire entendre leurs voix plaintives dans l'Empire des Tyrans? La vérité fut toujours proscrite par des hommes qui n'en connoissent pas le prix, qui la détestent, qui craignent qu'elle ne réveille les esprits & qu'elle ne rappelle les hommes à la noblesse de leur être. Les lumieres sont inutiles ou dangereuses à des malheureux dont on n'a nulle envie de soulager les peines. La Poësie dégradée ne prostitue ses accents qu'à la flatterie, à la frivolité; elle ignore cet entousiasme propre à embraser les Peuples pour la Patrie, pour la gloire, pour la vertu; son langage seroit inintelligible pour des ames énervées & rétrécies par la crainte & par une longue pusillanimité. Le Génie retenu dans des entraves perpétuelles, ne peut prendre un libre essor; ses aîles sont attachées à la terre. Bien plus, une Nation asservie est tyrannisée jusques dans ses plaisirs; il ne lui est permis de s'amuser que d'après les regles que lui prescrivent les caprices de l'Autorité; ce qui déplaît au Sultan, aux Sultanes, aux Visirs n'est point fait pour plaire à des Sujets, dont les goûts mêmes doivent être subordonnés. Tout languit & se dégrade sous un pouvoir absolu; tout prend du nerf & de la vigueur par-tout où regne la liberté.

## §. XXII. *Sur les mœurs.*

QUELLE peut-être enfin la morale dans des pays soumis à des tyrans injustes, inhumains, avides, & sans mœurs, entourés d'une foule de Courtisans, de Sycophantes, de Délateurs qui partagent leurs passions, & dont l'intérêt veut que leurs Maîtres croupissent dans les vices & dans le crime? Inspirera-t-on dans un tel pays à la jeunesse l'amour de la Patrie? Hélas! les

mots de Patriotifme & de Révolte feroient des fy‑
nonimes.   Qui eft‑ce qui auroit l'audace de dis‑
tinguer la Nation ou la Patrie du Prince? Sa cour
eft le centre commun auquel tout doit aboutir;
ce n'eft que par des mœurs corrompues que l'on
peut plaire à des hommes corrompus; de bonnes
mœurs feroient la fatire des perfonnages les plus
puiffants.   Un Defpote & fes fuppôts s'embarras‑
fent fort peu des mœurs de leurs efclaves; ils ne
leur demandent que de la complaifance, de la
baffeffe, une foumiffion fans bornes à leurs volon‑
tés déréglées.   Que dis‑je! ils préferent en eux
des mœurs très corrompues qui tiennent ceux qui
les ont dans la plus grande dépendance.   Des fu‑
jets vicieux, frivoles, diffipés qui ne penfent à
rien, conviennent bien mieux à un Defpote, que
des Citoyens réglés & qui fongent à leurs devoirs.
Tout homme honnête eft une plante étrangere
dans un pays defpotique, il eft fait pour y vé‑
géter dans la retraite, il y paroîtroit ridicule &
méprifable; des mœurs aufteres, des vertus uti‑
les, l'amour du bien public le rendroient haiffable
ou fufpeſt. L'aſtivité, l'énergie, la grandeur d'ame
feroient des crimes en lui.   Plaire aux Defpotes
& à ceux qui difpofent de tout; leur facrifier fon
honneur, fes fentiments, fes talents; tâcher par
des intrigues & des baffeffes de s'élever affez haut
pour pouvoir foi‑même fuivre fes paffions fans
crainte; s'efforcer de s'enrichir, afin d'acheter
des proteſteurs & des complices, telle eft la feu‑
le morale qui convienne à des efclaves dont l'es‑
fence eft d'être vils & méchants.

## §. XXIII. *Indolence des Despotes.*

UN Souverain abſolu devient néceſſairement indolent. Il faut aux Princes, ainſi qu'aux autres hommes, des motifs pour agir, un intérêt pour faire le bien, un aiguillon qui les pouſſe à la gloire. En eſt-il pour un Deſpote accoutumé à dédaigner ſon Peuple, à mépriſer ſa colere, à ſe mettre au-deſſus de l'opinion publique, ou qui peut la forcer à ſe taire? Une Puiſſance affermie eſt ſujette à s'engourdir; ſa ſtupeur ſe communique à tous ceux que le Maître a chargés de gouverner l'Etat pour lui. Dès que l'attention du Monarque ceſſe de les réveiller, ils ſe livrent à la pareſſe, à la diſſipation, aux plaiſirs, & prennent pour le bien public une indifférence ſouvent auſſi dangereuſe que l'oppreſſion méme. Les valets ſe négligent, les maux s'accumulent, tout tombe dans le déſordre, dès que l'oeil du Maître perd ſes Etats de vue. Lorſqu'un Souverain ne ſait point gré des ſervices qu'on rend à ſon pays, perſonne ne s'embarraſſe du ſoin de le ſervir : ſes ſerviteurs, uniquement occupés du préſent, ne ſongent nullement à l'avenir. Des Miniſtres négligents, frivoles & diſſipés ſont ſouvent auſſi nuiſibles à l'Etat, que les hommes les plus méchants. Des maux invétérés par la négligence, donnent la mort auſſi ſûrement que le fer. Des Princes dépourvus de lumieres choiſiſſent pour coopérateurs les hommes que la faveur ou l'intrigue leur font préférer: les mauvais Princes ne trouvent du mérite qu'à des hommes bas & ſans vertus; ils n'appellent à leurs conſeils que ceux qu'ils croient capables de leur faciliter les moyens d'écraſer leurs Sujets pour contenter leur propre a

vidité. Rien de plus déplacé qu'un Visir honnête homme ou bien intentionné auprès d'un
Souverain corrompu.

§. **XXIV.** *Influence du Despotisme sur le caractere des Peuples.*

L E Despotisme a des effets très marqués sur le
caractere de ses Sujets ; est-il excessif ; il les
plonge dans une langueur, dans une inaction,
dans une apathie, en un mot, dans un état qui
ressemble à la mort. Pour se convaincre de cette vérité, que l'on considere ces Asiatiques malheureux, perpétuellement plongés dans une oisiveté mélancolique, qui les empéche de jouir
d'aucuns des avantages que la Nature répand si
libéralement sur leur climat. Ils recourent à
*l'opium* pour s'étourdir sur les ennuis d'une existence incommode. Le Despotisme est-il plus
doux? il fait des Sujets vains, étourdis, dissipés
qui, peu sûrs de ce qu'ils possedent, ne songent
point au lendemain, ou qui, comme des enfants,
sont contents de satisfaire leurs fantaisies du moment, sans jamais étendre leurs vues sur l'avenir
qu'ils ne pourroient envisager sans chagrin: ils
s'enivrent de plaisirs, d'amusements futiles & tâchent de se distraire des idées importunes. Les
Sujets d'un Despote sont ou dans la léthargie, ou
dans un délire habituel, qui les rendent également-
ment incapables de penser à leurs vrais intéréts.

§.-**XXV.** *Il travaille à sa propre ruine.*

A I N S I le Despote est un insensé qui chaque
jour arrache quelques pierres de l'édifice qui le

couvre. Sa façon de régner n'eſt qu'un brigandage affreux, guidé par la folie qui finit par tout
ſacrifier à ſes chimeres.  Comment la démence
prendroit-elle la raiſon pour conſeil? C'eſt pourtant vers ce Deſpotiſme fatal, que tendent ſans
ceſſe les vœux de tous ceux qui gouvernent les
hommes! Les Princes de la terre ſe croient très
malheureux, très foibles, très mépriſables, dès
qu'ils voient que tout ne leur eſt pas permis.
Lorſqu'à force de forfaits & de ruſes, ils ſont
enfin parvenus à dompter leurs Sujets, ils trouvent
que par leurs indignes triomphes, ils n'ont acquis
qu'une puiſſance précaire & chancelante; ils ſe
ſont mis ſous la tutelle de la force qui les maintient; ils vivent dans la crainte & les ſoupçons;
ils n'ont que des eſclaves ſans talents, ſans courage, ſans attachement, ſans vertus; ils éprouvent eux-mêmes les effets de l'épuiſement des
Sujets qu'ils ont long-tems opprimés.  Le Despote finit toujours par régner ſur des ruines, ſur
des déſerts & ſur des hommes foibles, ſtupides
indigents, ſans induſtrie; il reſſemble à un lion
affamé dont la voracité a fait une vaſte ſolitude
de toute la contrée dont ſa caverne eſt entourée;
près de cet antre redoutable, on ne voit que des
oſſements ſecs & des ſquelettes décharnés.

Reste-t-il quelque vigueur aux Sujets? A-
lors ce ſont des bêtes féroces toujours prêtes à
rompre leurs liens & à s'élancer ſur leur gardien
déteſté.  La Tyrannie a-t-elle depuis long-tems
fixé ſon trône dans un pays? La dépopulation,
les guerres, la ſtérilité, la famine, la contagion
& les maladies ſont les ouvrages de ſes mains:
par elle la fertilité de la terre eſt rendue inutile;
ſa négligence ou ſon avarice banniſſent la ſalubrité

des Etats; ſes extorſions multipliées mettent en
fuite le commerce & l'induſtrie; ils ne peuvent
habiter des pays voués à la miſere.

Q u e ſont donc devenues ces plaines fertiles de
l'Aſie, jadis ſi floriſſantes, & placées ſous le ciel
le plus favorable? Ce que l'hiſtoire nous apprend
de l'abondance merveilleuſe de l'ancienne Egypte
ne ſeroit-il donc qu'une fable? La Nature la
plus généreuſe travaille aujourd'hui vainement
pour elle, & n'a pu réſiſter à la tyrannie du Mu-
ſulman farouche. C'eſt en vain que le Nil ferti-
liſe ſes bords pour des habitans découragés par
le pouvoir arbitraire: ſes eaux, en ſéjournant
ſur des terres abandonnées, ne ſervent plus qu'à
faire naître des peſtes & le trépas préférable à
la vie, pour des êtres que la tyrannie rend continuellement miſérables. Quel aſpect nous pré-
ſentent les environs de Rome, cette ancienne
capitale du monde? Soumiſe aujourd'hui à des
Prêtres avides & peu faits pour ſonger à la poſtérité, ils y foulent inſolemment les cendres des
*Emile* & des *Scipion*, & ne ſongent point que les
campagnes dont ils ſont entourés infectent l'air &
répandent la mort.

Ainsi le Deſpotiſme vient à bout de vaincre la
Nature & de la rendre cruelle. Des guerres
inutiles, des révolutions ſanglantes, des oppreſſions continuées ſont parvenues à faire éclore
des fléaux inconnus autrefois ſous des Gouvernemens plus ſages. Des Peuples, qui jadis vivoient
dans l'abondance, ſont aujourd'hui plongés dans
la miſere & dans d'épaiſſes ténebres; privés des
douceurs de la vie & même du néceſſaire, ils
traînent des jours malheureux dans une indiffé-

rence ſtupide; les arts, les ſciences, l'induſtrie, les mœurs honnêtes ont fui depuis long-tems, à l'aſpect effrayant des Maîtres barbares qui les mépriſent, & à qui la ſuperſtition fait un mérite de l'ignorance.

## §. XXVI. *Du Deſpotiſme Occidental.*

C'EST ſur-tout en Aſie, que le Deſpotiſme a depuis un grand nombre de ſiecles érigé ſon trône de fer au milieu des flots de ſang. Là, ſecondé par la ſuperſtition, il exerce ſes fureurs à front découvert. En Europe, plus ſyſtèmatique, plus circonſpect & plus retenu dans ſa marche, il ſe montre communément ſous des traits moins prononcés. On n'y voit point des Rois ſe baigner dans le ſang de leurs freres; ils n'envoient point le Cordon fatal aux Favoris qui leur déplaiſent; ils ne ſe ſouillent pas ſi ſouvent de meurtres & d'aſſaſſinats; mais on y trouve preſque par-tout des Monarques qui, ſous les prétextes les plus futiles, immolent ſans remors des millions de Sujets à leurs cruelles fantaiſies: on y rencontre des Souverains qui proſcrivent, tourmentent, & perſécutent pour des opinions; on y voit des tyrans qui s'efforcent d'étendre la tyrannie juſques ſur la penſée; on y trouve des Rois avilis qui, pour complaire à des Prêtres dont ils ne rougiſ-ſent point de devenir les bourreaux, livrent aux ſupplices les plus affreux, des Citoyens condam-nés par des tribunaux, juges dans leur propre cauſe. On n'y voit point des Souverains, com-me quelques Conquérans Aſiatiques, pouſſer le mépris de l'humanité juſqu'à faire égorger des hommes pour leur ſervir de paſſage; mais on y

trouve des palais & des monuments fondés fur
les malheurs publics , & cimentés par le fang,
la fueur & la fubftance de peuples aſſez aveugles
pour applaudir la vanité de leurs fuperbes Monarques : on y voit des Souverains qui font taire
les loix, qui fans ceſſe violent la perſonne & les
biens de leurs Sujets, qui fous des tyrans fubalternes, font gémir des Nations dont ils refufent
d'entendre les cris; on y voit des Politiques infenfés qui, par la rigueur de leurs impôts, accablent & découragent la population, la culture,
l'induftrie. Malgré tant d'excès, ces Princes fe
croiroient outragés, fi on les traitoit de Tyrans,
& leurs Sujets feroient eux-mêmes indignés d'ê-
tre appellés des Efclaves. Les noms bien plus que
les chofes ont droit d'allarmer l'efprit des hommes.

### §. XXVII. *Du Defpotifme mitigé.*

LE Pouvoir abfolu ne produit point toujours
des effets fi cruels. Souvent il modere fes excès;
quelquefois le Souverain le plus illimité permet
aux Sujets de refpirer; cela n'arrive que quand
le fort les foumet à un Prince vertueux & fenfible, qui lie fes propres mains & fe foumet à des
devoirs; mais il ceſſe d'être un Defpote, dès qu'il
fuit les loix de la Nature & de l'Equité. Le Sujet
eft libre, dès qu'il jouit de fes droits. Cependant,
quelque foit la félicité des Peuples, elle n'eft
jamais que précaire & paffagere, à moins que
des loix invariables ne lient les mains de leurs
Maîtres. Sans cela un fucceſſeur imprudent ou
injufte ou fon Miniftre incapable détruifent, en
un inftant, tous les avantages qu'avoit produit

l'adminiftration la plus fage.   Il faut contraindre les Rois à ne point abufer de leurs forces ; la crainte les réveille & les rend vigilants; la fecurité les endort.  *Il feroit*, dit Gordon, *auffi avantageux pour les Peuples d'être gouvernés par un barometre, que par des Souverains abfolus.*

Il eft des pays où la douceur des mœurs empêche le Pouvoir Suprême de déployer toute fa vigueur ; fes effets font alors plus lents; l'idée de la décence, la crainte du cri public contiennent les Princes & leurs Miniftres, & les empêchent de donner un libre cours à leurs paffions; les Peuples endormis par des promeffes pompeufes, ou amufés par des formes, oublient la puiffance illimitée de leurs maîtres ; ils les croient foumis à des loix, parce qu'ils n'ofent pas toujours les violer fans pudeur.   Retenus par les liens des mœurs & de l'opinion, ceux-ci ne fe permettent point d'ufer de tout leur pouvoir.   De là cette diftinction entre la Monarchie & le Despotifme, qui dans le fait fe confondent ou font la même chofe, toutes les fois que la Nation n'eft point fuffifamment garantie contre les entreprifes d'un pouvoir trop actif & trop grand.   La Monarchie dégénere en Defpotifme, & celui-ci en Tyrannie, toutes les fois que le Prince eft le maître des foldats, difpofe à fon gré des revenus de l'Etat, a feul le droit de mettre des impôts, n'eft pas comptable à fon Peuple de l'emploi des deniers publics.

Sous des gouvernements ainfi conftitués, en-vain les Sujets fe flattent de n'être pas des efclaves, parce qu'ils ne voient point leurs fers; leurs Defpotes débonnaires commencent par les

endormir; & peu-à-peu, par une pente douce,
les conduifent à la ruine. Dans ce calme perfide,
on n'éprouve point, il eft vrai, les fecouffes &
les orages du Defpotifme effréné, mais les ames
des Sujets peu-à-peu s'habituent à leurs maux;
ils ne s'en apperçoivent que fort tard; & lorsqu'ils les reffentent, s'ils en prennent de la colere,
elle reffemble aux impatiences paffagéres de ces
enfans que l'on appaife auffitôt qu'on leur préfente
quelques jouets. Quelques victoires infructueu-
fes, un honneur chimérique qu'ils s'imaginent
partager avec leurs Maîtres, des fpectacles fuf-
fifent pour les confoler de leurs malheurs les plus
fenfibles. Ce Defpotifme radouci n'en eft pas
moins fatal aux Nations. Les maladies de langueur, ainfi que les maladies aiguës, conduifent
à la mort.

## §. XXVIII. *Des vrais fignes du Defpotifme.*

S I parmi les Souverains, perfonne ne confent
à prendre le nom de Tyran, à l'exception des
Afiatiques avilis de longue main, il eft peu de
Sujets qui confentent à paffer pour des efclaves.
D'ailleurs il n'eft point de Defpotisme qui faffe
également éprouver fes coups à tous fes Sujets.
L'habitude rend le joug moins fenfible; peu-à-
peu les hommes fe familiarifent avec l'injuftice,
ils s'apprivoifent avec l'oppreffion; les crimes
qu'ils ont continuellement fous les yeux, ceffent
à la fin de les choquer & leur paroiffent des chofes très naturelles. Cette difpofition, jointe
au défaut de réflexions, fait fouvent que des
ames fort honnêtes ne fentent pas toute l'horreur
des actions les plus injuftes dont ils voient que

le Monarque & les Grands se rendent à tout moment coupables. Sous un tel Gouvernement, la
force se change imperceptiblement en droit, l'u-
sage empéche que l'iniquité n'effarouche, & l'i-
négalité des rangs persuade à la fin que tout est
permis aux Grands, tandis que la plainte méme
est interdite aux Petits. Peu de gens en Europe
sont effrayés des vexations auxquelles la chasse
donne lieu à chaque instant. On trouve légitime
que le laboureur soit privé d'une portion de la
récolte, pour contribuer aux plaisirs de quelques
oisifs puissants. Les corvées deviennent des droits
légitimes; cependant le cultivateur est détourné
de sa moisson, pour frayer des chemins plus faciles à quelques voyageurs délicats.

Le Despotisme n'en est pas moins dangereux,
lorsqu'il peut se masquer sous l'apparence du bien
public. Il fait alors des dupes; il a ses apologistes. ,, Qu'importe, dira l'habitant désœuvré d'u-
,, ne ville opulente, que je vive sous un pouvoir
,, absolu? Que manque-t-il à nos plaisirs? Quel-
,, le conversation plus libre, plus enjouée que la
,, nôtre? Vient-on dans nos maisons nous ravir
,, nos possessions? Quels chemins plus beaux que
,, les nôtres? Quelle Police plus vigilante? Quel-
,, le tranquilité plus douce? Qu'on nous laisse
,, nos fers, ils ne nous rendent pas si malheureux,
,, que ceux qui se vantent de leur prétendue li-
,, berté. Le bonheur est dans l'opinion; dès
,, qu'on se croit heureux, l'on n'a plus rien à
,, prétendre" Je répondrai à cet esclave content
& peu sensible aux maux de sa Patrie, qu'une
Société n'est bien gouvernée que lorsque le plus
grand nombre de ses membres est heureux. Que
faut-il pour les rendre heureux? Il faut que, sans

un travail exceſſif, leurs beſoins naturels ſoient
ſatisfaits. Eſt-ce là le ſort du plus grand nombre de vos Concitoyens? Leurs campagnes ſont-
elles cultivées autant qu'elles peuvent l'être? Vos
laboureurs robuſtes & ſains jouiſſent-ils d'un bonheur qui réponde à leur utilité? Vos Provinces
montrent-elles une population abondante? Leurs
habitans cherchent-ils à ſe multiplier? Les impôts arbitraires ne les forcent-ils pas ſouvent de
renoncer à l'héritage de leurs peres? Des travaux
inutiles ne les détournent-ils point de leurs travaux néceſſaires? Un commerce facile leur pro-
cure-t-il toujours un débit prompt & ſûr de leurs
denrées? Ont-ils des habitations & des vêtemens
qui les mettent à couvert de la rigueur des ſaiſons? Des loix impartiales commandent-elles é-
galement aux Grands comme aux Petits? Le crédit, la faveur ne ſacrifient-ils jamais de victimes
innocentes? Le pauvre obtient-il une prompte
juſtice contre le riche ou l'homme en crédit? Le
Citoyen, dans le ſanctuaire de ſa famille & dans le
ſein de l'amitié, ſe trouve-t-il à couvert des in-
quiſitions & des délations? La vengeance, le caprice ou l'intérêt d'un Viſir, de ſa maîtreſſe, de
ſon valet ne peuvent-elles pas à tout moment pré-
cipiter l'homme de bien dans un cachot? Le
Grand lui-même eſt-il complettement à l'abri des
coups d'un maître fantaſque & des calomnies de
ſa cour? L'homme riche a-t-il la juſte confiance de tranſmettre à ſes enfans les biens que ſon
induſtrie lui a procurés? Le négoce eſt-il exempt
des entraves de l'avidité? Enfin une heureuſe tolérance permet-elle à tout Citoyen de penſer
comme il lui plaît, pourvû qu'il agiſſe conformément aux loix? Rien de tout celà, me direz-vous!
Eh bien, répliquerai-je, vous êtes des eſclaves.

Le Despote n'est injuste, le Tyran n'est criminel, que par ce qu'ils rendent le plus grand nombre de leurs sujets malheureux. Avec quelque rigueur qu'ils exercent leur empire, il est toujours des hommes favorisés qui échappent à leurs fureurs ou qui profitent de leurs crimes; ce sont eux qui se croient en droit d'en faire l'apologie. Qu'ils vantent donc leur bonheur; jamais leurs discours ne séduiront des Citoyens vertueux, sensibles aux infortunes de leurs semblables & aux maux de leur postérité qu'ils prévoient dans l'avenir. Jamais ces prétendus avantages n'éblouiront ces ames généreuses en qui l'oppression & l'injustice allument une juste colere. Tenté sans cesse de se bannir d'une Patrie opprimée, l'homme de bien n'y est retenu que par les liens du sang & de l'amitié; les vertus obscures & domestiques sont les seules qui puissent consoler le Citoyen honnête dans les malheurs de son pays.

Les hommes sont dés esclaves partout où la volonté de l'homme est supérieure à la Loi. Les hommes sont esclaves par-tout où l'on a besoin de pouvoir, de crédit, de richesses pour obtenir la justice. Les hommes sont esclaves par-tout où le puissant, exempt de se conformer à la Loi, peut étouffer les cris de l'innocent qu'il opprime. Les hommes sont esclaves par-tout où la Loi peut-être interprêtée, alors elle devient toujours partiale pour celui qui a du pouvoir, & destructive pour le malheureux.

## §. XXIX. *Il ne peut être appellé Gouvernement.*

Sous quelque aspect que le Despotisme se montre; il ne mérite point d'être qualifié de *Gou-*

*vernement.* Il n'eſt que la licence des Souverains exercée ſur des Peuples malheureux. Avec les vues les plus droites, comment ſe flatter qu'un ſeul homme, ou que pluſieurs hommes, remplis de foibleſſes puiſſent diriger avec préciſion les reſſorts compliqués du Gouvernement d'une Nation? Que ſera-ce, ſi le ſort des Peuples eſt remis entre les mains d'un maître vicieux, d'un mortel diviniſé par la flatterie, dénaturé par l'éducation, énervé par la molleſſe? Comment eſpérer qu'un Prince entouré d'une foule d'hommes vils, intéreſſés, ignorans, ſe laiſſe guider par les conſeils de l'équité, de l'humanité & de la raiſon? Il faudroit être un Dieu, un être infini dans ſes perfections pour ne jamais abuſer d'un pouvoir ſans limites. Il n'y a que la préſomption la plus extravagante qui puiſſe faire prétendre à l'autorité abſolue. Les Nations n'ont pu confier ſans reſtrictions à un ſeul homme ni à pluſieurs hommes, un pouvoir dont leur nature même les rendoit eſſentiellement incapables, dont leurs paſſions ne pouvoient qu'abuſer, & d'où le malheur de la Société devoit néceſſairement réſulter. Plus ce que les hommes entreprennent eſt au-deſſus de leurs forces, & plus ils s'en acquittent mal. On ne peut qu'abuſer d'un pouvoir dont l'uſage raiſonnable eſt impoſſible.

### §. XXX. *Il invite à ſa propre deſtruction.*

Le Deſpotiſme ne peut donc être regardé que comme un combat inégal entre un brigand ou des brigands armés & une Société ſans défenſe. Ses droits ſont la force du Souverain & la foibleſſe des Sujets; ſes titres ſont, d'un côté l'impoſture, la rufe, l'artifice; & de l'autre l'opinion, l'aveuglement, la fotife. Ainfi ce joug odieux, dont la plupart des habitans de la terre fentent plus ou moins la pefanteur, n'eft qu'un abus révoltant contre lequel la nature & la raifon s'élevent avec force, lors même que les Nations engourdies femblent s'y foumettre fans murmure. Le Defpotifme eft également funefte au Souverain & aux Sujets. Dès qu'un homme eft le maître de la Loi, il faut qu'il devienne méchant. Dès que fes paffions l'ont dépravé, fon Empire, forcé de fuivre les impulfions qu'il lui donne, fe déprave comme lui. Alors le Tyran gouverne fes Peuples comme des bétes féroces dont il craint la fureur; fans ceffe il travaille à les aigrir, à les agacer, à les rendre furieux; il les punit enfuite de leur méchanceté Plus il les craint, plus il redouble de mauvais traitements; ce n'eft que par des forfaits multipliés, qu'il croit fe mettre en fûreté. Un Tyran n'eft jamais entouré que d'ennemis; les Nations dont les Chefs ne confultent jamais les defirs, n'ont rien de commun avec eux; elle ne leur doivent que de l'indifférence: en font elles opprimées? Elles ne leur doivent que de la haîne; la force eft alors la feule reffource qui refte contre la tyrannie; en fe révoltant contre la Loi, les Tyrans donnent à leurs Sujets le fignal de la révolte contre eux-mêmes. En opprimant le Peuple Romain, le Sénat fut un Tyran qui provoqua juftement fa fureur. En violant les loix & la liberté des Anglois, Charles I & fon fils s'attirerent les cataftrophes qui les priverent l'un de la vie, l'autre du Trône.

E n v a i n, Defpotes inhumains! cherchez-vous à effrayer vos Peuples par vos chaînes, par

vos cachots, par vos supplices: en vain la terreur de votre nom réduit - elle les Nations au si-
lence: en vain les forcez - vous à mordre en fré-
missant la pouffiere de vos pieds: en vain confiez-
vous aux suppôts de votre pouvoir les forces les
plus redoutables : jamais vous n'aurez d'amis sinceres ; jamais vous n'aurez de Sujets ; vous n'a-
cheterez par vos bienfaits que des flatteurs, des
complices, des traîtres, des conseillers infames,
qui sous prétexte d'établir votre autorité, vous ai-
deront à détruire les loix, la liberté, la vertu qui
vous résistent: il vous déroberont l'odieuse vérité ; ils vous cacheront l'abîme qu'ils creusent sous
vos pas ; mais ils ne donneront jamais la sérénité
à vos ames, le sommeil à vos paupieres, la tranquillité à votre Empire ; jamais il ne vous garan-
tiront des efforts que la haine multipliée fera contre vos injustes volontés. Le dernier Sujet d'un
Etat libre jouit d'une sûreté plus grande que le
Tyran environné de toutes ses cohortes.

Toute puissance, pour être solide, doit se
contenir dans de justes bornes. Plus les Souverains veulent avoir de force, & plus ils deviennent foibles ; plus ils exercent leur pouvoir &
plus leurs Peuples s'engourdissent. La vraie
puissance du Maître dépend de la prospérité de
ses Sujets. Le Tyran est un être isolé ; il vit
comme dans une terre étrangere ; il n'y a de Patrie que pour le Roi Citoyen. L'instabilité du
Gouvernement absolu, les révolutions auxquelles
il est sans cesse exposé, dévroient en dégouter
tout être raisonnable: il est doux de régner ; mais
il est bien plus doux de régner en sûreté, de régner à l'ombre des Loix, de régner sur des Peuples heureux, affectionnés, soumis. Le Despote

dìfparoît, pour ainfi dire, à l'infçu de fes Sujets; perfonne ne s'intéreffe à fon fort; fouvent fa mort n'eft annoncée que par le rebelle qui lui fuccede. Dans un pays defpotique, les efclaves ne combattent que pour favoir le nom du Tyran qui doit les affervir. Les Monarques abfolus rèffemblent à ces enfans imprudents qui s'irritent contre ceux qui les empêchent de fe bleffer eux-mêmes. Le Defpote peut être comparé à un joueur, ou bien au débauché qui après avoir facrifié & fortune & fanté à des plaifirs d'un moment, confervent pendant toute la vie le regret de s'être contentés. Le Tyran aveuglé ne voit jamais les fuites de fes violences: fouvent la Tyrannie s'exerce à l'infçu du Souverain; fes Miniftres jouiffent feuls de l'abus de fon pouvoir. Il eft rare que le Prince le plus abfolu ait une volonté; il n'eft que le prête-nom des paffions de fes ferviteurs, & fouvent fon Empire eft ébranlé & l'univers en feu, pour des motifs qui le feroient rougir, s'il venoit à les démêler.

## §. XXXI. *Contradictions du Defpotifme.*

CE feroit une erreur de croire que les Souverains abfolus, ou ceux qui préfident à leurs confeils euffent toujours un projet fuivi, une volonté permanente de nuire & de perdre l'Etat. Le Defpotifme eft communément plus étourdi que cruel, plus ftupide que méchant. Quelquefois même il eft tenté pour fon propre intérêt de s'occuper du bien public: il eft réduit fouvent à chercher des remedes aux maux qu'il s'eft faits; il s'apperçoit, mais prefque toujours trop tard, que le Prince ne peut être riche fi les Sujets font

miférables; que fes armées ne peuvent être nombreufes, fi fes Provinces font dépeuplées; que
fon commerce ne peut fleurir, s'il n'eft protégé
& fecouru; que fes Peuples ne pourront le feconder, fi leur courage & leurs forces font ab-
batus. Mais le Defpote accoutumé à ne jamais
trouver de réfiftance, voudroit, pour ainfi dire,
renverfer à fon gré les loix de la Nature & triompher de la néceffité. Il veut que fes Provinces
foient cultivées, mais il ne confent point à foulager le cultivateur. Il veut que fon Empire foit
peuplé, mais la dureté de fon Gouvernement force fes Sujets aux émigrations. Il veut du commerce, mais fon avidité ne ceffe de le gêner; il
veut du crédit, mais il viole à tout moment fes
engagements les plus folemnels; il veut des guerriers habiles & magnanimes, mais la cabale &
l'intrigue font nommer fes généraux & leur tiennent lieu de talents & de mérite. Il veut des
ames fenfibles à l'honneur, tandis qu'il ne fouffre
au-tour de lui que des ames ferviles. Il veut
des Sujets attachés, tandis que tout ce qu'il fait
ne tend qu'à lui fufciter des ennemis. Il voudroit
quelquefois connoître la vérité, mais toujours il
punit ceux qui l'annoncent; il veut des talens;
mais il ne récompenfe que l'ignorance ou la mé-
diocrité; il veut de l'induftrie, mais il profcrit la
liberté. En un mot, le Defpote voudroit jouir
de tous les avantages dont les vices de fon adminiftration doivent néceffairement le priver. Les
efforts que le pouvoir abfolu fait pour améliorer
fon fort, font prefque toujours infructueux; les
fecouffes & les changemens fubits que fon imprudence produit, ne fervent fouvent qu'à accélérer
la ruine de l'Empire qu'il avoit énervé.

§. **XXXII:** *Les Peuples n'y peuvent jamais consentir sincérement.*

Cessons donc de supposer que des êtres raisonnables aient jamais pu consentir à un pouvoir
arbitraire; ne croyons point que de plein gré ils
aient compté se mettre dans les fers; ne suppo-
sons point que le plus grand nombre des habitans
de notre globe aient voulu ne vivre, ne travailler, n'arroser la terre de leur sueur, que pour
rendre heureux quelques-uns de leurs semblables,
qui en échange de leurs peines ne leur procuras-
sent aucuns des avantages qu'ils ont droit de prétendre.

Croirons-nous de bonne foi que les Peuples
aient jamais pu dire à ceux qu'ils avoient choisis
pour Souverains: ,, gouvernez-nous comme il
,, vous conviendra; disposez, suivant vos fantai-
,, sies, de nous, de nos femmes, de nos enfans,
,, de nos biens, de notre liberté; nous consen-
,, tons à ne travailler que pour vous & pour ceux
,, que votre faveur distinguera des autres; quel-
,, ques soient les excès auxquels la dépravation
,, de votre cœur ou le délire de votre esprit vous
,, porteront, nous y souscrivons d'avance &
,, nous renonçons pour jamais au droit de nous
,, plaindre & de réprimer vos fureurs." Ils ont
dû dire: ,, nous avons confiance en vous comme
,, nos ancêtres l'ont eu dans les vôtres : vous
,, régnez parce que nous le voulons; nous vous
,, avons rendu dépositaires d'un pouvoir dont
,, nous aurions pu abuser; vous vous en servirez
,, pour notre bien ; mais nous ne consentirons
,, jamais au mal que vous voudriez nous faire.
,, Si vous devenez des oppresseurs, nous devien-
,, drons vos ennemis."                   D 5

Si l'on affûre que c'eft du ciel qué la puiffance des Rois eft émanée, aura-t-on le front de prétendre qu'une Divinité bonne & jufte, tèlle qu'on devroit la fuppofer, ait dit à tous les habitans de la terre. ,, Peuples! je ne vous ai créés, que pour ,, être les jouets d'un homme privilégié; je ne ,, vous ai raffemblés en fociété, que pour que ,, vous fuffiez des efclaves plus malheureux que ,, les fauvages répandus dans les déferts. Votre ,, vie, votre champ, votre travail, votre liber- ,, té appartiendront exclufivement à l'un d'entre ,, vous, & jamais vous n'aurez le droit de réfis- ,, ter à fa méchanceté." Avec quelle infolence n'outrage-t-on pas fon Dieu, quand on en fait l'auteur, le défenfeur & l'appui des Tyrans qui défolent la terre!

Quelques foient les principes fublimes fur lefquels le pouvoir abfolu fe fonde : quelques foient ces prétendus droits divins que le menfonge a fait defcendre {du Ciel; quelques foient ces Dieux injuftes que l'on fuppofe les fauteurs des Tyrans, jamais ni la force, ni l'impofture, ni le tems ne pourront étouffer totalement le cri de la Nature. Elle réclame à tout moment dans le fein de l'efclave malheureux; c'eft elle qui dit aux enfans de la terre que le Monarque le plus puiffant n'eft qu'un foible mortel comme eux; c'eft elle qui montre à tout homme raifonnable, que l'autorité du Prince ne vient que du confentement de fon Peuple; que le pouvoir confié pour le bonheur d'une Société ne peut être fans crime employé à fa deftruction; qu'en fe foumettant à des Rois, elle n'eft point devenue captive. Que chaque homme, en renonçant à une indépendence nuifible, n'a pu renoncer à la liberté néceffaire à fa fé-

licité; que les Nations n'ont pu devenir les jouets
des ouvrages de leurs mains.

§. XXXIII. *Les dangers pour ceux qui l'exercent.*

Si la raison parle avec cette énergie aux Peuples, elle ne parle pas avec moins de force à leurs
Maîtres. ,, Ô vous, dit-elle, qui commandez à
,, des hommes, songez à les rendre heureux; s'ils
,, consentent à vous élever sur leurs têtes, c'est
,, pour eux-mêmes, & non pour repaître votre
,, orgueil. Soyez les organes de l'équité, si vous
,, voulez être obéis; que l'utilité de tous dicte
,, ces Loix qui font, & la sûreté des Peuples, &
,, votre propre sûreté. N'écoutez pas ces indignes
,, flatteurs qui vous persuadent que vous êtes des
,, Dieux. Vous êtes des hommes comme le
,, dernier des Citoyens; vous êtes sujets aux in-
,, firmités humaines; si vous avez besoin de se-
,, cours comme les autres, vous êtes obligés com-
,, me eux de mériter l'affection de vos semblables.
,, Si vous êtes les images des Dieux, représen-
,, tez-nous des Divinités bienfaisantes, & non
,, des Démons acharnés à la désolation du genre
,, humain. Détrompez-vous de l'espoir insensé
,, d'être grands, puissants, heureux, lorsque
,, vos Sujets gémiront dans l'infortune. Désa-
,, busez-vous de la présomption absurde qui
,, vous fait imaginer que tous les Peuples de la
,, terre n'ont été destinés par une Providence
,, partiale que pour être les artisans de votre luxe,
,, les instruments de votre grandeur, les victimes
,, de votre ambition, les jouets de vos passions.
,, Administrateurs des biens des Nations; pro-
,, tecteurs de leur sûreté; défenseurs de leurs

„ droits ; fongez que vous êtes à elles & qu'elles
„ ne font point à vous. Si vos ames affoupies
„ au fein de la grandeur, égarées par la flatterie,
„ énervées par la molleffe, font encore fenfibles
„ aux cris de la vertu ; fi, étrangeres à la mifere,
„ elles peuvent s'ouvrir à la pitié, renoncez à
„ cette force barbare qui appefantit les fers d'une
„ multitude opprimée ; préférez l'honneur folide
„ de commander à des hommes, à la vanité futile
„ de pouvoir écrafer des ferfs abrutis. Jouiffez
„ du plaifir de régner fur des Provinces fertiles ;
„ fur des Peuples contents, fur des Villes fortu-
„ nées ; laiffez à des Tyrans endurcis le barbare
„ avantage de régner fur des folitudes , des
„ fquelettes & fur des ruines."

Si le langage de l'humanité ne peut rien fur
des cœurs inacceffibles au fentiment, que l'histoire les étonne par l'effrayant tableau des dangers
auxquels le Defpotifme , la Tyrannie expofent
les Souverains ; elle leur montrera le fpectacle
redoutable de ces révoltes que l'oppreffion a rendu
tant de fois néceffaires ; de ces conjurations fouvent tramées par la vertu réduite au défefpoir ;
de ces glaives fufpendus fur la tête des ennemis
de l'humanité : en un mot, elle leur fera voir
des Trônes renverfés, des Defpotes réduits à la
mifere, des Tyrans égorgés, & confondant leur
fang avec celui des victimes de leur fureur. Ils
apprendront en frémiffant que la force fe détruit
par la force, & que la vie d'un Tyran eft dans
les mains de tout efclave affez ambitieux pour
méprifer la mort. Ils verront que les animaux
ftupides à qui le Defpotifme commande, excédés
de leurs maux, brifent à la fin leurs chaînes &
déchirent l'auteur de leur captivité : ils verront

que des Etats affoiblis par une adminiſtration inſenſée finiſſent par n'avoir aucune force réelle, & deviennent tôt ou tard la proie de la conquête.

TEL eſt le terme fatal de ce Deſpotiſme des-tructeur, & pour les Nations & pour leurs Maî-tres, auquel une Politique fauſſe fait néanmoins tendre ſans ceſſe les Souverains du monde. Par-venu une fois au comble de ſes vœux, eſt-ce pour lui que le Deſpote dévaſte ſes Etats? Re-cueille-t-il au moins le fruit des violences que ſes injuſtices font éprouver à ſon Peuple? Retiré dans le fond d'un ſérail impénétrable, livré aux ennuis d'une oiſiveté faſtidieuſe; dégoûté des plaiſirs & des voluptés qui ont énervé ſes orga-nes, importun à lui-même, ſon incapacité per-met rarement à ſes débiles mains de prendre les rênes du Gouvernement. Le Sultan diviniſé n'eſt que l'eſclave de ſes Viſirs, le jouet de ſes Courtiſans, l'inſtrument de ſes Favoris. C'eſt par leurs yeux qu'il eſt forcé de voir; c'eſt pour eux qu'il épuiſe ſon Empire; c'eſt pour les amu-ſer que les Peuples ſont menés à la boucherie!

## §. XXXIV. *Le Deſpote craint la vertu.*

LE nom même du bien public eſt banni des contrées où regne le pouvoir arbitraire. Une Nation n'eſt plus rien, dès que le Prince eſt tout. Comment ſe formeroit-il de grands hom-mes ſous des Maîtres qui donnent tout à la fa-veur, & n'ont aucune idée du mérite? Comment inſpirer l'amour de la Patrie à des Courtiſans qui ne cherchent qu'à la dévorer, & dont les intérêts ne ſe trouvent que dans ſa deſtruction? Quels motifs les Grands auroient-ils pour ſe rendre estimables aux yeux d'une Nation qu'ils dédaignent, ou pour plaire à des esclaves qu'ils peuvent écraser? Quel intérêt peut engager des Ministres à faire le bien, tandis qu'ils sont assûrés qu'aprés eux, le bien qu'ils pourroient faire ne pourra subsister? D'ailleurs la Tyrannie ombrageuse ne permet à aucun Sujet de plaire à ses Concitoyens; se rendre populaire seroit un très grand crime; parler pour la Patrie seroit un attentat punissable. Le Despote veut être envisagé tout seul; il est jaloux de tout; rien de plus odieux pour lui, que l'homme qui veut mériter de son Peuple; le grand homme en tout genre doit craindre d'être puni de ses succès; ils effraient le Maître; ils excitent sa jalousie ou celle de ses indignes favoris; sans vertus eux-mêmes, ou ils redoutent la vertu, ou ils la méconnoissent. La bassesse, la flatterie, la délation, la complaisance la plus lâche, voilà les qualités faites pour plaire à la Puissance vicieuse, inquiete & jalouse; ce n'est qu'en lui fournissant les moyens d'augmenter les miseres publiques qu'on lui prouve son dévouement, sa fidélité, ses talens.

Pour plaire à des Tyrans, il faut être Tyran. Sous des Princes injustes, l'amour de la Patrie est une chose impossible, la compassion pour ses Concitoyens est un sentiment inutile; la passion pour le bien public est une disposition nuisible; l'attachement pour ses devoirs est une duperie; il n'y a que des menteurs qui puissent dire qu'ils aiment un tel Pays: il n'y a que des frippons & des méchants, qui se trouvent intéressés à maintenir sa constitution.

Ainsi qu'on ne cherche point de vertus dans les Pays où le Despotisme a fixé son empire. Un

Souverain dépourvu d'équité & de senfibilité, que fon ennui livre au vice, entouré d'hommes pervers familiarifés avec les crimes, donnent aux Peuples des exemples que l'admiration de la grandeur fait bientôt imiter. Le Citoyen croit être grand, estimable, important, en adoptant les vices & les folies de fes fupérieurs. Le Sujet du Defpotifme ne peut avoir aucune idée de nobleffe & de grandeur; il n'a que de la vanité. Une cour faftueufe & vaine répand l'amour du fafte. Pour affermir fon pouvoir, tout Tyran fe trouve intéreffé à corrompre les mœurs de fes Sujets; il eft bien plus fûr de régner fur des hommes livrés au vice, à la moleffe, aux défordres, que fur des hommes qui n'ont que des defirs modérés. La vertu éleve l'ame; le vice la déprime & l'avilit. La vertu réunit les Sujets, le vice les fépare. L'homme de mérite a de la grandeur, il eft jaloux de l'eftime publique; l'homme fans mérite eft craintif, bas, & fe trouve forcé de fe méprifer lui-même.

Des Courtifans intéreffés ne peuvent avoir que les difpofitions abjectes des efclaves & des parafites qui ne s'attachent que par un vil intérêt. Leurs ames fe rétréciffent; elles ignorent la vraie grandeur; elles deviennent pufillanimes; elles ne s'occupent que de frivolités. Une lâche indifférence s'empare de tous les Etats; rien n'eft capable de réchauffer des cœurs glacés par l'apathie; les revers de la Nation ne les touchent plus; les révolutions ne font ni redoutées ni prévues; fi quelque changement fubit fait difparoître le Defpote, le Defpotifme fubfifte toujours: il peut changer de formes; mais il eft néceffaire à des hommes corrompus, qu'une

longue habitude a privés de fentimens honnêtes
& généreux.

.§. XXXV.   *Le Defpotifme n'exige aucuns talents.*

ON demandera peut-être pourquoi la plupart
des Nations gémiffent fous le Defpotifme ? Pourquoi tant de Monarques s'efforcent toujours d'e-
xercer un pouvoir abfolu ? Je réponds que le Despotifme eft de toutes les manieres de gouverner la
plus facile.   Sans génie, fans talens, fans vertu
il eft aifé de régner par la terreur.   On foumet
bien mieux des aveugles, que des hommes clair-
voyants.   *Il ne faut*, dit la Bruyere, *ni art ni
fcience pour exercer la Tyrannie.*   On vient plus
facilement à bout d'une foule de Sujets divifés
par le vice, ifolés par la défiance, écrafés par la
crainte, que d'une Nation vertueufe & raifonnable.

MALGRÉ l'affreux tableau qui vient d'être
fait du Defpotifme, il peut quelquefois procurer
un bien-être paffager à un Peuple.   Donnez des
*Trajan*, des *Antonin*, des *Marc-Aurele* au monde, & alors il ne fera pas néceffaire de limiter
leur pouvoir; plus leur autorité fera grande, plus
leurs Sujets feront fortunés ; plus ils auront de force, & plus ils feront en état de combattre les
abus & les maux invétérés dont les Nations font
fouvent affligées; plus ils auront de puiffance, &
plus les changemens qu'ils feront, procureront de
biens à leurs Sujets.   Mais l'hiftoire nous montre à chaque page que les bons Defpotes font rares & que les Tyrans font très communs; que les
Princes les plus fages font très fouvent remplacés
par des monftres, enfin que la puiffance illimitée
corrompt

corrompt l'efprit & le cœur, & vient à bout de pervertir les hommes les mieux difpofés. *Néron* fut un prodige au commencement de fon regne.

ON ne manquera pas de nous dire que l'on a vu très fouvent des Nations foumifes au Defpotifme faire de très grandes chofes, ou jouer un rôle diftingué fur le théatre du monde. Mais nous repondrons en répétant que la puiffance momentanée, que les victoires fanglantes, que les conquêtes injuftes ne prouvent rien en faveur du bonheur réel des Peuples, qui doit être l'objet unique de tout Gouvernement; ces chofes prouvent au contraire que des Peuples ftupides ont été les victimes de leurs maîtres ambitieux. Les Mufulmans ont conquis jadis & l'Afie, & l'Afrique, & une partie de l'Europe fans ceffer un inftant d'être très malheureux.

SOUS quelque point de vue qu'on envifage le Defpotifme, tout nous prouve qu'il eft le plus grand des fléaux du genre humain, & la fource la plus féconde des calamités durables dont les Peuples font accablés. Tout nous montre qu'il n'eft utile à perfonne, & qu'au lieu de procurer des avantages à celui qui l'exerce, il lui ôte l'affection de fes Sujets, la puiffance réelle, la grandeur véritable, toute fûreté perfonnelle, & finit par l'envelopper tôt ou tard dans la ruine de fa Nation. Enfin, s'il eft au monde une vérité démontrée en Politique, c'eft que, SANS LA LIBERTÉ NI LES SOUVERAINS NI LES SUJETS NE PEUVENT JOUIR D'UN BONHEUR PERMANENT.

# DE LA
# LIBERTÉ.

### §. I. *De l'amour de la Liberté.*

L'AMOUR de la Liberté est la plus forte des passions de l'homme; il est fondé sur le desir de se conserver, & d'employer sans obstacles ses facultés pour rendre son existence heureuse. La Nature a gravé ce sentiment dans tous les cœurs; elle a voulu que chaque individu de l'espece humaine fût attaché à son être; la violence, l'habitude, l'ignorance, l'opinion peuvent quelquefois relâcher ou affoiblir ce lien; mais rien ne parviendra jamais à le détruire; ce feu, quelquefois étouffé, renaîtra toujours de ses cendres.

QUOIQUE toutes les passions soient naturelles à l'homme, quoique tous les mouvements de son cœur aient pour objet sa conservation & son bien-être, ils demandent pourtant à être guidés par la raison; sans elle l'amour de soi, l'intérêt personnel, le desir du bonheur sont souvent des impulsions aveugles dont les effets deviennent nuisibles & à nous-mêmes & aux autres. L'amour de soi,

quand il est éclairé, conduit à la vertu: lorfqu'il
ne prend pour guide qu'une imagination égarée,
lorfque l'ame trop émue eft privée de la faculté
de juger de l'objet de fa paffion & des effets qu'-
elle peut avoir, l'amour de foi devient un vice; la
liberté eft nuifible, dès qu'elle n'eft point fubordonnée aux loix de la juftice, de la raifon, de la
Société. L'ufage qu'on en fait eft injufte, dès
qu'on franchit les bornes que ces loix lui prefcri-
vent; il eft illicite, lorfqu'il ne fe renferme pas
dans les limites fixées par le Pacte Social. En
effet la Société, ayant pour objet le bien - être &
la confervation de tous fes membres, acquiert
des droits légitimes fur chacun de ceux qui profitent des avantages qu'elle procure: en vertu de
ces avantages, elle peut juftement circonfcrire la
liberté de fes membres ou en régler l'exercice: fi
chacun d'entre eux en faifoit un ufage illimité &
contraires à fa nature d'Etre Social, il rendroit
fes affociés malheureux & ne tarderoit pas à le
devenir lui-même. La nature d'un être fociable
lui impofe donc l'obligation ou la néceffité de ne
chercher fon bonheur, que par des moyens qui
ne foient point nuifibles à fes femblables; elle permet à chacun de fe rendre heureux, mais elle ne
veut point que ce foit en privant les autres du
bonheur.

Lorsqu'on dit que la Nature fait naître tous
les hommes libres, on ne veut point faire entendre que les hommes naiffent dans une indépendance entiere. Dès qu'il exifte pour eux des rapports, ils font foumis à des regles; dans tous les
inftans de leur exiftence, ils font fujets aux Loix
que la Nature & la Raifon leur impofent; enfin
ils font fubordonnés à celles de la Société qui,

lorſque ſes loix ſont juſtes, n'eſt que l'interprête fidele de la Nature & de la Raiſon.

Le Gouvernement, organe de la Société ou chargé par elle de fixer les bornes de la liberté de ſes membres, s'explique par les Loix. Lorſque ces Loix ſont juſtes, elles font jouir les Citoyens de toute la liberté que la Nature & la Raiſon leur permettent d'exercer, relativement aux beſoins & aux circonſtances de la Société. Sous un Gouvernement injuſte, ſes Loix dictées par le caprice, la violence & l'intérêt particulier, privent preſque toujours le Citoyen de ſes droits les plus raiſonnables, & l'intérêt du légiſlateur devient la ſeule meſure de la liberté.

### §. II. *Sa définition.*

Ainsi la Liberté eſt la faculté de faire pour ſon bonheur tout ce que permet la nature de l'homme en Société. Cette définition ſera propre à diſtinguer la vraie liberté de cette indépendance totale & chimérique qui ne fut jamais le partage de l'homme ; elle nous fera connoître combien elle differe de cette licence déraiſonnable, dont l'uſage ſeroit contraire à nous-mêmes & aux autres. Lorſque la liberté nous fait commettre des actions oppoſées aux Loix de la Nature & de la Raiſon, & par conſéquent contraires au but de la Société, elle n'eſt plus qu'un délire que nos aſſociés ne peuvent tolérer, qu'ils doivent, pour l'intérêt de tous, réprimer & punir. Mais d'un autre côté, quand la loi nous empêche de faire ce que la nature, la raiſon, le bien de la Société exigent de nous ou nous permettent, elle eſt injuſte & tyrannique ; elle excede ſon pouvoir, vû que toute loi civile ne peut qu'appliquer les loix de la Nature ou les interpréter de la maniere la plus conforme au bien de chaque Société.

Le bien de la Société totale doit donc être la mesure de la liberté de fes membres. Les hommes, en s'affociant, lui foumettent leurs actions; ils s'impofent le devoir de ne point faire ufage d'une indépendance illimitée, parce qu'elle détruiroit l'objet qui les raffemble. D'un autre côté, en facrifiant cette indépendance nuifible, chacun d'eux n'a point confenti à fe dépouiller du droit de faire ce qui, fans nuire aux autres, pouvoit contribuer à fa propre félicité & à fa propre fûreté. Ainfi jamais ni la Société ni fes membres n'ont pu renoncer à la liberté.

### §. III. *Doit être diftinguée de la licence.*

L'Illustre auteur de l'*Efprit des Loix* dit qu'*être libre n'eft pas faire ce que l'on veut, mais faire ce qu'on doit vouloir.* D'après ce principe inconteftable, il eft aifé de fentir que nul homme fur la terre ne peut prétendre à une indépendance totale. Quelqu'origine que l'on donne au genre humain, l'homme, même tout feul, feroit toujours obligé de fe conformer aux devoirs que fa nature lui prefcrit; il ne pourroit les violer fans nuire à fon propre bien-être. Mais il ne fut jamais parfaitement ifolé; il dépendit de fes parens, de fa famille, en un mot, de la Société où la naiffance l'avoit placé. Quelques fuffent les inftitutions & les conventions humaines, jamais elles ne purent accorder à aucun membre de la Société une indépendance abfolue, ou le droit de faire ce qu'il vouloit. Pour qu'un homme fût indépendant, il faudroit qu'il fortît de fa nature, il faudroit qu'il renonçât à fon efpece. Des loix néceffaires dirigent tous les êtres de la Nature & conftituent pour nous l'ordre de l'univers ; des loix naturelles également néceffaires dirigent les hommes & maintiennent l'ordre dans la Société. Le Souverain à qui fa Nation a confié le pouvoir le plus étendu, eft forcé de reconnoître les loix de cette Nature qui lui commande en fouveraine ainfi qu'au plus foible de fes Sujets. Par la conftitution éternelle & néceffaire des chofes, ces loix ne font jamais tranfgreffées fans péril: l'homme tout feul qui les viole, en eft puni tôt ou tard par la diminution ou la perte de fon bien-être: l'homme focial qui les outrage eft châtié par la haine de fes affociés dont l'idée produit en lui la crainte & le remors: la Société toute entiere eft punie de fes infractions aux loix de la Nature par les défordres, les vices & les crimes qui la troublent. Les Nations font punies de la violation de ces mêmes loix par les malheurs durables qu'elles fe font réciproquement éprouver. Les Tyrans & les Defpotes qui méconnoiffent ou méprifent ces loix fi refpectables pour fe livrer à la licence de leurs paffions effrénées, en font féverement châtiés, par les craintes, les foupçons, les allarmes & la ruine de leur propre pouvoir. Tyrans licentieux! qui dans votre folie prétendez affervir la Nature à vos injuftes caprices, elle eft plus forte que vous & vos armées; elle vous punit tôt ou tard de vos attentats & de vos rebellions.

GARDONS-NOUS donc de confondre une indépendance chimérique totalement incompatible avec l'ordre des chofes, ou une licence deftructi-

ve, avec la vraie liberté, qui doit être le partage de tout être sociable & raisonnable, qui est
un droit inaliénable de sa nature, & dont il n'y
a que l'injustice & la violence qui puissent le dépouiller.

### § IV. *Causes de la perte de la Liberté.*

MALGRÉ l'amour que tous les hommes ont
pour la Liberté, malgré l'authenticité des titres
qui constatent leurs droits, la terre est couver-
te de Peuples infortunés que des Maîtres hautains
privent du bien le plus cher à tous les cœurs. Ce
problême paroîtroit sans doute insoluble, si l'histoire ne nous faisoit connoître que la violence dans
tous les âges établit autrefois la plupart des Gouvernements ; la force & la ruse les ont depuis
maintenus ; l'habitude, la paresse, la terreur &
l'ignorance ont amorti les ressorts du cœur humain ;
elles sont, pour ainsi dire, parvenues à dénaturer
l'homme & à l'avilir à ses propres yeux : une volonté toujours une, agissante, décidée dans les
Souverains, rendit sans cesse inutiles, les efforts
que pouvoit faire la Société communément divi-
sée, engourdie & privée des forces nécessaires,
soit pour maintenir ses droits, soit pour les re-
couvrer. L'intérêt des dépositaires du pouvoir,
presque toujours séparé de celui de la Nation, en
fit communément les ennemis les plus cruels de
sa Liberté. Accoutumé à ne regarder ses Sujets
que comme un troupeau d'esclaves dont il peut
disposer à son gré, le Despote se figure que leurs
actions, & même leurs pensées doivent être
continuellement subordonnées à ses volontés su-
prémes.

DES Maîtres abſolus, peu faits à la réſiſtance, encouragés par la flatterie, rendus ſourds à la raiſon, au-deſſus de toutes les regles, ſe perſuadent que la Nature, plus favorable pour eux que pour les autres, veut que, par un privilege ſpécial, ils jouiſſent ſeuls de la licence, tandis que leurs Sujets languiront dans les fers ; rien ne manque à l'aſſerviſſement des Sujets & à l'orgueil de leurs Maîtres, lorſque la ſuperſtition vient donner la ſanction divine au Deſpotiſme & lorſqu'elle interdit aux hommes le deſir même d'améliorer leur ſort en ce monde.

## §. V. *Dangers de la Licence.*

TELS ſont les obſtacles puiſſants qui s'oppoſent à la Liberté des Peuples. Trop adroits pour attaquer de front, un bien dont l'amour eſt gravé en caracteres ineffaçables dans le fond de leurs cœurs, les fauteurs de la tyrannie affectent ſans ceſſe de confondre la Liberté naturelle & raiſonnable avec l'indépendance, l'anarchie, la licence, en un mot, avec l'abus de la Liberté. Les membres d'une Société ne peuvent être libres qu'autant que des loix raiſonnables le permettent. N'obéir qu'à des loix juſtes, c'eſt jouir de toute la Liberté qu'un Citoyen puiſſe déſirer. Si le Pouvoir Souverain doit ſe renfermer dans de juſtes bornes, l'intérèt de la Société en met auſſi à la liberté ; ſans celà chaque homme, dès qu'il en auroit la force, exerceroit ſur les autres la tyrannie la plus cruelle. Le Peuple dans la Démocratie n'a ſouvent aucune idée de Liberté, & ſon empire eſt ſouvent plus dur que celui du tyran le plus barbare. Si l'abus du Pouvoir introduit le Defpotifme, un enthoufiafme aveugle conduit à l'anarchie, défordre qui met chaque homme à la merci de fon femblable, qui rend la Société plus malheureufe que le Defpotifme, & qui bientôt l'amene. Celui-ci fait, fans doute, un grand nombre de malheureux; l'autre étend l'infortune à tous les membres de la Société. Si ceux qui gouvernent les hommes ne peuvent qu'abufer du Pouvoir, le Peuple, quand la raifon ou fon intérêt véritable ceffent de l'éclaïrer, ne peut qu'abufer de fa liberté. C'eft comme on l'a vu cidevant dans le fein des Tyrans, que les Nations affoiblies par la licence & l'anarchie vont fe confoler de leurs défordres. La liberté, fans la raifon, eft une arme funefte. Un Peuple vertueux connoît feul les droits de la vraie liberté. L'hiftoire de la plupart des Républiques nous offre fans ceffe le tableau révoltant des Nations que l'anarchie baigna dans leur propre fang.

## §. VI. *Ses remedes*

Il n'y a que des loix fages & fondées fur la raifon qui puiffent mettre la Société également à couvert, & des entreprifes du Defpotifme, & des malheurs de la Licence. Ainfi ne nous y trompons pas, la véritable liberté n'eft le partage exclufif d'aucun Gouvernement. Dans la Démocratie, le Peuple, Souverain en apparence, n'eft que trop fouvent l'efclave des Démagogues pervers qui le flattent & qui allument fes paffions, & devient un Tyran. L'intérêt & la paffion changent quelquefois les Républicains les plus jaloux de leur propre liberté, en des oppreffeurs très injuftes de la liberté des autres.

L'ENFANT sans expérience ou sans raison ne peut qu'abuser à son propre préjudice de la liberté qu'on lui laisse: l'éducation, en cultivant ses facultés, lui apprend à distinguer les passions qu'il doit suivre de celles qu'il doit réprimer. La saine Politique devroit être l'éducation des Peuples; elle devroit les instruire, leur former l'esprit & le cœur, les rendre humains & justes, les rendre sociables. Mais une fausse politique, ou néglige l'instruction des Citoyens ou s'y oppose formellement; trop souvent ceux qui gouvernent les Nations ne leur donnent que des exemples d'injustices, de violences, de perfidies propres à confondre dans les têtes toutes les idées de la morale: celle des Princes n'est très souvent qu'un long tissu de crimes. Des Souverains licentieux enseignent la licence à leurs Sujets. Des Prêtres trompeurs ou fanatiques, loin d'instruire les Peuples, les rendent insociables & turbulents. Egarés par de tels conducteurs, les hommes ont rarement des idées saines de liberté, & se conduisent en bêtes féroces pour l'aquérir ou la défendre.

SOUVENT, par un étrange abus des mots, la liberté sert de masque même à la Tyrannie la plus évidente. Le Noble Polonois, le Prince Germanique n'appellent-ils pas *Liberté*, le droit de faire gémir leurs Serfs & leurs Sujets sous l'oppression la plus cruelle, sans que ceux-ci puissent trouver aucun appui dans l'autorité du Monarque? Sous le gouvernement féodal, des Seigneurs armés & turbulents donnoient le nom de liberté aux violences qu'ils exerçoient impunément sous les yeux d'un phantôme de Souverain, trop foible pour les réprimer. Dans

quelques Républiques Ariftocratiques, la liberté
ne confifte que dans les droits que s'arrogent les
Magiftrats & les Nobles fur un Peuple qu'ils
gouvernent en vrais Defpotes. Quelques Républiques modernes nous prouvent que fous des
Magiftrats, le Peuple eft fouvent auffi géné que
fous le Tyran le plus avoué. Enfin ceux qui
gouvernent les Etats, appellent fouvent liberté
la faculté d'opprimer leurs Sujets. En général,
chaque homme s'imagine qu'être libre, c'eft faire
indiftinctement ce que l'on veut. Mais pour
être en droit de faire ce qu'on veut, il ne faut
vouloir que ce qui eft utile à nous - mémes fans
nuire aux autres. D'où l'on voit qu'il faut être
homme de bien, fociable, pénétré d'un fentiment profond & raifonné de juftice & d'humanité, pour contenir des paffions qui, trop fouvent, nous follicitent à faire un abus criminel &
dangereux de notre liberté.

§. VII. *La Liberté doit être fondée fur la raifon
& fur la vertu.*

S1 très peu d'hommes font bons, c'eft que
très peu d'hommes ont des principes fûrs de morale. Si les Peuples font méchants, c'eft que
ceux qui les conduifent les rendent tels, & dépourvus eux-mêmes d'équité, de prévoyance
& de raifon, ils les invitent à la Licence au
défaut de la vraie liberté qu'ils les empêchent
de connoître & de goûter. La prétendue Liberté
dont jouiffent quelques Nations, n'eft fi turbu-
lente, que parce qu'elle n'a pas encore été fondée
fur les bonnes mœurs, fur les lumieres, fur la vertu, qui feules apprennent aux hommes à contenir

leurs paſſions dans des bornes. La morale eſt la vraie baſe de tout bon Gouvernement.

On eſt libre par-tout où la loi gouverne; on eſt eſclave par-tout où quelqu'un eſt le maître de la Loi; on vit ſous la Tyrannie, par-tout où le Souverain peut être injuſte impunément. Sous le Gouvernement le plus abſolu, le Citoyen ſera libre, dès que ſon Monarque aura de l'équité; par-tout il ſera miſérable, dès qu'il ſera forcé d'obéir au caprice. Sous *Titus*, Rome eſt plus libre que ſous ſon ancien ſénat: ſous *Domitien*, elle retombe dans les fers.

La liberté n'eſt permanente, que lorſqu'elle eſt aſſûrée par une force capable de faire obſerver la juſtice à tous les membres de la Société, & de faire obſerver les loix deſtinées à fixer les bornes de l'autorité de ceux qui gouvernent & de la liberté des Sujets. Alors des loix liées à la conſtitution de l'Etat ne peuvent être violées ſans péril; vouloir remuer ces bornes, ce ſeroit s'expoſer à des dangers effrayants, même pour l'ambition la plus intrépide.

## §. VIII. *Idées juſtes de la Liberté.*

Dans les heureuſes ſociétés qui ſeroient ſoumiſes à des Souverains équitables par eux-mêmes, ou forcés de l'être par la conſtitution de l'Etat, loin d'envier à leurs Peuples les avantages que la Nature leur accorde, il ne leur reſteroit que l'occupation ſi flatteuſe de leur procurer les biens qu'elle a pu leur refuſer. En donnant la liberté à des hommes réunis & vraiment éclairés ſur leurs intérêts mutuels, la Nature & la Société auroient fait tout poux eux. Une légiflation claire, impartiale, exempte des faillies du caprice & de l'intérêt particulier, commanderoit également à tous les ordres de l'Etat; la juftice tiendroit la balance entre eux; elle fermeroit les yeux fur les diftinctions de la naiffance, de la fortune, de la faveur; elle mettroit la foibleffe à couvert des attentats de la puiffance. Les poffeffions du Citoyen rendues facrées ne tenteroient point impunément l'avidité des plus forts; elles feroient affûrées à leurs légitimes poffeffeurs, certains de les transmettre à leur poftérité. La perfonne de tout Sujet, fous la fauve-garde de la Loi, n'appartiendroit qu'à l'Etat & à lui-même; elle feroit inviolable & facrée pour l'Autorité Suprême. Le pauvre protégé par la volonté de tous, trouveroit de l'appui contre le crédit, le pouvoir & la paffion. Dans le châtiment même de fes excès, des Loix, des formes conftantes & des tribunaux irreprochables retraceroient au criminel cette liberté dont il s'eft rendu indigne par l'abus qu'il en auroit fait.

§. IX. *Avantages qu'elle procure au Souverain.*

S1 les Souverains étoient plus juftes; fi la raifon avoit droit de leur parler; s'ils étoient vraiment occupés du bonheur de leurs Etats, loin de déclarer la guerre à la liberté de leurs Sujets, ils mettroient leur bonheur à les faire jouir d'un bien fi cher; ils s'applaudiroient de l'heureufe impoffibité où les loix les mettroient de nuire à des hommes qu'ils doivent protéger; ils fe feroient une gloire d'être les exécuteurs des oracles de la raifon, de ces loix fages faites pour le plus grand bien de tous: ils seroient alors obéis sans murmures; une autorité sans bornes est inutile, lorsqu'elle n'a point de caprices à satisfaire; les loix qui la limitent sont, pour les Souverains, le gage de la soumission de leurs Sujets. Les hommes n'obéissent jamais plus fidélement, que lorsqu'ils obéissent à une autorité raisonnable & bienfaisante.

Ne croyons donc pas que la liberté diminue la puissance réelle des Souverains & le respect des Peuples. Un Monarque n'est grand, que lorsqu'il commande à des hommes dont le cœur est élevé; il n'est puissant, que lorsque ses ordres sont exécutés par des Citoyens empressés à concourir au bien de la Patrie. Sous un tel Maître, les Nobles ou les Grands, distingués par eux-mêmes n'ont pas besoin de tirer leur lustre de la faveur; ils ne font point les jouets des caprices d'un Despote inconstant. Si comme sous le Despotisme, ils n'ont pas le privilege odieux de tyranniser les foibles, d'écraser le malheureux, ils ne font pas eux-mêmes exposés à devenir les victimes des soupçons, de l'intrigue, de la cabale & de l'envie; leur état n'est emprunté ni de la naissance ni de la fortune; ils le doivent à leur justice, à leurs bienfaits, à leurs services, qui seuls méneront à la considération, dans un pays où regnent la Raison & la Liberté. Les titres, la faveur, le faste n'en imposent qu'à des esclaves vains & frivoles, qui n'ont pas des idées vraies de la grandeur. Le Despotisme confond réellement tous les rangs qu'il semble distinguer. Il ne fait que diviser tous les ordres de l'État pour les réduire successivement en servitude. Les Grands ne font sous lui, que des insectes éphémeres dont l'éclat n'a point de durée.

### §. X. *Eſt avantageuſe à tous les Citoyens.*

ON voit donc que tous les membres d'un E-
tat ſont également intéreſſés à voir régner la liberté ; ſi elle protege le foible, elle aſſûre auſſi
la grandeur des Nobles, elle affermit le trône
du Monarque, elle réunit dans ſes mains les
volontés & les forces de ſes Sujets ; enfin elle
donne à l'Etat, la puiſſance & le reſſort dont il
a beſoin pour repouſſer les entrepriſes de ſes
ennemis.

NE croyons pourtant pas que la liberté puiſſe
établir une égalité chimérique que la Nature a
refuſée aux hommes ; chacun dans une Nation
libre, jouit des avantages que ſon talent, ſon
travail, ſon induſtrie, le hazard même lui
procurent ; mais il ne lui eſt point permis de s'en
prévaloir contre ceux qui n'ont point les mêmes
facultés. Des loix impartiales & inflexibles
commandent également à tous ; c'eſt en cela
qu'elles établiſſent une égalité très réelle, la ſeule
à laquelle les hommes aient le droit de prétendre.
La Liberté ne connoît que la lettre de la loi ; dès
que l'on s'arroge le droit d'interprêter la Loi,
on la fait bientôt plier aux volontés des grands ;
on s'en ſert pour opprimer les petits ; elle devient arbitraire ; elle anéantit la liberté & la ſûreté communes à tous. La Loi n'eſt jamais faite
pour ſe prêter aux intérêts des corps, des individus, ni de ceux qui gouvernent. Un Etat
n'eſt point vraiment libre par-tout où il faut des
richeſſes, du crédit, de la protection pour obtenir juſtice ; c'eſt le droit & non l'homme qui
doit la faire rendre. Il n'exiſte point de liberté,
par-tout où quelques citoyens jouiſſent de privileges

leges ou de prérogatives injuftes; tout privilege, eft injufte, quand il eft onéreux au plus grand nombre des membres de la Société: le véritable privilege de l'homme libre, c'eft de voir fes droits garantis par tous fes Concitoyens.

## §. XI. *De la Sûreté.*

DE tous les avantages qui doivent rendre la liberté chere aux Citoyens, il n'en eft point de plus grand que la fûreté qu'elle procure à leurs per-fonnes, à leurs juftes droits, à leur propriété. En vivant en fociété, en fe foumiettant à un Gouvernement, les hommes ont eu néceffaire-ment pour objet, non feulement la confervation de leur perfonne, mais encore celle des biens que leur travail, leur induftrie, leurs talents ou ceux de leurs peres leur auroient procuré: des chofes néceffaires à leurs befoins, fervent à ren-dre leur exiftence agréable. La propriété fut toujours une pomme de difcorde entre les hom-mes: elle produifit de tout tems dans chaque Société, un combat continuel entre le Souverain & fes Sujets. Les dépofitaires de l'Autorité des-tinée à maintenir les hommes dans la poffeffion de leurs droits, ne chercherent communément à étendre leur pouvoir, à écrafer la liberté des Peuples, que dans la vue de fe rendre maîtres de leurs biens & du fruit de leurs travaux: ex-cités par des Miniftres injuftes & flatteurs, im-portunés par des Courtifans affamés, follicités par des Favoris infatiables, & encore plus par leurs propres paffions, les Souverains ne font devenus le plus fouvent que des raviffeurs que nulle force ne put réprimer. Par là les fecours

que le Citoyen eſt obligé de fournir pour le
ſoutien de l'Etat furent communément détournés
de cet objet eſſentiel, & ſervirent à récompenſer
les vices & à repaître le faſte & la vanité des
Cours. . Le Monarque ſouvent réduit à la pauvreté au milieu des tréſors dont il diſpoſe, ſe
vit obligé de recourir à mille extorſions pour
arracher à ſes Sujets une portion de leurs propriétés qu'ils ne donnent jamais qu'à regret, ſur-
tout, lorſqu'ils voient l'indigne uſage auquel on
les deſtine.

### §. XII. *De l'Impôt volontaire.*

UNE des plus grandes prérogatives d'un Peuple
libre conſiſte dans le droit de s'impoſer à lui-
même ce qu'il juge néceſſaire aux beſoins de l'E-
tat; des regles impartiales obligent alors chaque
Citoyen de contribuer, ſuivant de juſtes propor-
tions, au maintien de l'enſemble: les Impôts arbitraires annoncent un Gouvernement inique qui
s'arroge le droit de ménager ſes créatures & d'é-
craſer le Citoyen. Sous une telle adminiſtration il arrive communément que l'homme opulent & puiſſant eſt épargné, tandis que tous les
impôts accablent le foible & le miſérable, à qui
perſonne ne daigne s'intéreſſer.

DANS une Nation qui jouit de la vraie liberté,
la répartition de l'impôt ne peut être arbitraire;
les emplois en doivent être connus; les dépo-
ſitaires du pouvoir, comptables eux-mêmes à
la Société, ſont les adminiſtrateurs & non les
propriétaires des deniers publics: dès qu'il arrive
en cela des abus, c'eſt que les loix n'y ont pas

fuffifamment pourvu: elles ont dû élever des barrieres que l'intérét & l'avidité, aidés de la rufe,
ne puiffent pas franchir. Au moyen de la portion
des biens de fes membres fur laquelle la Société
s'eft réfervé des droits, elle s'engage à affûrer
à chacun d'entre eux la poffeffion de tout le reste; ce n'eft qu'à cette condition que le Sujet
peut confentir à lui remettre une portion du fruit
de fes travaux. Mais, dira-t-on, quelle eft
la jufte mefure de ce que la Nation doit contribuer à fa propre confervation? Ce font fes befoins réels; ce font fes circonftances, & non les
fantaifies de ces chefs, ou l'avidité d'une Cour
qui doivent en décider.

### §. XIII. *La liberté fait naître l'induftrie.*

CE n'eft point par fon étendue, par fes armées
nombreufes, par l'éclat de fes victoires, par le
luxe de fes villes, par le fafte de fa cour, par
les fuperbes monuments de fes Rois que l'on peut
juger de la profpérité d'un Peuple; c'eft par fon
induftrie & furtout par la culture. Mais ce n'eft
que dans une Nation libre que fe trouvent la
fécurité, l'aifance, le courage, l'activité qui les
font naître. Tranquille dans fes poffeffions, le Citoyen fe livre avec ardeur au travail pour féconder
le champ que l'injuftice ne lui peut ravir. Une
famille nombreufe augmente-t'-elle fes befoins?
il forcera la terre à lui fournir de plus amples
récoltes, & loin d'être affligé, il fera content
de fe voir multiplier dans une poftérité qu'un
travail modéré & partagé entre un plus grand
nombre de bras rendra auffi heureufe que lui. Il
confent avec plaifir à payer des impôts qu'il fçair

néceffaires au foutien de la Patrie qui le protege ; il n'a pas la douleur de voir employer le fruit de fon labeur à repaître le luxe ou l'avarice de ceux qui le gouvernent. Il aime fon pays, parce qu'il y vit heureux ; il chérit fes Maîtres, par ce qu'il les voit occupés de lui ; fon attachement pour eux fondé fur celui qu'il a pour lui-même, n'eft point un enthoufiafme fans motifs, une admiration ftérile de la grandeur que l'habitude & l'opinion font contracter quelquefois aux fujets d'un Defpote, fentimens qui font toujours accompagnés de celui de leur propre néant. Fondé fur l'amour légitime de lui-même, l'attachement de l'homme libre pour fon pays eft plus folide & plus raifonné ; il connoît une Patrie, parce qu'il en eft une là où les Citoyens éprouvent le bien-être. Des ennemis injuftes viendront-ils l'atta-quer ? Se voit-elle menacée par des conquérans ambitieux ? Veut-on lui ravir les avantages dont elle jouit ? Auffitôt l'enthoufiafme embrafe le cœur du Citoyen ; il feconde les efforts de la Pa-trie ; il fçait que fes ennemis font les fiens ; il n'ignore pas qu'en défendant l'Etat, il fe défend lui-même ; fon intérêt s'oppofe à tout change-ment parce qu'il ne pourroit que lui être défa-vantageux.

L'HABITANT des villes fe livre à l'induftrie ; le defir qu'il a de s'enrichir lui-même tourne au profit de la Société ; les paffions des Citoyens convenablement dirigées, lui font toujours avan-tageufes ; ce n'eft jamais que l'objet qui les rend utiles ou nuifibles. Ainfi cette paffion qui fe fatisfait par le commerce, procure au Citoyen une opulence dont l'Etat reffent les effets. Les en-treprifes que le defir de l'aifance lui fuggere, dégagées des entraves de la Tyrannie ou du joug des taxes accablantes & des avanies defpotiques, ouvrent une libre carrierre à fes vœux; s'il facrifie une portion des profits qu'il retire, la raifon lui montrera qu'il la facrifie à lui-même & qu'il doit payer la Société pour fes foins & fes fecours, fans lefquels il n'auroit pu ni aquérir ni jouir.

§. XIV. *De la Liberté Religieufe.*

POUR être libre, il ne fuffit pas que la perfonne & les poffeffions du Citoyen foient à couvert de l'oppreffion; il faut encore que fon efprit débarraffé des chaînes de la Tyrannie, puiffe fuivre en liberté les idées qu'il juge vraies, utiles, néceffaires à fon bien-être. Les hommes font religieux, mais ils ne le font point de la même maniere. Tous les Peuples adorent, foit un Dieu, foit des Dieux qu'ils fe peignent fous des traits différens, & qu'ils honorent à leur maniere. Lorfque l'habitude, l'éducation, l'opinion ont accoutumé l'homme à envifager conftamment fous un certain point de vue, la puiffance invifible de laquelle il croit dépendre & qu'il refpecte comme l'arbitre de fon fort, ces idées s'identifient avec lui & lui deviennent néceffaires: vainement tenteroit-on de les lui faire changer; fon efprit indomptable fe roidit contre la violence; il s'attache à fes opinions en raifon même de la contradiction qu'elles éprouvent; il y tient d'autant plus, qu'il les fuppofe agréables à l'être qu'il regarde comme le plus important de la nature. Les opinions des hommes ne font & ne peuvent être uniformes fur l'effence divine que tous adorent avec une égale ignorance: il ne peut y avoir d'accord dans la façon de penfer fur fon compte, ni dans la maniere de le fervir ou de mériter fa bienveillance. Toutes ces chofes, fondées fur des doctrines, fur des ufages, fur des révélations, qui ne font jamais les mémes, varient dans toutes les têtes & chacun fe perfuade que fa façon de les voir eft la meilleure, c'eft-à-dire la plus utile à fa félicité.

C'est donc violenter les hommes dans l'objet qui leur eft le plus cher; c'eft les rendre malheureux, que de vouloir les troubler dans l'exercice des devoirs qu'ils rendent à la Divinité. Leur amour-propre ou leur enthoufiafme s'allumeront toujours en faveur d'opinions fur lefquelles ils fe feront un mérite d'être obftinés : chacun croira qu'il y auroit le plus grand danger pour lui à y renoncer : la Société fe trouvera donc divifée; une partie de fes membres, fous prétexte de zéle, s'occupera du foin de tourmenter les autres qu'un zéle égal enivrera de même. Il naîtra des haines envenimées que l'expérience de tous les âges nous prouve être les plus affreufes qui puiffent déchirer & troubler les Nations. Les divifions religieufes ont fur-tout les conféquences les plus terribles, lorfque l'Autorité Souveraine a la folie de vouloir mettre de l'uniformité dans des fentimens qui n'en font pas fufceptibles, ou de prétendre régler fur les fiennes, la conduite & les idées des Sujets relativement à une chofe plus refpectable pour eux, que toutes les loix humaines, que l'Autorité des Rois & que leur propre vie.

### §. XV. *Tyrannie de l'Intolérance.*

Si c'eft une Tyrannie que de dépouiller un Citoyen de fes biens, c'eft une Tyrannie, c'eft une cruauté bien plus criante de lui ravir ſes opinions ſur un Dieu qui lui eſt ſouvent plus cher que ſes biens & que ſa propre conſervation. Une ſaine politique ordonne de tolérer dans un Etat toutes les religions & toutes les ſectes a-doptées par les Citoyens, de tenir une juſte ba-lance entre elles, de ne jamais ſouffrir qu'aucune opprime les autres ou trouble leur tranquillité. Le Gouvernement perd le droit de juger entre elles, dès qu'il ſe rend partie.

PAR un phénomene bien étrange, c'eſt pour-tant un pays deſpotique qui nous fournit l'e-xemple le plus parfait de la tolérance religieu-ſe. L'Empire Chinois, gouverné par des ſages à qui la morale tient lieu de Religion, per-met aux Peuples, toujours enfans, toujours avi-des du merveilleux, de ſuivre en liberté la ſec-te qu'ils préferent; ſi dans les derniers tems le Gouvernement a donné l'excluſion à la Religion Européene ; l'intolérance de cette ſecte, l'in-dépendance où ſes Miniſtres veulent être de la Puiſſance Temporelle, enfin le tort que le célibat fait à la population, furent les motifs qui déter-minerent les Empereurs Chinois à la bannir de leurs Etats.

C'EST une violation injuſte de la liberté; c'eſt un attentat contre la Société, que de vouloir forcer les hommes à quitter un culte qu'ils ſuppo-ſent agréable à leur Dieu, pour en embraſſer un autre qu'ils croient abominable à ſes yeux. L'Au-torité dégénere encore bien plus en une Tyrannie inſenſée, lorſqu'elle veut preſcrire aux hommes ce qu'ils doivent penſer: chargée par la Société de diriger les actions exterieures, jamais la Puisfance Souveraine ne peut fans folie s'arroger le droit abfurde de régler ou de contraindre les mouvemens fecrets du cerveau de fes Sujets. Le cœur de l'homme eft un fanctuaire inviolable, dans lequel il n'y a que la fureur qui puiffe tenter de pénétrer; là fon propre jugement eft fait pour porter feul le fceptre. Un homme ne s'éprend que des idées qu'il croit conformes à fon bien-être; il, adore fon Dieu, fous le nom, dans la forme qu'il juge lui convenir; le Souverain, fans déraifon, ne peut jamais prétendre au droit bar-bare de porter le trouble dans les confciences. S'il avoit de la raifon & de l'équité, il fe gar-deroit bien de feconder les fureurs des fanatiques & des mercénaires qui regardent comme indigne de vivre ou de jouir des avantages de la Société, quiconque refufe de fe foumettre à leurs idées abs-traites ou à leurs décifions préfomptueufes. Vai-nement exagéreront-ils les dangers de la liberté de penfer; les dépofitaires de l'Autorité doivent fentir qu'il n'eft point pour l'Etat de dangers plus réels, que de femer le trouble & de réduire au défefpoir une partie des Citoyens pour mettre en vogue des opinions indifférentes, des pratiques arbitraires, des myfteres impénétrables. Les fyf-têmes religieux ne troubleront la Société, que lorfque l'injuftice & la tyrannie s'efforceront de les étouffer. Un Légiflateur ne doit s'occuper, que des actions des hommes; dès qu'ils feront uti-les & vertueux, ils doivent être libres de penfer comme ils voudront. Il eût été plus avantageux à l'homme d'être totalement privé par la Nature de la faculté de penfer, que d'être obligé de la régler fuivant les caprices des autres. Un gou-vernement fage commande à la fuperftition même; il tolere ſes extravagances, lorſqu'elles ſont devenues néceſſaires aux hommes; il les réprime, lorſque leurs effets ſont nuiſibles: ſon rôle eſt de faire concourir toutes les ſectes au bonheur de la Société. La liberté de penſer, de parler & d'écrire eſt le ſoutien d'un bon Gouvernement; il ne paroît dangereux qu'à celui qui ſe croit intéreſſé à n'avoir ni juſtice ni raiſon.

### §. XVI. *De la Liberté dans les écrits.*

CE qui vient d'être dit peut déjà ſervir à fixer la conduite qu'un Gouvernement éclairé doit tenir relativement aux diſcours & aux écrits des Citoyens. De tout tems la Tyrannie, ennemie de toute liberté, pourſuivit avec fureur ceux qui, par leurs ouvrages ou leurs diſcours, éclairoient leurs ſemblables ſur les matieres les plus importantes. „ *De quel droit*, nous dit-elle, *un vil Sujet ſe mêleroit-il du Gouvernement ?* " C'eſt par le même droit qu'un paſſager éveillé peut quelquefois donner un avis ſalutaire au pilote endormi qui tient le gouvernail du navire où il ſe trouve lui-même. Les Souverains & leurs Miniſtres ſeroient-ils les ſeuls mortels à qui les conſeils fuſſent inutiles ? Que reſte-t-il d'intéreſſant pour les hommes, s'il ne leur eſt point permis de s'occuper de la religion de laquelle la plupart font dépendre leur félicité éternelle, & du Gouvernement qui décide de leur bien-être en ce monde. N'eſt-ce pas réduire les hommes à l'enfance, que de priver leur eſprit d'occupations ſérieuſes ? Cette vérité peut ſervir à nous faire connoître la ſource de la puérilité, de la frivolité, de l'ineptie que l'on remarque dans les ouvrages de quelques Nations, dont les Ecrivains n'ont pas coutume de s'occuper d'objets utiles & grands. Il ne peut y avoir d'écrits folides & vraiment intéreffants que dans les pays où il eft permis d'être Homme & Citoyen.

### §. XVII. *De la licence dans les écrits.*

D'un autre côté, la licence, mafquée fous les dehors de la liberté, prétend que l'on ne peut fans injuftice réprimer aucuns de fes excès. Mais la raifon nous montre un jufte milieu entre ces extrémités. Lorfque les difcours & les écrits, fans fruit pour le public, portent le trouble dans le cœur, foit des Chefs équitables d'une Société, ou des Citoyens honnêtes, ils font très condamnables; mais lorfqu'ils attaqueront des hommes pervers qui prétendent jouir en paix & fans remors de la mifere publique, quel eft l'efclave asfez dépourvu de pudeur pour ofer les blâmer? C'eft le devoir d'un bon Citoyen de déférer à la Patrie les ennemis publics ou cachés qu'elle renferme dans fon fein. Mais, dira-t'on peut-être, le dénonciateur ne peut-il pas être aveuglé par l'efprit de parti, par la paffion, par l'intérêt perfonnel? Oui, fans doute; mais alors il eft un calomniateur déteftable ou un lâche affaffin, digne de la haine de fes Concitoyens.

Mais de ce qu'un incendiaire fe fert du feu pour caufer un incendie, l'Autorité doit-elle en conclure qu'il faut ôter le feu à tous les Citoyens? Eft-elle en droit de rompre tous les chemins, afin d'empêcher qu'il n'y ait des voleurs de grands chemins? Tout Citoyen doit fes talens à fa Patrie; tout homme qui a médité lui doit le fruit de fes réflexions. Peut-on regarder comme nuifible, un ouvrage dans lequel l'Auteur, guidé par l'amour de fa Patrie, par l'enthoufiafme de la vertu, indiquera fans fiel, les moyens qu'il croit propres à la rendre plus heureufe? Traitera-t-on d'attentat puniffable, l'action d'un Citoyen qui découvre à la Société & à ceux qui la gouvernent des abus dangereux, uniquement fondés fur des impoftures, des préjugés, des injuftices que des Nations entieres paient de tout leur bienêtre? Un ouvrage eft-il répréhenfible, lorfqu'il tend à ramener aux loix de la Nature & de la Raifon, les Souverains que leurs imprudences en écartent fi fouvent? Les bons Princes & leurs fages Miniftres n'ont rien à craindre des fatires ou des libelles. Un Titus, un Marc-Aurele auroient-ils été moins affurés fur le thrône, fi quelque déclamateur infenfé avoit frondé leur gouvernement? La vérité n'eft à craindre que pour les méchants; la calomnie publique ne peut rien contre les hommes dont le public éprouve les bienfaits. Les ennemis de la Nation méritent d'être couverts de honte & d'infamie. Ceux qui violent toutes les Loix, méritent que chacun les attaque de la façon la plus fûre & la plus efficace, pour les faire rougir ou pour les réprimer. La licence & l'injuftice des hommes puiffants autorifent les Citoyens à leur rendre juftice en les citant au tribunal de la Société qu'ils outragent. Quand les Loix font forcées de fe taire, chacun peut devenir l'interprête & le vengeur de la Patrie. Un écrit n'eft licentieux, que quand il nuit vraiment à la Société, & non quand il ne déplait qu'à fes ennemis les plus cruels.

MAIS, dira-t-on, jufqu'où peut-on permettre la liberté dans les écrits? Lorfque la haine

particuliere, le defir de la vengeance, la volonté
d'exciter le trouble dicteront un ouvrage, ne fe-
ra-t-il pas néceffaire d'en punir l'auteur? Tout
auteur d'un ouvrage injufte ne tarde pas à être
châtié. L'indignation publique venge bientôt la
vertu & le mérite infultés; le mépris, les remors,
l'ignominie font communément le partage des E-
crivains dont la paffion & la fureur ont feuls conduit la plume.

Il peut réfulter, fans doute, des inconvénients pour quelques individus, d'une liberté illimitée; mais il en réfultera toujours des avantages ineftimables pour la Société totale, aux intérêts de laquelle les intérêts de quelques membres
doivent être fubordonnés. Si la fatire attaque
ceux qui gouvernent les hommes, fi la calomnie
les noircit, l'opprobre retombera fur ceux qui auront voulu leur nuire. Quant aux oppreffeurs du
genre humain, qu'ils étouffent, s'ils fe peut, les
cris de la raifon; qu'ils gênent la liberté de la pres-
fe; qu'ils effraient les champions de l'humanité;
qu'ils perfécutent la vérité; tous leurs vains efforts
ne feront que confirmer leur honte & leur attirer
la haine qu'ils ont juftement méritée.

Rien de plus injufte que d'ôter aux Citoyens
la liberté d'écrire ou de parler fur des objets importans à leur félicité; de quel droit les priver
de la faculté de s'occuper des intérêts qui méritent feuls leur attention? La vérité gagne toujours à être difcutée; le menfonge & le crime
ont feuls intérêt à fe cacher dans les ombres du
myftere. La vérité, toujours utile au genre humain, peut quelquefois choquer les Tyrans; mais,
plus puiffante qu'eux; elle triomphera tôt ou tard

de leurs projets ténébreux & les Peuples recüeil-
leront ce qu'elle aura femé. Si des téméraires
l'attaquent, elle fortira victorieufe des combats
qu'on lui livre; il n'y a que l'injuftice & le menfonge qui redoutent les épreuves & qui craignent
d'être dévoilés. Ainfi, qu'une Nation jaloufe de
fa liberté prenne garde de punir & de décourager, fous de frivoles prétextes; ceux qui lui feront connoître fes véritables intérêts; qu'elle
prenne garde que des loix imprudentes entre les
mains de l'Autorité, ne deviennent les inftrumens
de la vengeance de ceux à qui la vérité déplait.

AINSI, vous tous qui méditez! cherchez la
vérité; occupez-vous du bien-être de la Patrie,
vous lui devez vos lumieres; découvrez lui les
trâmes de fes ennemis; attaquez les préjugés qui
lui font nuifibles; faites-lui connoître les maux
qui la minent à fon infçu; indiquez-en les remedes, afin qu'aidée des circonftances elle les applique elle-même. La volonté publique a le
droit de régler la marche de fes chefs & de fes
légiflateurs; ils font faits pour fuivre la route
qu'elle leur trace; ce n'eft qu'à l'aide des lumieres, qu'une Nation peut perfectionner fon fort.
Elle ne tarde pas à tomber dans l'aveuglement,
dans la langueur & dans la ruine, lorfque l'oppreffion la prive des fecours que l'inftruction peut
lui donner; bientôt elle devient la victime de la
tyrannie, du fanatifme & de l'impofture. Souvent très éprife elle-même de préjugés trompeurs, elle repouffe avec dédain les fecours qu'on
lui préfente; elle regarde les ennemis de fes Tyrans, comme fes propres ennemis. Mais à la
fin, la femence de la vérité germe en elle: elle

rougit alors d'avoir méconnu fes enfans les plus
fideles. La Tyrannie, aveugle elle-même, ne
veut commander qu'à des aveugles; l'injuftice,
toujours ombrageufe, ne fouffre pas qu'on les é-
claire. C'eft une marque non équivoque d'une
adminiftration dépravée, que d'interdire l'examen
& de profcrire les lumieres. Une politique doit
être bien étrange, lorfqu'elle traite les Citoyens
les plus éclairés comme des ennemis de l'Etat!

§. XVIII. *Hardieffe dans les écrits.*

Qu'est-ce qu'écrire avec hardieffe ? C'eft
faire connoître à fes Concitoyens , des vérités
qu'ils ignorent; c'eft leur découvrir des principes qu'on croit utiles, quoique contraires aux préjugés reçus ou aux paffions de ceux qui décident
de leur fort: c'eft leur communiquer fes idées,
afin de les mettre à portée d'en juger, de les a-
dopter fi elles font vraies, de les rejetter quand
elles font fauffes. L'on fe récrie communément
fur la témérité de ceux qui attaquent ouvertement
des opinions que l'ignorance, le tems, l'autorité
ont confacrées; mais la plupart des hommes ne
font que foiblement touchés des vérités neuves
qu'on leur montre; ce n'eft que la poftérité qui
recueille les fruits tardifs de l'inftruction que l'on
feme; elle apprécie la force des raifons, & les
applique, quand elle en trouve le moyen. Les
perfécuteurs de la liberté ne prouvent rien par
leur conduite, finon que la vérité les allarme.

Sous un Gouvernement abfolu , l'on traite
d'infolence & de rébellion, les mouvements légitimes de l'inquiétude & de l'impatience qu'un Citoyen ofe montrer à la vue de l'incapacité ou

de la tyrannie. Tout gouvernement a pour but
la félicité de la Nation gouvernée; mais, par
une étrange fatalité, il n'eſt preſqu'aucun pays où
il ſoit permis aux Nations d'examiner comment
on les gouverne. Lorſque ceux qui ſont chargés
de l'adminiſtration refuſent d'entendre la vérité,
ne ſemblent-ils pas avouer qu'ils font mal, &
qu'ils n'ont aucun deſſein de faire mieux à
l'avenir.

L a ſcience du Gouvernement feroit-elle donc
la ſeule qui n'eût beſoin, ni des expériences com-
binées, ni des réflexions des hommes? Les dé-
poſitaires de l'Autorité auroient-ils la préſomption de croire que les forces de leur génie, que
leur pénétration, que leurs reſſources ſont infaillibles & ſuffiront dans les circonſtances les plus
épineuſes? Se flatteroient-ils que la légiſlation
ne puiſſe plus être perfectionnée? La moindre
attention ſuffit pour les déſabuſer. L'art de gouverner les hommes eſt encore dans l'enfance; le
Gouvernement eſt une machine qui ſans ceſſe
demande à être remontée, réparée, entretenue.
Des oies ont, dit-on, jadis ſauvé le Capitole.
Le moindre des Citoyens peut quelquefois ouvrir
un avis utile duquel peut dépendre le ſalut de
l'Etat. Un écrit livré à l'examen du Public, eſt
bientôt apprécié, & le jugement de la Société
devient communément une regle aſſez ſûre pour
ceux qui la gouvernent. Il faut répondre à un
livre par un livre, & non par des priſons & des
ſupplices qui détruiſent l'homme, ſans détruire
ſes raiſons. Les Gouvernemens qui puniſſent
les Ecrivains hardis, reſſemblent à ces enfans volontaires qui s'irritent, lorſqu'on les avertit du
danger où ils s'expoſent.

Un Gouvernement équitable veut commander à des hommes raisonnables & capables de sentir leur bonheur : il sçait que plus ses Sujets seront éclairés, plus ils seront vertueux. Un Gouvernement arbitraire ne veut commander qu'à des bêtes.

§. XIX. *Tous les Peuples ont droit à la liberté.*

Si tous les Peuples veulent être heureux & ont le droit de songer à leur bonheur, tous les peuples de droit sont libres ; quoique souvent esclaves dans le fait; il n'y a que le délire qui puisse renoncer à ce droit ; il n'y a que l'ignorance qui puisse le méconnoître ; il n'y a que l'injustice qui puisse le ravir: enfin il n'y a que la stupidité la plus profonde qui puisse rendre insensible à un bienfait que la Nature destine à tous les habitans de la terre. On voit pourtant des Peuples que l'habitude a presqu'identifiés avec leurs chaînes, & qu'une longue inertie a rendus indifférens aux charmes de la liberté. Les préjugés de l'éducation, l'inhabitude de penser, l'indolence, la légéreté, & sur-tout la crainte étouffent souvent dans des Nations entieres jusqu'au desir de changer leur esclavage contre un sort plus heureux. Le nom même de la Liberté est inconnu à ces Peuples orientaux que la religion, l'ignorance & un avilissement héréditaire livrent depuis des milliers d'années aux caprices de leurs Sultans. Comment ces infortunés desireroient-ils un bien dont ils n'ont nulle idée? Ce desir, s'il naissoit dans leurs ames, seroit une révolte contre le Ciel qui veut que les hommes soient malheureux ici bas.

Chez

CHEZ des Peuples amollis par le luxe & qu'un Defpotifme mitigé endort dans l'efclavage, on croit être libre, parce qu'on peut fe livrer quelquefois à fa pétulance, aux faillies momentanées de fon efprit, ou à de vains propos que méprife un Gouvernement trop puiffant pour craindre les mecontens: on croit n'avoir point de fers parce qu'il eft permis d'en parler. Vainement chercheroit-on dans ces ames énervées, cette indignation profonde contre l'oppreffion qui devroit brûler dans le fein de tout homme équitable: vainement y chercheroit-on cet enthoufiafme qui échauffe le Citoyen prévoyant & occupé de fa poftérité; vainement s'attendroit-on d'y trouver cette noble ardeur dont s'embrafe celui qui a médité les douceurs de la liberté: ces paffions font trop grandes pour des ames foibles & rétrécies. Dira-t-on à ces hommes légers ou infenfibles, que des impôts exigés avec rigueur, rendent le plus grand nombre de leurs Concitoyens malheureux, dépeuplent les campagnes, laiffent les champs fans culture? Leur fera-t-on voir que leurs tréfors, au lieu de fervir aux befoins de l'État, au lieu d'être employés à fa fûreté, au lieu d'être la récompenfe de l'utilité, font indignement détournés pour repaître les fantaifies d'une Cour diffolue, pour affouvir l'avarice de quelques favoris malfaifans, pour payer la baffeffe & le crime? Leur fera-t-on envifager une poftérité malheureufe à qui le Pere de famille n'eft jamais fûr de tranfmettre fa fortune, ou à qui la faveur & le crédit peuvent à tout moment ravir une propriété, toujours précaire, des qu'elle n'eft point affûrée par les loix? Leur repréfentera-t-on les inconvéniens d'un commerce troublé par l'avidité, gêné par l'autorité, dénué de protection ? Leur montrera-t-on les fuites affreuses de ces guerres réitérées, entreprises, non pour la défenfe de l'Etat, mais pour immoler des victimes innombrables à l'ambition d'un Monarque fanguinaire, à la vanité de fes Miniftres, ou bien à l'orgueil & à l'avidité de quelques Grands ? Ces vues font trop vaftes pour des yeux accoutumés à ne confidérer que des objets puériles ; ces réflexions font trop graves pour des enfans incapables de raifonner, ou fans ceffe diftraits par leurs amufements pueriles: contents de jouir de leurs plaifirs ordinaires, fatisfaits de la permiffion de babiller fur leurs maux, fans fonger à en trouver les remedes, que dis-je! affez fous pour en rire, fiers d'une prétendue égalité que l'expérience dément à chaque inftant, ces efclaves fe croient dédommagés des maux réels qu'ils éprouvent. La chaleur de l'homme épris de la liberté, paroît ridicule à ces êtres indolens ; fideles échos du Defpotifme, ils la confondent avec la licence & la traitent de révolte ; ils s'exagerent les maux qu'elle entraîne à fa fuite. „ „ Voyez, nous difent-ils, les factions qui dé- „ chirent, les révolutions qui défolent les pays „ où regne cette liberté fi vantée ; achetée au „ prix du fang, ne finit-elle pas tôt ou tard „ par devenir la proie d'un Souverain adroit ou „ ambitieux?

Esclaves infenfibles ou contents! portez, fi vous voulez, vos fers avec joie; préférez une léthargie funefte à cette activité, faite pour animer le Citoyen ; baifez honteufement ces liens qui vous retiennent dans vos cachots; ayez la lâcheté de vous y trouver bien parce que vous y vivez tranquilles. Si la servitude a des appas pour vos ames vicieuses ou engourdies, elle excite l'horreur des ames honnêtes & raisonnables qui en connoissent les suites déplorables.

### §. XX. *Des Factions dans les pays libres.*

La liberté, il est vrai, fut très souvent l'ouvrage des révolutions ; rarement fut-elle celui de la raison : il fallut des passions pour détruire des passions ; ce ne fut que l'excès des maux qui força les hommes d'y chercher du remede. L'ignorance & la paresse les attachent à leur sort ; ils supportent leurs peines, tant qu'elles sont supportables. Cependant à la fin ; aigri par le malheur, l'esclave au désespoir, rompt quelquefois ses fers ; fatigué d'un pouvoir qui l'écrase, il tente alors toutes sortes de voies pour s'en débarrasser. C'est donc le Despotisme qui l'oblige à chercher dans les révolutions, des ressources cruelles & périlleuses, mais devenues nécessaires. Les révolutions font au monde politique ce que les tempêtes & les orages font au monde physique ; ils purifient l'air & rétablissent la sérénité. Le Despotisme, semblable aux ardeurs d'un soleil trop brûlant, amasse des exhalaisons qui s'embrasent à la fin pour produire des tonnerres dont la terre est ébranlée.

Si des factions agitent les sociétés où regne la liberté, c'est que la liberté n'y est pas encore établie sur des fondemens assez solides. Mais, dira-t-on, les habitans d'un pays libre font-ils plus heureux que d'autres ? Leurs desirs font-ils plus satisfaits ? Sentent-ils leur bonheur ? La possession d'un grand bien est toujours mêlée d'inquiétude; ceux qui n'ont rien à perdre, n'ont pas lieu d'être allarmés. D'ailleurs il eſt de l'eſ-fence de l'homme de n'être jamais parfaitement content; ſes deſirs ſatisfaits le jettent dans l'inac-tion, que ſuit toujours la langueur. L'amour de la Liberté, que l'intérêt de tant d'hommes puiſſants ou ruſés attaque ſans ceſſe, eſt une paſ-ſion jalouſe & toujours éveillée. La tranquillité dont jouiſſent quelquefois les Sujets d'un Deſpote reſſemble à l'inertie néceſſaire des hommes rete-hus dans une priſon; leur gaîté même n'eſt que celle de ces malheureux qui s'enivrent pour s'é-tourdir ſur leurs maux: leur repos eſt celui d'un malade que ſa langueur accable.

Les factions ſont utiles à une Nation pour aſſûrer ſa liberté de plus en plus. Les Corps Politiques, ainſi que ceux des individus, deman-dent du mouvement & de l'exercice pour conſer-ver leurs forces & pour ſe maintenir dans l'ac-tivité. La ſanté de notre corps dépend d'un e-xercice modéré qui, ſans l'accabler, développe ſes facultés; dans un Corps Politique, il faut de l'action il faut que les différens corps dont l'Etat eſt compoſé ſoient dans une lutte, qui ne devient dangereuſe que lorſque l'Equilibre ſe détruit. La paix d'un Etat Deſpotique reſſemble à l'inaction d'un cadavre qui n'eſt plus remué que par les vers qui le rongent ou par les bêtes qui le dévorent. *La ſervitude*, dit un grand homme, *commence toujours par le ſommeil.* Il faut des Citoyens actifs & vigilants pour conſerver une liberté que, dans la Société même, une foule d'ennemis tâchent ſans ceſſe d'anéantir. Elle importune le chef qui veut toujours être abſolu; elle déplait à ſes Mi-niſtres qui veulent opprimer ſous ſon nom. Elle

choque les Grands qui veulent être diftingués par
d'injuftes privileges; elle paroît redoutable à des
Traitans qui veulent piller impunément & les Peuples & les Souverains; elle fait ombrage aux Prêtres qui ne veulent que des efclaves crédules &
foumis; elle a pour ennemi tout homme avide,
vain, frivole, corrompu que l'opulence engourdit.

### §. XXI. *Du Bonheur National.*

UNE Nation eft heureufe, lorfque le plus
grand nombre des Citoyens jouit du néceffaire;
la félicité confifte dans l'équilibre maintenu par
les loix, dans la fûreté pour fa perfonne & pour
fes biens, dans les befoins fatisfaits fans un travail
trop pénible: effets heureux qui ne peuvent être
les fruits que de la liberté.

QUE l'on compare un inftant l'afpect que préfente une Nation libre, avec celui que nous offre
un Etat foumis à des maîtres abfolus. D'un côté
des campagnes fertiles & cultivées étaleront à
nos regards le fpectacle le plus riant: on y verra le cultivateur que le travail n'a point trop épuifé, entouré d'une famille nombreufe qui refpire
la fanté & qui annonce que fes befoins font fatisfaits. Le négoce & les manufactures encouragés
donneront aux villes une activité & procureront
aux yeux une variété dont l'ame eft agréablement
remuée. L'opulence repartie donnera aux demeures les plus fimples, un afpect qui prouve
l'aifance de ceux qui les habitent.

IL n'en eft pas de même de ces pays où le
Defpotifme exerce fes ravages. Des campagnes
foiblement cultivées nous offrent le fpectacle hi-

deux d'un laboureur décharné, pour qui une vieilleſſe précoce ſemble avoir déjà creuſé le tombeau. De tendres enfans voués, dès le berceau à la miſere, demandent vainement du pain à une mere que le beſoin accable elle-même : le laboureur que ſa cabane défend à peine contre l'inclémence des ſaiſons, a la douleur de voir à ſes côtés l'édifice inſultant de la puiſſance qui l'opprime & de l'opulence qui s'eſt enrichie de ſes dépouilles. Des manufactures uniquement conſacrées au luxe, ne ſeront utiles qu'à quelques hommes privilégiés qui ont l'audace d'étaler leur faſte au milieu d'un Peuple mourant de faim.

### §. XXII. *Point de Patrie ſans Liberté.*

NUL repos, nulle ſûreté, nulle félicité pour le plus grand nombre, dans un pays d'où le pouvoir arbitraire a banni la liberté. Ce n'eſt que dans les ſociétés où elle regne que l'on trouve de la puiſſance, c'eſt là ſeulement qu'il exiſte une Patrie. „ *Qu'eſt-ce donc que la Patrie?* dira l'eſ„ clave dont l'ame avilie n'eſt point accoutumée „ à réfléchir ; *eſt-ce cet amour imbécille du ſol* „ *qui nous a vu naître?* ” Non ; c'eſt un amour éclairé de nous-mêmes qui nous apprend à chérir le Gouvernement qui nous protege, les loix qui nous aſſûrent notre perſonne & nos biens, la ſociété qui travaille à notre félicité. La liberté ſeule peut procurer ces avantages ; ſans elle il ne peut donc y avoir de Patrie; l'amour de notre pays n'eſt jamais que l'amour de nous-mêmes.

QUELLE tendreſſe l'eſclave peut-il avoir pour une terre maudite arroſée de larmes ame-

res, foumife à des maîtres inhumains, qui dépouillent fes habitans de tous les biens que la Nature
leur avoit deftinés? Quels liens peuvent l'attacher à des Souverains indolens ou pervers qui,
occupés uniquement d'eux - mêmes & de leurs
paffions, oublient ou veulent ignorer qu'ils ne
font les dépofitaires du pouvoir que pour rendre
leurs Sujets heureux? Dans un tel Pays l'amour
du Maître peut-il être autre chofe qu'une impul-
fion machinale, une habitude peu raifonnée, une
démence véritable, ou peut-être une lâche hy-
pocrifie? C'eft mentir fans pudeur, que de dire
qu'on aime fes Tyrans.

Dans une Société libre, un Pere fortuné vit
en paix au milieu d'une famille à laquelle il infpire, dès l'enfance, l'amour d'un Gouvernement à
l'ombre duquel elle vivra fortunée ; il lui apprend que fes champs ne pourront devenir la
proie d'un raviffeur injufte. Il accoutumera fes
fils à cette fierté mâle & généreufe que donnent
la confiance & l'idée de la fûreté. Sous le Despotifme au contraire, le cœur d'un Pere s'irrite
ou fe flétrit à la vûe des objets auxquels il a donné le jour ; il fe reproche leur naiffance, il craint
que l'injuftice ne les prive ainfi que lui du fruit
de fon travail: il tremble que des impôts nouveaux ne puniffent fon induftrie; il infpire l'abjec-
tion, la pufillanimité, la baffeffe ou une ftupide
admiration de la grandeur, à des êtres nés pour
l'efclavage & que la fierté ne rendroit que plus
malheureux. Vainement attendroit-on de l'é-
nergie dans les ames de ces hommes dégradés à
leurs propres yeux: méprifé de fes maîtres, l'esclave indigent finit par fe méprifer lui-même.

Ainsi fans liberté il ne peut y avoir de Patrie. Les bornes de l'Etat font pour les Sujets
du Defpote, un enclos dans lequel il renferme
un troupeau timide pour y choifir à fon gré les
victimes de fa voracité. Là il n'eft de bonheur à
défendre que pour le Maître & pour ceux avec
qui il partage le fang & la toifon. Au lieu de
courage, de grandeur d'ame, d'ardeur guerriere,
on ne peut infpirer à des efclaves malheureux ou
frivoles, qu'une ivreffe momentanée, qu'une impétuofité paffagere que la réflexion fera bientôt
difparoître. La Société, pour être puiffante, demande à être défendue par des hommes généreux
dont un intérêt commun réuniffe les forces & les
volontés, & que le bien-être attache à la caufe
publique. Ces liens exifteroient-ils pour des
hommes qui ne peuvent qu'en tremblant porter
les yeux fur l'avenir, pour qui tout Gouvernement doit être indifférent, qui, étrangers au
bonheur, n'ont rien à perdre au changement.
*Une Nation libre*, dit Montefquieu, *peut avoir un*
*libérateur ; une Nation fubjuguée ne peut avoir*
*qu'un oppreffeur.*

Le Defpote ne fait des conquétes que pour
lui ; fes pertes ne peuvent intéreffer fes Sujets
malheureux ; l'augmentation de fes forces ne fait
que le mettre à portée de mieux tyrannifer ; fes
fuccès les plus brillans ne font qu'aggraver fur fon
Peuple, le poids des impôts & de la mifere. Le
Tyran peut avoir acquis une Province de plus,
mais fes anciens Etats n'en feront que plus pauvres & dépeuplés. Ces maux peuvent-ils être
compenfés par une gloire prétendue, ou plutôt
par la fumée d'une vanité nationale dont un Peu-

ple frivole est assez fou pour se repaître ? La
guerre est toujours un fléau pour les Peuples qui
la font; se réjouir ou se glorifier des victoires
d'un Tyran, c'est s'applaudir des pertes réelles
de son Pays; c'est se réjouir des nouvelles chaînes dont il ne tardera pas à se voir accablé. Un
Citoyen devroit gémir sur des lauriers si souvent
arrosés des larmes & du sang de ses Concitoyens.
N'est-il pas fait pour se réjouir, quand il voit
humilier l'orgueil de ses Maîtres, qui sont souvent les plus cruels ennemis de sa Nation?

§. XXIII. *Nulle Puissance stable sans Liberté.*

SANS liberté, sans propriété, sans sûreté,
une Nation ne peut jouir longtems d'une Puissance
véritable. En quoi consiste en effet la force d'un
Etat rélativement à ses voisins? Qu'est-ce qui peut
le rendre respectable ou le mettre à couvert contre les ennemis qui l'entourent ? La puissance
d'un Etat dépend du nombre de ses Sujets; ce
nombre dépend de la facilité qu'ils ont de subsister, & leur courage dépend de l'esprit qui les
anime. Ces choses ne se rencontrent, que lorsqu'un heureux gouvernement fait régner la liberté. Une population nombreuse fait, sans doute,
la principale force d'un Etat; elle fournit des
bras pour cultiver la terre, pour ses manufactures,
pour sa navigation, pour son commerce, enfin
pour repousser les entreprises de ses ennemis du
dehors. Que peut-on attendre de l'amas le plus
nombreux d'esclaves stupides ou d'un essain d'esclaves légers? L'homme libre ne craint point de
se propager: en multipliant sa postérité, il multiplie son bien-être; l'homme asservi craint de

fournir de nouvelles victimes à ſes Tyrans. La population eſt la ſource de la force, elle augmente en raiſon du bonheur que procure une adminiſtration raiſonnable. Une nation n'eſt heureuſe que lorſque ceux qui la gouvernent, ſavent tourner les paſſions des Citoyens vers le bien général. Le Deſpotiſme dans ſon délire veut être heureux tout ſeul; il ne ſent pas que ſes injuſtes caprices mettant des obſtacles à l'activité générale, doivent ſans ceſſe lui faire manquer ſon but.

La conduite de la plupart de ceux qui commandent aux Nations n'eſt-elle pas bien étrange! Ne ſentiront-ils jamais que le Souverain d'un État pauvre ne peut pas être riche, & que perſonne ne peut travailler lorſqu'on lui a lié les bras, ou quand il n'a pas l'aſſûrance de jouir en paix du fruit de ſon labeur? Un Gouvernement qui connoît les droits ſacrés de la liberté, a-t-il beſoin de ſecours? il eſt certain de les trouver dans les mains de ſes Sujets: guidé par la juſtice & la bonne foi il fait naître la confiance qui ſert de baſe au crédit; convaincu que ſes Chefs n'ont aucun privilege qui les autoriſe à manquer à leurs engagements, le Citoyen opulent leur confie ſans crainte le ſuperflu de ſes richeſſes; la foi publique garantie par la vertu publique ne lui eſt point ſuſpecte; s'il court quelques périls, ce ſont ceux de la néceſſité à qui tout eſt ſoumis.

On voit donc que ſans liberté il ne peut y avoir ni population, ni agriculture, ni commerce, ni crédit, ni confiance. C'eſt pourtant de ces choſes que dépend la puiſſance d'un Etat. L'inégalité de liberté entraîne l'inégalité dans les forces des Nations. L'expérience de tous les ſiecles nous prouve que les efforts menaçans des Despotes les plus terribles ont été mille fois obligés de céder à la puissance des Peuples qui jouissoient de plus de liberté. Les armées innombrables de *Xerxès* sont dissipées par une poignée d'Athéniens. Toutes les forces de l'Espagne soutenues des trésors d'un nouveau monde, sont rendues inutiles par les Bataves courageux.

SOUVERAINS du Monde! abjurez donc enfin les principes destructeurs d'une politique insensée: rendez à vos Sujets une liberté sans laquelle tout languit dans un État: elle est la base de leur félicité & de la vôtre: devenez Citoyens pour régner sur des Citoyens. Voulez-vous commander à des Peuples nombreux? rendez les peres heureux; ils multiplieront, ils peupleront vos provinces. Voulez-vous que l'abondance se fixe dans vos Etats? Faites que le cultivateur aisé chérisse le soc de ses peres. Voulez-vous que des soldats généreux secondent vos justes entreprises? intéressez tous vos Sujets à la défense de la Patrie; faites qu'ils l'aiment assez pour répandre leur sang pour elle. Voulez-vous que le commerce, les manufactures, l'industrie viennent s'établir dans votre Empire? Ne souffrez pas que le Traitant & le Concussionnaire les gênent & les découragent. Voulez-vous des Sujets vertueux & tranquilles? Souffrez que la raison les éclaire sur leurs vrais intérêts, toujours unis aux vôtres. Laissez à des Tyrans imbécilles, à des Despotes sans prévoyance, le funeste avantage de commander à des hommes stupides, à des êtres avilis & sans vertus. Songez qu'il n'y a de force réelle que dans un Peuple bien uni avec ses Maîtres.

### §. XXIV. *Sans Liberté point de Vertu.*

Si comme on ne peut en douter, la vertu ne consiste que dans l'utilité générale de la Société; il ne peut y avoir de vertus véritables sans liberté. Un esclave ne peut être utile qu'à ses Tyrans.

Ce n'est que dans une Nation libre que l'on peut rencontrer l'amour du bien public, le desir d'être utile à tous, l'enthousiasme de l'honneur véritable toujours fondé sur la vertu. Des ames vraiment nobles sont sensibles au plaisir d'exciter la reconnoissance, de mériter l'estime, l'amour, les applaudissements sinceres de leurs Concitoyens qui ne les doivent qu'à ceux qui s'occupent de leur bien-être. Voilà ce qui chez les Grecs & les Romains donna naissance à cette passion pour la Patrie, que tant d'esclaves du pouvoir arbitraire regardent, sans doute, comme une chimere, ou comme un accès de folie. Ce fut cette passion généreuse, infuse par l'éducation & l'exemple, entretenue par la vénération des Peuples, allumée par le desir de la gloire qui remplit autrefois ces contrées de Héros invincibles, de Citoyens bienfaisans, de Martyrs de la liberté.

Un esclave n'a nulle idée, ni d'honneur ni de gloire, il n'a qu'une vanité méprisable, nourrie par des préjugés ridicules propagés par l'intérêt de ses maîtres, souvent nuisibles à son pays. C'est pourtant à cette vanité que tant de gens d'honneur ont la folie de sacrifier si souvent, & leur gloire, & la vertu sans laquelle il n'existe point d'honneur réel, & le bonheur de leur Patrie, & leur propre liberté. La vraie gloire ne peut con-

fifter que dans l'eftime univerfelle de fes Concitoyens; l'honneur véritable ne peut être que le
fentiment de fa propre dignité, fondé fur l'eftime méritée des autres. En bonne foi, des hommes avilis par la fervitude, & qui forgent des
chaînes à leurs Concitoyens, ont-ils des droits
bien légitimes, foit à la confidération publique,
foit à l'eftime d'eux-mêmes? Concluons donc
qu'*honneur* & *gloire* font des mots vuides de fens
dans beaucoup de pays où l'on en parle à tout
moment.

Il eft des Peuples qui femblent formés pour
l'efclavage. Les Nations depuis longtems habi-
tuées au joug, reffemblent à des prifonniers accoutumés aux ténebres, l'éclat du jour les incommode, lorfqu'on les préfente fubitement à la lumie-
re. La liberté eft un bien trop important pour
être confiée à des enfans volages, qui n'en connoiffent pas le prix. Entre leurs mains elle deviendroit funefte par l'abus qu'ils en feroient, ou
elle ne tarderoit pas à fe perdre par le peu de
foin qu'ils auroient de la conferver. Les Cappa-
dociens refuferent la liberté que les Romains leur
offrirent; ils demanderent à être gouvernés comme leurs peres par des Monarques abfolus. Un
peuple riche, livré au luxe, qui ne s'occupe que
d'amufements frivoles, n'eft pas fait pour la liberté. Pour fentir le prix de la liberté, il faut avoir
l'ame élévée; pour l'acquérir, il faut du courage; pour la défendre, il faut fçavoir tout lui facrifier. L'homme opulent, le courtifan, les
grands font partout difpofés à la fervitude. Les
befoins imaginaires & les vices multipliés des ê-
tres dépravés par le luxe, les mettent dans la dépendance d'un maître qui peut les enrichir ou con-

tenter les defirs de leur vanité. Le riche tombe
bientôt dans une apathie fatale ; il ne penfe qu'à
jouir , fans s'occuper de l'avenir. Les grands
ambitieux ou vains, ne font jamais contents, ils
demandent, fans ceffe & dépendent toujours.
Comment trouveroit-on la grandeur d'ame, l'a-
mour de la fliberté , des fentimens élevés , des
vertus à des êtres foumis, que ces qualités empê-
cheroient de parvenir, ou priveroient des faveurs
de la fortune ? La vertu feroit, pour un courtifan
avide & vain, le facrifice douloureux de tout ce
qu'il defire ; elle n'eft bientôt à fes yeux qu'un
vain nom, un *grand mot*, un objet ridicule ou
haïffable. La vertu n'eft pas faite pour réuffir
auprès des Defpotes & des Tyrans.

L'AMOUR des richeffes engourdit les Nations
& les livre à la fervitude. L'homme le plus libre
eft celui qui a le moins de befoins : les befoins
afferviffent les efprits & leur ôtent toute énergie.
Pour être vraiment libre , il faut ne dépendre
que des loix. La liberté n'eft faite que pour des
hommes folides & des cœurs généreux. Le fyba-
rite n'en connoît pas le prix ; l'avare lui préfere
l'argent, l'homme corrompu la vendra pour acquérir de quoi fournir à fes déréglemens.

## §. XXV. *De l'Efprit Public.*

DANS un pays libre, la Nation eft comptée
pour quelque chofe : là feulement on connoît *l'esprit public* ou l'ambition de plaire à fes Concitoyens ; on eft fenfible au plaifir de leur être utile ;
on eft jaloux de s'attirer l'eftime de la Société,
que l'on à l'intérêt de mériter. C'eft alors que la
Société devient l'objet de l'attention de fes Chefs.

A leur exemple les Citoyens les plus diſtingués par leurs richeſſes ou leurs places s'efforcent de lui plaire. Voyez chez les Romains tous ces monuments, ces bains publics, ces aquéducs, ces cirques, ces amphithéâtres, ces chemins dont les ruines mêmes étonnent encore nos foibles ames.

Dans un pays ſoumis au pouvoir abſolu, quels motifs pourroient engager le Monarque, les Grands ou les Riches à s'occuper d'un Public mépriſé qu'ils jugent indigne de leurs ſoins, qu'ils ne connoisſent que pour l'opprimer, & dont le bien-être leur eſt parfaitement indifférent? S'il s'éleve quelque monument public, ce n'eſt que pour flatter la vanité du Maître. Si l'on bâtit des édifices ſomptueux, ce n'eſt que pour inſulter à la miſere de la Nation qui ſe voit forcée de contribuer au faſte de ceux qui l'ont dévorée. Si par hazard il ſe fait quelques établiſſements, ce ne ſeront que de vains trophées que la fierté du Monarque s'éleve aux dépens de ſon Peuple. Les monuments les plus inutiles & les plus ruineux abſorberont communément ſon attention & ſes tréſors, & deviendront les objets de l'admiration ſtupide d'une Nation ſervile, aſſez folle pour tirer gloire de ce qui ne ſert qu'a lui retracer les malheurs de ſes peres, cauſés par l'orgueil des Rois.

## §. X X V I. *Concluſion.*

Quoique tous les hommes deſirent la liberté; quoique perſonne ne ſoit totalement inſenſible à ſes charmes, le plus grand nombre des Peuples de la terre gémit, comme on l'a vu dans les fers du Deſpotiſme; preſque par-tout la Société totale eſt ſacrifiée aux paſſions de quelques individus;

Il eſt très peu de contrées ſur la terre ou le Citoyen puiſſe dire, *je ſuis maître de ma perſonne, je puis diſpoſer de mon champ; nulle force ne peut me ravir les fruits de mon induſtrie; nulle puiſſance ne peut me priver des bienfaits que la Nature a mis en commun pour ſes enfans.* Dans les pays mêmes qui jouiſſent de la plus grande liberté, il eſt pour les Citoyens une infinité de liens, introduits par les beſoins d'un Gouvernement avide ou néceſſiteux, qui les gênent ſur les moyens les plus légitimes & les plus naturels, de travailler à leur bonheur. Il eſt mille véxations que l'habitude, le préjugé, l'opinion ont rendues preſqu'inſenſibles. Les loix, les uſages, les coutumes, les ſuperſtitions des·Peuples, ſouvent en guerre avec le bien public, ſoumettent encore les hommes qui ſe croient les plus libres, à mille véxations dont ils ſe plaignent ſans en chercher les remedes : ils les trouveroient dans la raiſon, s'ils daignoient plutôt la conſulter, que des uſages antiques, des habitudes ſouvent nuiſibles, des loix ſurannées, des titres mal digérés, qui preſqu'en tout pays tyranniſent encore les Nations les plus éclairées, & les plus jalouſes de leur liberté. Mais de ce que la vraie liberté n'eſt pas encore connue, n'en concluons pas qu'elle n'eſt qu'une chimere; elle ſera le fruit déſirable d'une politique de plus en plus perfectionnée par l'expérience, par la connoiſſance de l'intérêt des Nations; guidée par la morale & la vertu ſans leſquelles les hommes ne peuvent être, ni vraiment libres, ni heureux. Si de même que la félicité, la Politique ne peut être parfaite, que les hommes ne laiſſent pas de faire des efforts pour la rendre meilleure: leur bien-être augmentera dans la même pro-</p>

greſſion

greſſion que leurs lumieres, leur raiſon & leur liberté.

HEUREUSE liberté! objet chéri de tous les cœurs généreux! fille de l'équité & des loix! viens fixer ta demeure parmi les habitans de la terre: briſe les chaînes des Nations; bannis l'affreux Deſpotiſme qui rend inutiles pour elles, tous les dons de la Nature: ranime dans nos ames ce feu dont tu brûlas jadis tant de héros: que leurs noms reſpectables excitent encore notre vénération la plus tendre: forme au milieu de nous, des hommes qui leur reſſemblent. Que l'eſclave avili rougiſſe de ſes fers; que le cœur du Citoyen s'échauffe & treſſaille à ta voix. Inſpire le ſage qui médite; donne lui le courage de réclamer tes droits. Anime le guerrier de cette noble ardeur qu'il ne doit qu'à ſa Patrie & non à ſes oppreſſeurs. Sois dans la bouche du Magiſtrat; qu'il défende tes droits contre les ennemis qui voudroient les anéantir; enfin que la raiſon, guériſſant les préjugés de ces Princes qui te perſécutent, leur montre que ſans toi leurs Etats ne peuvent être ni puiſſants ni fortunés, que ſans toi leur pouvoir ne peut être établi ſur une baſe inébranlable.

# Sommaire du Septieme Discours.

# DE LA
# POLITIQUE
## EN
## GÉNÉRAL.

### §. I. *Définition de la Politique.*

La Politique est l'art de gouverner les hommes, ou de les faire concourir à la conservation & au bien-être de la Société. L'on ne peut douter que l'art de rendre les Peuples heureux ne soit le plus noble, le plus utile, le plus digne d'occuper une ame vertueuse : il fut toujours l'objet des méditations du Philosophe, du Citoyen raisonnable & des Souverains pénétrés de leurs devoirs. Nous la définirons l'expérience appliquée au Gouvernement & aux besoins de l'Etat.

Pour remplir ses devoirs & pour travailler à son propre bonheur, le Citoyen dans la vie privée n'a besoin que de veiller sur lui-même & de régler sa conduite; mais les hommes que le Destin place à la tête des Empires doivent non seulement veiller sur eux-mêmes, vû que leur propre conduite influe de la façon la plus marquée sur toute la Société, mais encore contenir ou diriger les intérêts divers, les passions discordantes d'une multitude trop souvent privée d'expérience & de raison; enfin ils doivent réunir d'intérêts & faire conspirer avec eux des Nations & des Souverains sur lesquels ils n'ont d'autre pouvoir que celui de la persuasion & celui de la force à son défaut.

RIEN ne paroît plus difficile, que de faire agir de concert les membres d'une société. Rien ne semble demander autant de sagacité, de vigilance & de force que l'art de diriger les passions divergentes d'une multitude d'hommes vers un même but, & de les ramener à un centre commun dont elles s'écartent sans cesse. C'est le chef-d'œuvre de la sagesse éclairée par l'expérience ou de la philosophie, que de faire contribuer toutes les volontés particulieres à l'exécution d'un plan général qui souvent contrarie leurs penchants, leurs intérêts personnels, leurs préjugés, & de les soumettre à la volonté publique, indiquée par la loi. Il n'y a que la sagesse la plus consommée qui puisse donner aux différents ressorts de l'Etat, le dégré de tension dont ils font susceptibles; enfin il n'y a que la raison la plus exercée qui puisse faire découvrir les nouveaux ressorts qu'il faut de tems en tems substituer aux anciens, lorsque les circonstances leur ont fait perdre leur efficacité.

TELS font les objets que la Politique embrasse. Ce n'est pas tout encore: non contente de veiller sur l'intérieur de la Société, elle est forcée d'étendre ses vûes au-dehors; de porter un œil attentif fur les mouvements & les intéréts des Nations voifines, d'arrêter leurs entreprifes, de prévenir les effets de leurs paffions, de leur ambition, de leur avidité, d'empêcher qu'elles ne raviffent les avantages procurés par la Nature ou l'induftrie; enfin de déterminer des fociétés indépendantes à feconder fes projets.

§. II. *La même Légiflation ne convient pas à tous les Peuples.*

GOUVERNER un Peuple, c'eft tenir la balance entre fes paffions, c'eft réprimer celles dont les effets peuvent étre dangereux, c'eft faire tourner au profit de l'Etat celles qui peuvent lui étre avantageufes. Mais les paffions des Peuples ainfi que celles des Individus, font infiniment variées; elles font excitées, entretenues & modifiées par les loix, par les ufages & fur-tout par les opinions, fouvent plus fortes que la Nature, que la Raifon, que les Loix, & qui oppofent quelquefois à la Politique la plus fage des barrieres infurmontables. Ces paffions & ces difpofitions enracinées par l'habitude dans les ames du plus grand nombre des individus, conftituent, pour ainfi dire, le tempérament d'une Nation: il ne peut être le même pour toutes les fociétés; il eft formé & nourri par leurs befoins, leurs circonftances, leur climat, leur fol, leurs productions, leurs aliments, &c. Toutes ces chofes mettent des nuances & des variétés prefqu'infinies entre la façon d'être & de penfer des Nations; ce feroit donc une entreprife ridicule & frivole que de prétendre gouverner toutes les fociétés humaines d'après des Loix uniformes: ce feroit une folie de preſcrire à la Politique autre choſe que des regles générales: les regles de détail deviendroient ſouvent fauſſes & nuiſibles dans la pratique, & des circonſtances imprévues les rendroient ſans ceſſe inutiles. Il ſeroit auſſi peu ſenſé de gouverner tous les Peuples d'aprés les mêmes maximes, que de traiter toutes les maladies ſuivant la même méthode, ou que de prescrire à tous les hommes un même plan de vie.

En effet, il eſt des Etats que leurs circonſtances & leur poſition rendent néceſſairement guerriers; d'autres ont plus beſoin de la tranquillité ou de la Paix: les uns, entourés de voiſins injuſtes & puiſſants, doivent être toujours préparés à repouſſer tous ceux qui troubleroient leur félicité; d'autres, par l'aridité de leur ſol, ſont obligés de chercher dans un commerce paiſible, les reſſources que la Nature leur refuſe, & les Etats voiſins leur fourniſſent les productions d'un terrein plus abondant. Les Nations varient par l'étendue de leur terrein: les unes poſſedent un pays vaſte, d'autres ſont reſſerrées dans des bornes étroites; les unes occupent les rivages de la Mer, d'autres ſont enclavées dans les terres; les unes ſont défendues par des fortifications naturelles, d'autres n'ont de remparts que leurs propres forces; les unes condamnées au travail ſous un ciel rigoureux luttent contre la Nature & ſont plus robuſtes, plus actives, plus entreprenantes; d'autres, ſous un climat heureux, ſatisfont leurs beſoins avec plus de facilité, ſe livrent à la molleſſe & à l'inaction; les unes travaillent pour améliorer leur ſort, les autres s'endorment dans la jouiſſance & perdent toute énergie. Quelques Peuples ſont courageux, fiers, amoureux de la

liberté; d'autres font timides, énervés, & femblent faits pour l'efclavage. Les uns privés de
commerce font plongés dans l'indigence, d'autres
nagent dans les richeffes & fe corrompent par le
luxe. Enfin les uns ont adopté des Loix, des
Ufages, des Préjugés, des Religions particulieres; d'autres font foumis à des Inftitutions, à
des Erreurs, à des Opinions différentes.

Une même légiflation ne peut donc pas convenir à des Peuples que la Nature & leurs circonftances ont rendus fi diffemblables, dont les
befoins font fi différents, dont les idées font fi
éloignées les unes des autres. La Politique doit
gouverner les hommes tels qu'ils font; les Loix
doivent avoir égard à leurs circonftances actuel-
les. L'effet de la fageffe la plus éclairée fe borne
à ramener les Peuples à la Nature, lorfque la
dépravation de leurs mœurs, de leurs opinions,
& de leurs ufages les en ont écartés. Les Nations entieres, ces individus de la grande Société
du monde, font fujettes à des erreurs & à des
égarements, comme les individus qui compofent
les fociétés particulieres. Ainfi que les Corps
Phyfiques, elles éprouvent des crifes, des délires,
des convulfions, des révolutions, des changements de formes; elles ont une naiffance, un
accroiffement, un dépériffement; elles paffent
fucceffivement de la fanté à la maladie, & de la
maladie à la fanté; enfin comme tous les êtres
de l'efpece humaine, les Nations ont une enfance, une jeuneffe, un âge viril, une décrepitude,
une mort, terme fixé par la Nature à tous les
ouvrages de fes mains.

H 4

§. III. *Ni aux mêmes Peuples dans tous les tems.*

Il est donc aifé de fentir que la Politique ne peut dans ces différents Etats & dans leurs divers périodes, gouverner les Peuples d'une manière confrante & uniforme, ni leur donner des Loix qui leur foient toujours également utiles. Si les Nations reftoient au même état; fi leurs befoins n'étoient pas fujets à varier; fi la fagacité pouvoit prévoir les événements auxquels elles feront expofées, fi leurs paffions n'agiffoient pas très diverfement, il feroit poffible de leur prefcrire des Loix ftables qui leur conviendroient en tout tems. Le Légiflateur ne peut jamais envifager que l'état actuel de fa Nation. Un Peuple pauvre, peu nombreux, dénué de commerce, privé de liberté n'eft point fufceptible des mêmes Loix qu'un Peuple riche, nombreux, & libre. Dans l'origine des Sociétés Politiques, les Nations n'étoient communément qu'un amas de guerriers fauvages, indigents, fans agriculture, fans habitations fixes, fans induftrie ni commerce, qui, peu attachés à une contrée, erroient fans ceffe & changeoient inceffament de demeures. Peu-à-peu ces Nomades fe font fixés, ils ont pris de l'affiette, ils ont goûté les douceurs de la paix & d'une vie moins agitée; alors ils fe font livrés à l'agriculture, aux manufactures, au commerce. Il eft aifé de fentir que leurs Loix ont dû changer à mefure qu'ils fe font perfectionnés: celles qui avoient été fort utiles dans l'origine, devinrent fort nuifibles par la fuite; celles qui convenoient à des foldats, ne purent plus convenir, ni à des marchands, ni à des cultivateurs. Les premieres Loix des Nations dûrent toujours être fimples &

peu nombreuses: selon que les besoins s'augmen-
terent, ces Loix dûrent se compliquer & se
multiplier. Enfin les richesses ayant dépravé les
mœurs, la Législation qui doit suivre l'état des
Nations dans leurs différents périodes, dut né-
cessairement opposer une digue plus forte aux
passions rafinées & multipliées des hommes.

### §. IV. *Les Loix ne peuvent être éternelles.*

FAUTE d'avoir eu égard à ces diverses circonstances les Philosophes & les plus sages Légis-
lateurs se font sans cesse égarés. Ils ont cru que
les Loix immuables suffisoient pour rendre les
hommes heureux & leurs gouvernements stables:
ils se font flattés que les Peuples resteroient au
même état où ils les avoient trouvés; ils n'ont
point fait attention aux événements imprévus,
aux changements d'idées & de besoins que le
tems pourroit produire dans les sociétés auxquelles ils prescrivoient des regles. Eh! comment
eussent-ils pu prévoir des événements cachés
dans le sein de la Nature & du Destin? L'expérience seule pouvoit leur faire connoître en général que par-tout l'habitude, le préjugé, l'usage
étoient bien plus forts que la raison.

### §. V. *Du Préjugé favorable à l'antiquité.*

ON voit donc combien font dangereux les préjugés qui font regarder indistinctement les Loix
adoptées par nos Peres, comme la regle invariable
de la conduite actuelle des Etats. L'antiquité a tant
de droits sur les hommes, qu'ils craindroient de
se rendre sacrileges, en s'écartant de ses insti-

tutions. Les siecles semblent interdire tout examen: ce qui a duré long-tems, paſſe toujours
pour inviolable & ſacré. Quand par les changements des circonſtances, les Peuples & ceux qui
les gouvernent ſe trouvent dans la détreſſe, on
va communément chercher des remedes dans les
Loix primitives ; on ſe flatte d'être plus heureux, dès qu'on ſuivra ce qui ſe pratiquoit autrefois ; & l'on ne s'apperçoit pas que des Loix an-
térieures aux circonſtances, ne peuvent point
remédier aux inconvénients que ces circonſtances
ont amenées. Ne ſentira-t-on jamais que le
tems, en changeant les opinions, les beſoins, les
paſſions, les préjugés des hommes, fait que leur
poſition préſente eſt néceſſairement en contradiction avec les Loix qui étoient autrefois en vigueur? Locke, en donnant des Loix à la Géor-
gie Américaine, ne voulut point qu'elles duras-
ſent au-delà de cent ans.

C'est à la raiſon actuelle à corriger, à changer, à détruire même les inſtitutions anciennes
dont l'expérience a fait connoître les abus, les
dangers, l'inutilité. La plupart des Nations
Européennes ſont aujourd'hui tyranniſées par des
Loix anciennes qui luttent avec leur ſituation
actuelle : on les reſpecte encore parce qu'elles
étoient reſpectées autrefois : des uſages & des
coutumes injuſtes, inventés par des Barbares ſub-
juguent encore des Peuples policés. Des Loix mi-
litaires faites par des conquérants ſauvages, ſont
en vigueur dans des pays paiſibles & qui ſubſis-
tent par le commerce. Les Loix Romaines ſont
les regles de pluſieurs Nations qui n'ont rien de
commun avec l'ancienne Rome. Que dis-je?

les loix, les coutumes, les ufages ne font point
les mêmes dans les différentes Provinces d'un
même Etat; chaque portion d'une même Nation
eft gouvernée d'après les regles qui lui furent
données par d'anciens Souverains & dans des
circonftances qui n'exiftent plus. Chacune s'ob-
ftine à retenir fes vieilles inftitutions qu'elle appelle des privileges & des droits, tandis que
fouvent elles font très nuifibles, très infenfées,
très injuftes.

## §. VI. *Vices des légiflations.*

DE CE mélange bigarré de loix & de coutumes, il réfulte parmi les Nations modernes, une
jurifprudence ténébreufe, abfurde, contradictoire,
prefque toujours aux prifes avec la droite raifon.
Les tribunaux les plus éclairés, gênés fans ceffe
par des formes, des ufages, des préjugés, des
regles déraifonnables, ne fçavent comment pro-
noncer. Au milieu d'un cahos de loix inintelligibles, l'équité ne fçait quel parti prendre & décide au hafard. Des Loix myftérieufes, compliquées & peu claires annoncent un deffein formé
de tendre des pieges aux Citoyens & de les enla-
cer. Les loix doivent être intelligibles pour ceux
qui doivent les obferver; les loix multipliées annoncent un mauvais Gouvernement. Par une
étrange fatalité, dans les Etats qui fe vantent le
plus d'être libres, les loix & leur réforme font
entiérement oubliées. Il n'exifte point encore de
légiflation fupportable parmi les hommes; l'opinion, l'autorité furannée, la routine qui jamais
ne raifonne, voilà les guides des Nations les plus
éclairées: fouvent le Citoyen feroit plus heureux

de n'avoir point de Loix & de se laisser guider
par le bon sens naturel, que par une multitude de
Loix qui l'empêchent de connoître ses droits.
Par là les jugements deviennent arbitraires : le
juste & l'injuste se confondent ; rien de fixe dans
les décisions des tribunaux. Le juge est quelquefois forcé, en faveur de la Loi & de la forme,
de renoncer à l'équité. De-là résultent ces dé-
lais, ces longueurs interminables dans les procès
des Citoyens. Les Nations sont remplies d'une
foule d'hommes dont la fonction est d'interpréter, de commenter, d'éclaircir une science mys-
térieuse pour le reste des Sujets ; personne ne peut
se flatter de voir clair dans ses propres affaires ;
personne ne peut s'assûrer s'il a le bon droit de
son côté. *La forme est la protectrice des Peuples.*
Tel est l'axiome de notre siecle : peu de personn-
nes ont assez d'expérience pour se mettre à couvert des défauts de formalités ; cependant ils suffisent parmi nous, pour anéantir les droits les
mieux constatés, & pour faire triompher l'iniquité plus avisée. La substance du Citoyen est
dévorée par des hommes faits pour le maintenir
dans la jouissance de ses biens ; elle est la proie
d'un tas de sang-sues avides, dont l'unique occupation est d'obscurcir & de déguiser la vérité
qu'ils se vantent de défendre, ou de mettre dans
son jour ; les familles désolées par leur rapacité,
leur mauvaise foi, ou leur incapacité, regardent
souvent la Loi comme un fléau, & l'on est quelquefois tenté de préférer les décisions arbitraires
& promptes des pays les plus despotiques, à la
justice prétendue que l'on obtient dans beaucoup
de contrées libres & policées.

§. **VII.** *Les Loix doivent céder aux besoins de l'Etat.*

AINSI, dès que les Nations ou ceux qui les gouvernent se sentiront pressés par la force des circonstances, qu'ils remontent aux principes de l'association des hommes, qu'ils étudient leur nature, qu'ils consultent l'expérience & la raison, qu'ils pesent l'utilité; qu'ils s'informent, non de ce qui s'est fait jadis, ou de ce qui se fait aujourd'hui, mais de ce qu'il faudroit faire; qu'ils cessent de se régler sur des usages, des institutions & des loix barbares & ridicules qui n'ont pour eux que la sanction de l'ignorance, du préjugé, de l'habitude, de l'ancienneté; qui n'ont jamais été sérieusement examinés dans l'origine; qu'une vénération stupide & machinale continue à respecter. Qu'ils comprennent enfin que les Loix sont faites pour les Peuples, & non les Peuples pour les Loix.

PRÉTENDRE que les Loix antiques ne peuvent être abrogées, est une prétention aussi absurde, que d'exiger que les hommes faits continuassent à se servir des vêtemens de leur enfance, ou des bandelettes dont ils étoient entourés au berceau. A mesure que la vie sociale s'éclaire, se perfectionne ou s'altere, ses regles & ses maximes doivent changer. Presque toutes les Nations sont les dupes de préjugés superstitieux & politiques, directement opposés à leurs intérêts les plus chers. L'expérience & la raison ne sont presque jamais appellées aux conseils des Souverains. La Nature & le besoin doivent guider les hommes & leur commander préférablement aux loix, aux coutumes, aux établissements quelconques; leur Empire est antérieur à toutes les institutions humaines; la raison publique, comme celle des individus, est fondée sur l'expérience; la Politique, je le répete, n'est que l'expérience ou la raison appliquée aux besoins de l'Etat; dès qu'une Loi devient nuisible, elle doit être ou changée ou abrogée. La raison doit en tout tems remédier aux vices des Loix; elles n'ont été souvent que l'ouvrage de la force ou du préjugé.

§. VIII. *La Philosophie utile à la Politique.*

DES Philosophes ont donné quelquefois des Loix aux Nations; les *Solons*, les *Licurgues* furent des sages: les hommes qui ont médité la Nature Humaine sont seuls en état de sentir & de corriger les vices qui peu-à-peu se glissent dans la pratique, & qui communément amenent la décadence & la ruine des Etats. Ainsi n'écoutons point ces déclamateurs imbéciles qui prétendent que la Philosophie rend incapable des affaires. *Les Peuples seront heureux*, suivant Platon, *quand les Philosophes seront des Rois, ou quand les Rois seront des Philosophes.* En effet la Philosophie est-elle autre chose que l'étude des causes & des effets, l'examen de ce qui est utile ou nuisible à la Société? Ainsi, dire que la Philosophie est inutile ou contraire à la Politique, c'est dire qu'il est inutile ou dangereux de méditer ou de réfléchir mûrement sur l'objet le plus important au bonheur des Nations, & qu'elles ne doivent être gouvernées que par la folie, la routine, l'imprudence & le caprice. *Agrippine*, selon Tacite, détourna son fils Néron de la Philosophie, & *Néron* devint

bientôt le plus cruel, le plus infenfé des Tyrans.

L a connoiffance du cœur humain & de fes
mouvements divers feroit-elle donc indifférente
à la Politique dont la fonction eft de mettre fes
refforts en action? Une routine aveugle fuffiroit-
elle pour faire trouver les remedes applicables à
des événements imprévus & à des circonftances
qui changent, pour ainfi dire, à tout moment?
Il n'eft pas étonnant que les légiflations les plus
fages dans l'origine n'aient pas toujours eu les
effets defirés; que les inftitutions les plus pruden-
dentes aient été fans folidité; que les principes,
qu'on regardoit comme les plus inconteftables,
fe foient fouvent démentis dans la pratique. Il eft
des chofes que la prüdence, la réflexion, l'expérience peuvent prévoir & prévenir; jamais les
yeux les plus perçants ne découvriront les mobiles fecrets, les germes cachés, &, pour ainfi
dire, les éléments politiques qui, en fe combinant
peu-à-peu, forment à la fin des maffes capables
de changer la face des Nations, de les diffoudre
& de les détruire.

On reproche à la Philofophe de faire des Citoyens indifférents, & peu capables de fervir la
Patrie : fous un Gouvernement éclairé, dans
une Nation libre, dans un pays foumis à des Loix
raifonnables, le Philofophe fera toujours un Citoyen actif, qui méditera pour fes Concitoyens,
qui s'échauffera de l'amour de fon pays, qui tra-
vaillera pour étendre la fphere de fon bonheur.
L'homme inftruit eft compté pour quelque chofe
dans un Pays bien gouverné; les Solon, les
Platon, les Xénophon furent écoutés dans A-

thenes, & confidérés de leurs compatriotes. Il
n'en eft pas de même d'un Gouvernement des-
potique, l'homme éclairé y eft fufpeɐ, y paffe
pour un mauvais Citoyen; il n'eft pour une adminiftration infenfée, qu'un Cenfeur incommode;
& réduit à penfer en fecret, il fe contente de
gémir fur une Patrie gouvernée par des imprudents affez fous pour punir quiconque oferoit la
fervir.

### §. IX. *La Politique doit fonger à l'avenir.*

La Légiflation la plus fage ne peut prétendre
qu'à preffentir les conféquences heureufes ou malheureufes des circonftances déjà connues; elle fe
prémunit alors contre les fuites funeftes qu'elles
peuvent avoir; elle prépare des événements &
jette d'avance les fondements d'un bonheur à
venir. En voyant l'indolence & l'incurie criminelle de ceux qui gouvernent le monde; en
voyant la légéreté coupable avec laquelle ils pro-
diguent & les hommes & les tréfors dans des
guerres inútiles & continuelles; en voyant l'im-
péritie, l'ineptie, l'étourderie avec lefquelles fe
font des Loix qui décident fi fouvent du fort
préfent & futur des Nations, on feroit tenté de
croire que le hazard feul gouverne les hommes,
que la prudence n'a rien de commun avec la Politique, que ceux qui reglent les deftinées humaines ne fongent pas au lendemain. Politique bien
foible & bien frivole, que celle qui ne s'occupe-
roit que d'un bien-étre préfent. Elle doit prévoir & prévenir. Enfin fa fageffe doit remédier
aux événements fubits & inattendus qui menacent
l'exiftence de l'Etat qu'elle gouverne.

§. X.

## §. X. *Les Loix doivent varier, en raison de l'étendue des pays.*

L'ÉTENDUE des pays & le nombre de leurs habitants doivent mettre une très grande différence entre les Législations. Un petit Etat, renfermé, pour ainsi dire, dans l'enceinte d'une ville, dont tous les Sujets rapprochés se connoissent les uns les autres & sont en quelque façon toujours sous les yeux du Souverain, dont les besoins & les maux lui sont toujours connus, un tel Etat, dis-je, n'a pas besoin de Loix aussi sévères, aussi compliquées, aussi multipliées que celles d'un Empire dont la vaste circonférence fait que le mouvement imprimé par le centre s'affoiblit toujours à ses extrémités. Voilà pourquoi les grands Etats finissent communément par tomber dans les fers du Despotisme. Les hommes seroient bien plus heureux, si l'étendue de leurs sociétés politiques étoit plus proportionnée aux forces naturelles de ceux qui les gouvernent.

IL seroit, peut-être, fort utile de partager & de morceler les grands Etats en districts ou provinces, afin d'en former une confédération réunie, soit sous un Chef, soit sous une assemblée générale de Représentans, composée des Députés choisis par les assemblées particulieres de chaque District ou Province, tandis que ceux-ci seroient élus par les Citoyens de la même partition. Il y a lieu de croire qu'une tel arrangement préviendroit les inconvéniens attachés, soit à la grandeur démesurée, soit à la petitesse extrême des Etats. Les petits trouveroient de la force dans la confédération générale, & les Peuples seroient exempts des malheurs sans nombre, &

de l'affreux defpotifme auquel les grands Etats font expofés. Il faut une grande force pour mouvoir de grandes maffes. Rien de plus rare & de moins permanent qu'un grand Etat fagement gouverné.

### §. XI. *Objets de la Légiflation.*

LA Légiflation feroit parfaite, fi elle embraffoit tous les rapports de la fituation, de l'étendue, du fol, du climat, du tempérament, du génie, des mœurs & des idées des Peuples. Souvent ces chofes font très peu d'accord entre elles; il n'y a donc qu'une attention continuelle de la part de ceux qui gouvernent qui puiffe tenir une jufte balance au milieu du conflit des circonftances qui luttent fans ceffe les unes contre les autres. Si les loix d'une fociété ne peuvent pas être toujours les mêmes; fi fes befoins varient; le Gouvernement doit être occupé fans relâche à remonter une machine dont les refforts s'ufent à la longue; il doit en fubftituer de nouveaux à ceux qui ont perdu leur activité.

UN Ancien a dit que *celui qui commande à tous doit être le plus fage de tous.* Les lumieres que procure l'expérience, donnent un afcendant nécesfaire fur le commun des hommes: cette fupériorité, fondée fur l'utilité, confere, pour ainfi dire, aux Citoyens les plus expérimentés & les plus vertueux, le droit de diriger ceux qui font moins inftruits. Commander eft alors un bienfait; c'eft guider les pas des aveugles & des foibles. La Société ne peut, fans y trouver des avantages, confentir à foumettre fa conduite à ceux qui la gouvernent. Ainfi la Politique fuppofe des réflexions plus profondes, des vues plus étendues & une expérience plus confommée que celle du vulgaire occupé de travaux qui l'empéchent communément de méditer. Les Nations étant, comme on a vu, fujettes à des erreurs, à des accès d'enthoufiafme, à des préjugés qui fouvent tendent à leur ruine; leur fort eft déplorable, fans doute, lorsque ceux qui les gouvernent font eux-mêmes enivrés des idées fauffes qui les aveuglent. La Politique doit être calme, exempte de paffions & de préjugés; fans celà une Nation aveugle n'eft conduite que par des aveugles qui marchent à leur perte.

§. XII. *Les mauvaifes loix rendent les hommes méchants.*

La Légiflation fuppofe, dit-on, tous les hommes méchants; ne feroit-il pas plus vrai de dire que le mauvais Gouvernement les rend tels, que c'eft lui qui fait éclore la plupart des vices, des paffions, des opinions fauffes dont ils font infectés? Les hommes feroient & plus heureux & meilleurs, s'ils étoient plus fagement gouvernés: ils ne font méchants, que parce qu'ils fe trompent, & fur les objets dans lefquels ils placent leur bonheur, & fur les moyens de les obtenir.

La Politique ne doit pas étouffer l'intérêt perfonnel ou l'amour de foi qui anime tous les hommes, mais les faire tourner au profit de la Société: elle doit confulter le génie des Peuples qu'elle gouverne: elle doit adapter fes loix à leur tempérament. Des Peuples fiers, courageux & libres doivent être guidés par l'honneur, la confidération, l'eftime; des Peuples éclairés &

raifonnables, par la raifon. La fonction de la Politique eft de diriger, de tempérer, de rectifier les paffions & les opinions des Peuples; il feroit très dangereux qu'elle en fût elle-même l'efclave. Toute erreur eft nüifible aux hommes, cependant l'erreur même leur eft fouvent devenue chere: l'habitude les y retient; ce feroit les irriter, que de leur arracher de vive force les objets qu'ils ont coutume de refpecter & de chérir. Les préjugés des Peuples exigent toute la prudence de ceux qui les gouvernent; on n'y touche pas fans péril, ce font des plaies qui demandent à être traitées d'une main légere. Le Peuple eft un malade que les remedes trop violents révolteront toujours; l'on ne doit les lui préfenter, que lorfque les palliatifs & les adouciffants ont été vainement épuifés. Quand les maux réfultants des préjugés font portés à l'excès & menacent le corps politique d'une diffolution prochaine, les dépofitaires de l'Autorité font quelquefois forcés de contraindre les Peuples à être heureux malgré eux-mêmes: femblables à ces malades, furieux tandis qu'on les opere, ils s'applaudiront enfin de l'utile rigueur qui les aura garanti de la mort.

§. XIII. *Remedes que la Politique doit employer. De l'Education.*

MAIS, dira-t-on, quels font ces remedes doux qui agiffent infenfiblement, qui aident la Nature à fe débarraffer, fans la brufquer ou la traverfer dans fa marche? Il n'en eft point de plus fûrs que l'Education & l'Inftruction. Si l'Autorité permet aux Sujets de s'éclairer, fi ceux qui font appellés aux emplois & deſtinés à veiller ſur les Peuples ſe dégagent des préjugés, après en avoir connu les ſuites & les dangers, ils deviendront autant de digues contre l'impétuoſité d'une foule aveugle & imprudente: les lumieres de la raiſon s'étendront de proche en proche, & peu-à-peu toutes les parties d'une Nation ſeront proportionellement & ſuffiſamment éclairées.

L'ÉDUCATION eſt, dans les mains de la Politique, le moyen le plus ſûr d'inſpirer aux Peuples, les ſentimens, les talents, les idées, les vertus qui leur ſont néceſſaires. C'eſt dans un âge tendre que l'homme eſt diſpoſé à recevoir les impreſſions qu'on deſire; c'eſt alors qu'il eſt important à la Politique de ſe former des coopérateurs. Au lieu des idées abſtraites & fatigantes dont on occupe communément les premieres années de la jeuneſſe, que l'on verſe dans leurs ames la connoiſſance ſi ſimple de leurs devoirs naturels, les idées de la juſtice, & de la ſociabilité, l'amour pour la Patrie, l'enthouſiaſme de la vertu, l'ambition d'être utile; objets bien plus intéreſſants, ſans doute, que des ſpéculations frivoles, & qu'une foule de connoiſſances ſtériles que l'on ne peut appliquer aux beſoins de la Société. Les hommes ne ſont malheureux, inſociables & méchants, que parce qu'on néglige de les éclairer ſur leurs vrais intérêts; un mauvais Gouvernement ne fait que les diviſer, les abrutir, les rendre inſociables, ſéparer l'intérêt perſonnel de l'intérêt général; en un mot, il ſeme le vice, & ne peut être ſurpris de ne point recueillir des vertus. De mauvaiſes Loix, des Gouvernements injuſtes, des inſtitutions vicieuſes, des uſages extravagants, des ſuperſtitions fanatiques, inhumaines, intolérantes, infociables ne formeront jamais que des mauvais Citoyens.

**§. XIV.** *La Politique doit s'occuper des mœurs.*

C'est à la Politique à former les mœurs des Nations; elle doit leur infpirer les difpofitions néceffaires à leur maintien, à leur fûreté, à leur profpérité. Si la population eft un objet eff.n-tiel à l'Etat, la légiflation rendra chers & facrés les liens du mariage. Elle intéreffera des p.res vertueux à former à l'Etat des Sujets fideles; elle obligera les enfants à la fubordination néceffaire pour recevoir les inftructions que l'on voudra leur donner; elle doit exciter à la reconnoiffance, & châtier l'ingratitude qui étoufferoit dans les cœurs la bienfaifance, ce lien fi doux des Sociétés. Elle encouragera les fciences, les arts & toutes les connoiffances dont il réfulte une utilité véritable: elle infpirera l'amour de la juftice qui bannit d'entre les Sujets, la fraude, la tromperie, le men-fonge & les vices dont l'effet eft de mettre les hommes en garde les uns contre les autres. Il importe à l'Etat de commander à des hommes vertueux; rien de plus difficile à gouverner qu'-une Société dont les membres font corrompus.

Pour corriger les hommes, il faut rectifier leurs idées; l'ignorance & les préjugés ne feront jamais que des pervers. La légiflation doit fixer l'opinion publique, & ne s'en laiffer dominer, que lorfqu'elle eft conforme à la raifon ou au bien de la Société. Si l'opinion publique étoit vraie, elle feroit toujours jufte, elle puniroit ce qui eft mal, elle eftimeroit ce qui eft utile & bon; la loi ne feroit que confirmer ſes jugements, & tous les Citoyens ſeroient puiſſamment invités à la vertu & détournés du vice.

En un mot, le Gouvernement doit ſonger à former des corps ſains & robuſtes; il y parviendra en procurant l'abondance, & l'aiſance, en accoutumant à l'exercice, en rendant le pays ſalubre. Il formera les cœurs de ſes Sujets en leur faiſant enſeigner une morale ſaine, en leur rendant la vertu habituelle, en effrayant le vice & récompenſant les actions louables; enfin le Gouvernement leur formera l'eſprit, en leur faiſant donner l'inſtruction & les connoiſſances néceſſaires au ſoutien de l'Etat. Rien de plus étonnant que l'indifférence honteuſe que montrent la plupart des Gouvernements modernes ſur des objets ſi importants; il n'eſt pas, je le répete, un ſeul pays en Europe, où la Politique s'occupe ſérieuſement de l'éducation des Citoyens. Nous ne voyons nulle part ni de Gymnaſtique pour exercer le corps, ni de vraie Morale pour former le cœur: quant aux ſciences, elles paroiſſent réſervées à quelques Citoyens obſcurs que l'Etat n'appelle jamais à ſes conſeils. Eſt-il donc ſurprenant de voir par-tout chez les modernes, des hommes ſans forces, ſans lumieres & ſans vertu. Malgré les connoiſſances dont nous nous vantons, la ſcience du Gouvernement n'eſt encore que très peu avancée.

§. X V. *Elle doit former des hommes d'Etat.*

Si le grand art de la Politique conſiſte à veiller aux beſoins de l'Etat, l'Education ſeule lui

formera, pour ainſi dire, une pépiniere de Citoyens tels qu'elle peut les deſirer. En conſul-
tant les circonſtances de la Patrie, elle pourra
tourner les vues des jeunes Citoyens tantôt vers
l'agriculture, tantôt vers le commerce, tantôt
vers l'art militaire. Un des vices les plus fâcheux de la plupart des Gouvernements, eſt la
négligence des Souverains à former des hommes
propres à les ſoulager dans les détails de l'adminiſtration. On diroit que le choix d'un Monarque,
très ſouvent incapable, ſuffit pour donner à ſes
Sujets, les talents, les connoiſſances, les lumieres
néceſſaires pour remplir les emplois les plus difficiles. Eſt-il donc ſurprenant de voir les Nations gouvernées à l'avanture, réglées par le hazard? Dans un grand nombre d'Etats, les poſtes
les plus éminents ſont communément occupés par
des hommes qui n'ont pour eux que de la nais-
ſance, un nom illuſtre & peu digne de l'être, la
faveur d'un Prince hors d'état de rien juger,
l'intrigue & la cabale d'une cour qui craint &
déteſte le vrai mérite.

C'eſt une erreur de croire que l'eſprit ſuffiſe
pour faire un Miniſtre, un homme d'Etat. L'esprit ſans la prudence, ſans l'expérience, ſans la
probité eſt ſouvent une arme dangereuſe. Une
imagination emportée ſe livre à des écarts funes-
tes. L'eſprit d'un homme pervers eſt un eſprit
deſtructeur. L'homme d'Etat doit avoir l'eſprit
de ſon métier, qui eſt un eſprit d'ordre, de ſageſſe & d'équité.

Mais trop ſouvent, hélas! ceux qui gouvernent ne ſe donnent pour coopérateurs que des
Citoyens tout neufs ſur la ſcience de l'adminis-

tration, & totalement dépourvus des qualités que leurs poftes exigent? Les Peuples font moins fouvent les victimes du fort, que de l'incapacité de ceux que les Souverains mettent à la téte des affaires. S'il exifte des écoles, c'eft tout au plus pour former des guerriers ou pour prendre une teinture fuperficielle de la fcience ténébreufe que l'on a décorée du nom de *jurifprudence*; il n'en exifte aucune pour le Citoyen qui veut apprendre l'art de négocier, la fcience du commerce, l'ad-miniftration des finances, les vrais befoins des Peuples, en un mot, la Politique. Des Minis-tres incapables, guidés par une routine toujours aveugle; fe tranfmettent les uns aux autres, un pouvoir qu'aucun d'eux ne fut jamais exercer; des préjugés anciens les guident & font facrés à leurs yeux; ou bien chacun s'écarte à volonté du plan que l'on fuivoit avant lui. Nulle fuite dans l'adminiftration, nulle liaifon dans les projets, nulle prévoyance, nulle reffource contre les évé-nements imprévus.

Ouvrez différentes carrieres aux Citoyens; que chacun, dès fa jeuneffe entre dans celle qu'on lui deftine ou qu'il préfere; que celui qui s'y diftingue par fes talents & par fes mœurs, foit affuré de parvenir un jour au but où fes travaux promettent de le conduire. Que l'efprit qu'on infpire au Guerrier ne foit pas celui du Magiftrat; que l'inftruction du Négociateur differe de celle de l'Artifan; que l'éducation de l'homme du mon-de, ne foit point celle d'un reclus ou d'un Prètre. Que tous apprennent à fervir la Patrie, mais que chacun apprenne à la fervir diverfement.

Si la puiffance d'un Etat dépend de l'efprit

dont les Peuples font animés, fi fa force n'eft
due qu'à la réunion de leurs volontés, on ne fau-
roit, de trop bonne heure, infpirer aux Sujets, les
fentiments que l'intérêt & les befoins de la Nation exigent. C'eft dans la jeuneffe que l'on peut
exalter les ames, leur infpirer le goût des grandes chofes, la paffion du bien public, l'amour de
la Liberté; c'eft alors qu'on peut leur apprendre
à craindre plus le mépris que l'indigence, la honte que le danger, l'infamie que la mort. C'eft
alors qu'on peut leur enfeigner à préférer le mérite à l'opulence, les talents à la naiffance, la
vertu aux dignités. Une jeuneffe ainfi formée
oppofera, dans l'âge mûr, une barriere infurmontable aux ennemis de fon Pays.

### §. XVI. *Equilibre de la Politique.*

La Politique doit tenir la balance entre les objets néceffaires à la confervation de l'Etat; fa prudence appuiera fur les chofes les plus importantes
relativement à la pofition de la Société. Mais
comme fes befoins font variés & fujets à
changer, elle empêchera qu'en détruifant l'équilibre, une partie n'entraîne & n'abforbe toutes
les autres: ainfi l'éducation doit fe préter aux
tems & aux circonftances.

Pour avoir méconnu ces vérités, l'on voit
une foule d'abus & de maux affiéger les Etats.
C'eft ce défaut d'équilibre qui fait que les Nations font fouvent forcées de décliner & de tomber tout-à-fait. Un Gouvernement Militaire
ne penfe qu'à former des Soldats; par cette Politique la population diminue, l'agriculture eft

négligée, le commerce eſt mépriſé ou opprimé.
La navigation & le commerce ſont-ils les objets
favoris d'une Nation ? Alors la partie militaire
devient plus foible, & ſouvent ſa ſûreté eſt ſacrifiée à la paſſion d'acquérir des richeſſes qui,
quand elle n'eſt pas contenue dans des juſtes bornes, engourdit & corrompt les cœurs des Citoyens. Examinons ces différents objets.

### §. XVII. *De la Population.*

La Population doit être, de l'aveu de tous
les Politiques, le principal objet de tout Gouvernement ; cependant, par le délire des Souverains, il eſt ſouvent le plus négligé. En liſant
les annales du genre humain, l'on eſt frappé de
voir à quel point le nombre des hommes eſt
diminué dans la plupart des Etats. A peine o-
ſons-nous ajouter foi aux dénombrements faits du
tems de nos ancêtres ; il eſt au moins certain que
l'Aſie mineure & l'Egypte jadis ſi peuplées, la
Grece, l'Italie, les Gaules, l'Eſpagne, le Nord,
qui fut autrefois nommé *l'Officine des Nations*,
ne nous montrent aujourd'hui que des contrées
déſertes, & par conſéquent des campagnes foiblement cultivées. A la vue de ce ſpectacle douloureux, ou ſeroit tenté de croire qu'un jour
l'eſpece humaine ſera forcée de diſparoître, non
par les révolutions de la Nature, mais par celles
que produiſent les folies de ſes maîtres. L'homme
eſt de tous les ennemis le plus dangereux pour
l'homme. L'ambition des Princes eſt, dans les
mains du fort, l'inſtrument le plus efficace de la
deſtruction des Peuples.

§. XVIII. *Caufes de la Dépopulation.*

PLUSIEURS caufes ont concouru à cette Dépopulation de la terre ; prefque par-tout ces
caufes fe font donné la main pour ravager plus
fûrement les Nations. Le Defpotifme a fucceffivement établi fon empire deftructeur fur toutes les parties de notre globe ; en rendant les
Peuples malheureux, il étouffa fouvent en eux
le vœu de leur nature qui les invite à fe multiplier : on ne multiplie point où l'on ne cultive
point ; on ne cultive point où l'on eft opprimé ;
un Gouvernement violent & négligent n'invite
point l'homme à travailler ; il ne fonge pas à
écarter de fes Sujets, les peftes, les maladies, les
famines, fruits ordinaires des contrées incultes,
des eaux dormantes, des exhalaifons dangereufes, de la ftagnation de l'air que des déferts
arides & des forêts multipliées empêchent de
circuler. Un mauvais Gouvernement anéantit
& la population, & la culture, & la falubrité
des Etats.

LES guerres atroces & continuelles dans lefquelles les Souverains ambitieux entraînerent les
Nations, furent & feront toujours pour elles une
fource féconde de deftructions : rien de plus fatal
pour les hommes que cette facilité malheureufe
avec laquelle ils font toujours entrés dans les
querelles futiles des Souverains. La terre fut continuellement arrofée de fang, pour affouvir les
paffions inquietes & turbulentes de quelques Héros déteftables qui femblent en tout tems avoir
juré la perte des Peuples. Les Rois ne fe cru-
rent puiffants, que lorfqu'ils eurent des armées

innombrables fur pied. La vie remuante & précaire du foldat, fa pauvreté, fes marches continuelles ne lui permettent gueres le lien du mariage; que dis-je? il lui eft fouvent interdit par
les ordres de fes Maîtres, qui craignent d'en faire un Citoyen.

L E s armées trop nombreufes font, non feulement une caufe de dépopulation, mais encore
ces armées deviennent inutiles & nuifibles à leur
pays. Dès que la guerre eft finie, le foldat tombe
dans l'oifiveté. Il ne fait que fe battre, & fier
de fon métier, il fe croiroit deshonoré, s'il s'oc-
cupoit utilement.

L a fuperftition plus forte que la Nature, que
la Politique, que les Rois, doit encore être mife
au rang des caufes de la dépopulation d'un grand
nombre d'Etats. La Religion Romaine, plus ennemie du bien public, plus contraire à la faine
Politique, femble furtout avoir formé le projet
de dépeupler l'univers: elle attache, on ne fait
quelle perfection, au *célibat;* elle fait un mérite
à l'homme de fe refufer le plaifir de produire fon
femblable, & fouvent encouragée par la dévotion
des Princes, elle remplit les Nations d'hommes
oififs & inutiles qui contens de dévorer les Etats,
où ils vécurent en pélerins, fe firent un mérite
de mourir fans poftérité. Nous ne parlerons
point ici des guerres de religion, les plus cruelles
de toutes, dans lefquelles les Sujets d'un même
Etat furent excités par leurs Souverains & leurs
Prêtres, à s'égorger les uns les autres pour des
opinions impertinentes. Le monde voit depuis
un grand nombre de fiecles des millions de victi-

mes immolées à la fuperftition des Princes & à l'orgueil du Clergé.

LE commerce, deftiné dâns fon origine à fatisfaire les befoins véritables des Nations, alluma peu-à-peu en elles une foif immodérée des richeffes, & leur créa des befoins factices qu'elles ne purent fatisfaire, qu'aux dépens de leur population : la navigation & le commerce, devenus les paffions dominantes des Nations Européennes, immolerent chaque année des milliers de matelots au Dieu des richeffes, & firent perdre à la Patrie par des voyages de long cours, dans des climats peu fains, une foule de Sujets dont le trépas ne fervit qu'à fournir à leur Concitoyens, des marchandifes dont ils auroient dû fe paffer. Des hommes laborieux ne font-ils pas plus précieux à l'Etat, que les rares denrées des deux Indes?

## §. XIX. *Remarques fur le même fujet.*

UNE fage Politique doit maintenir l'équilibre dans la population même ; celle-ci doit fe proportionner à la richeffe du fol, à la culture, à l'activité des habitans. Si la chofe étoit poffible, à quoi pourroit fervir de peupler une terre ingrate, incapable de nourrir fes colons ? Il n'y a que le Defpotifme qui ait l'extravagance de vouloir une population nombreufe fur une terre qu'il rend ftérile ; il ne veut des hommes que pour en faire des mendiants à charge à la Société. Le Defpotifme ne connoît ni le prix ni l'emploi des hommes. Le Tyran croit fes Etats peuplés, quand il y voit un grand nombre de fainéants & de malheureux dont il ne fait que faire,

& qui communément n'ont de reffource que dans le crime.

Les villes fe peuplent toujours aux dépens des campagnes. Les champs doivent nourrir l'Etat, les villes ne font que des entrepôts deftinés à fournir aux cultivateurs, les chofes dont ils ont befoin. Rien de plus oppofé à une fage Politique, que des villes immenfes qui finiffent par abforber toutes les richeffes & les habitants de l'Etat. Constantinople eft habitée par un peuple innombrable, que la rigueur du Gouvernement oblige à chercher dans la capitale, un azile contre la Tyrannie qui défole les campagnes; ainfi que toutes les villes de l'Empire Ottoman, elle eft prefque fans ceffe expofée aux famines & à la pefte qui en eft la compagne affidue.

Les hommes ne doivent point être déplacés, & les richeffes font faites pour circuler librement dans un Corps Politique bien conftitué; les villes trop grandes font des obftructions qui font naître des humeurs vicieufes & qui finiffent communément par engloutir la fubftance, & par intercepter la circulation de fon fang. La vie occupée de l'habitant des campagnes l'expofe moins aux vices qui font l'appanage des fociétés nombreufes. La folitude, des befoins modiques, une vie paifible rendent l'homme honnête, l'attachent à fa compagne, favorifent la population & l'occupent de fa progéniture.

Dans les villes, les befoins, les paffions, les vices qui féparent l'homme de l'homme fe multiplient; les oififs fe trouvent irréfiftiblement entraînés au défordre; leur efprit & leurs corps s'y dérangent. Une fage Politique doit rendre la vie champêtre agréable à fes Sujets ; ils feront heureux & fatisfaits, toutes les fois que la douceur du Gouvernement les laiffera jouir en paix des fruits d'un travail modéré ; ce travail fuffira toujours pour fatisfaire des hommes dont les défirs feront bornés & raifonnables, & que la contagion des villes n'aura point énervés & rendu infatiables. Par ce moyen la terre fera cultivée ; l'intérêt forcera le laboureur à redoubler d'activité : le Gouvernement fecondera fes efforts par des routes faciles, par des travaux publics, par des canaux, par les inventions de l'art, & fur-tout par des récompenfes. Quelque reffource que l'on emploie, l'agriculture ne peut être que très foible, tant que le Gouvernement fouffrira que les vexations des Grands, que les impôts arbitraires, que le mépris infultant décourage le laboureur ; l'oppreffion lui fait abandonner le champ qu'il a reçu de fes peres.

§. XX. De l'Agriculture.

Tout eft lié dans un Etat. L'agriculture exige pour fes travaux, un grand nombre de beftiaux ; la terre a befoin de labour & d'engrais ; les engrais forment les prairies ; les prairies nourriffent les beftiaux & les troupeaux ; ceux-ci fuppofent du commerce, des manufactures & de la confommation ; mais le commerce & la confommation fuppofent de l'aifance dans le cultivateur ; celui-ci n'eft attaché à fa glèbe qu'en raifon des avantages que fa glébe lui procure : le ferf cultivera toujours négligemment.

Cela fuffit pour nous prouver la folie tyrannique

que de ces Gouvernements qui, fous prétexte de rendre le payfan plus docile, l'accablent tellement d'impôts qu'il ne jouit d'aucune aifance, ne fe nourrit point fainement, trouve à peine de quoi fe vêtir, & finit par négliger une terre qui, malgré fon travail, ne peut jamais le tirer de la mifere. Tout pays devient égal à un homme qui fe nourrit de pain & d'eau, qui couche fur la terre, qui n'eft ni vêtu, ni logé, ni nourri; c'eft la rigueur de l'impôt qui détruit l'agriculture & qui parvient à dégouter le payfan du travail: on ne peut rien tirer de l'homme qui n'a rien. Le cultivateur découragé devient un mendiant. Le nombre des mendiants annonce un Gouvernement négligent & cruel; c'eft la preuve indubitable d'un vice dans l'adminiftration, lorfque des hommes fains, en travaillant, ne peuvent point fubfifter.

On voit donc que la population fait naître & augmente l'agriculture; plus un Etat a de Sujets, plus ils font obligés de forcer la terre à devenir généreufe. Cependant de même que la culture, la population a des bornes. Plus un Peuple eft heureux, plus il fe multiplie; il peut même à la fin augmenter à un tel degré, que fon fol ne puisfe plus fournir à fes befoins: c'eft alors que l'on peut fonger à former des colonies qui, fubordonnées à l'Etat & fans fe féparer de lui, contribuent à fa force.

## §. XXI. *Des Colonies.*

La formation des Colonies fut chez les Européens la fuite d'une paffion effrénée pour les richeffes, qui fouvent a dépeuplé des monarchies floriffantes. Rien de plus infenfé, que de former des colonies, dans le tems où la métropole manque elle-même de fujets. L'Efpagne déjà dépeuplée par des guerres, par la fuperftition, par l'intolérance, par les vices de fon Gouvernement, s'eft vu réduite à la foibleffe, à l'inertie la plus honteufe, à l'indigence même, pour aller faire des conquêtes & des établiffements dans un nouveau monde dont elle détruifit d'abord les naturels, pour fe priver enfuite elle-même de fes anciens habitants. En interdifant à tous fes fujets la fortie de l'Empire, la Chine eft tombée dans un excès oppofé : malgré l'induftrie presqu'incroyable des Chinois, la famine fait des ravages inouis dans cette Nation trop peuplée; mais aveuglément attachée aux inftitutions de fes peres, elle eft forcée de remédier par des ufages barbares à une population dont l'excès lui devient fouvent funefte. Les Suiffes, fous un Gouvernement modéré, font forcés de vendre le fang de leurs Concitoyens aux Puiffances turbulentes de l'Europe, pour fe débarraffer des Sujets dont l'abondance affameroit leur pays montueux & ftérile. Leur Politique reffemble à celle de ces commandants d'une place forte affiégée qui font faire des forties à leurs troupes, pour diminuer le nombre des confommateurs.

Les Colonies font utiles, lorfque la Métropole renferme un plus grand nombre de Citoyens qu'elle n'en peut nourrir & rendre heureux. En établiffant des Colonies, les Nations doivent fe propofer de former un nouveau Peuple d'Alliés & de Concitoyens. Mais pour parvenir à ce but, il faut que leurs intérêts fe confondent; il faut que la Colonie jouiffe des mêmes avantages que la Métropole: il faut que celle-ci fe fouvienne que c'eft pour leur propre bien-être que les hommes travaillent, & qu'ils ne confentiront point à travailler pour elle, fi de fon côté elle ne leur procure des avantages réels. Le maintien de cette harmonie entre une Nation & fes Colonies exige la plus grande prudence.

Les Nations Européennes ne paroiffent pas jusqu'ici s'être formé des idées bien précifes de la nature & des droits de leurs Colonies; elles n'ont regardé leurs Colons que comme des enfans perdus, peu digne de leurs foins & de leurs fecours, & dès qu'elles fe font apperçu que ces colons commençoient à profpérer par leur propre induftrie ou à voler de leurs propres aîles, guidées par leur avidité, les metropoles ont communément prétendu foumettre leurs Colonies à des monopoles odieux, à des vexations fans nombre à des gênes capables de les révolter, ou du moins d'anéantir leur activité. Les Nations les plus libres qui devroient le mieux connoître, & les droits de la liberté, & leurs propres intérêts, ne font pas à l'abri de ce reproche: elles ont cru que la *maternité* donnoit le droit d'opprimer ou du moins de continuer à conduire par des lifieres incommodes, des enfans devenus grands & capables de fe conduire eux mêmes. Une colonie, tant qu'elle eft foible & peu nombreufe, demeure facilement dans la dépendance de fa Métropole, mais dès qu'elle s'augmente & commence à fentir fes forces, elle connoît le prix de la liberté, néceffaire à fon bonheur. Cette féparation eft encore bien plus prompte lorfque la Métropole veut tyrannifer le commerce & l'induftrie de la Colonie; fur-tout quand celle-ci fe trouve trop éloignée, trop étendue, capable de fe paffer de

secours. Plus les parents sont tyranniques, &
plus les enfans se pressent de se soustraire à leur
autorité. Une Métropole qui se conduit en ma-
râtre, doit s'attendre à trouver des enfans rebelles dans ses Colons. Toute Colonie fait une Nation à part, qui méconnoît son origine, dès
qu'elle est mécontente & assez forte pour se rendre indépendante.

Que les Princes de la terre laissent leurs peuples jouir de la paix ; qu'ils les rendent fortunés.
L'agriculture, l'industrie, la population augmen-
teront de plus en plus dans leurs Etats ; mais il
viendra un tems où la Politique, qui toujours
doit se prêter aux circonstances, sera forcée de
céder aux efforts de la nécessité ; trop d'embon-
point peut nuire à une Nation comme aux individus. C'est alors seulement que l'on peut songer à former des Colonies. Des Peuples gouvernés avec justice, libres & paisibles se multiplieront bientôt, travailleront avec ardeur, auront
de l'industrie & de l'activité, répareront les pertes que la fureur des guerres, que les coups même du sort leur auront fait éprouver.

Que les Souverains connoissent donc enfin le
prix de l'homme ; qu'ils cessent de prodiguer son
sang ; qu'ils secondent les efforts qu'il fait, dès
qu'il en a la liberté ; qu'ils n'en attendent plus
rien dès qu'ils lieront ses mains. La liberté est
nécessaire à l'homme ; sans elle il ne travaille que
foiblement, il se multiplie à regret ; il n'ose se
livrer à l'industrie ; en un mot, il ne peut jouir
d'aucuns des bienfaits de la Nature. Un Gouvernement inique ou négligent est-il en droit de
se plaindre du défaut d'agriculture & de popula-

tion? N'eſt-ce pas lui qui fait des déſerts? N'eſt-ce pas lui qui étouffe dans l'homme le deſir de ſe multiplier.

## §. XXII. *De l'Impôt.*

Les Impôts ſont un des objets les plus importants dont la Politique doive s'occuper; ils ſont continuellement une ſource de démélés entre le Souverain & les Sujets. Les Chefs des Nations, uniquement occupés à ſatisfaire leurs propres paſſions ou l'avidité imprudente de ceux qui guident leurs conſeils, croient avoir tout gagné, dès que par la force ou la ruſe ils ſont parvenus à attirer dans leurs mains la plus grande partie des richeſſes de leurs peuples. Le ſecret d'augmenter les impôts eſt pour la plupart d'entre eux le chef-d'œuvre de la Politique. Les Peuples, d'un autre côté, ne ſe privent qu'à regret des fruits de leurs travaux : chaque homme par ſa Nature ſe préfere à tous les autres; il aime bien mieux s'appliquer à lui-même les avantages dont il jouit, que d'en ſacrifier une partie au bien du corps dont il eſt membre; l'intérêt qui l'attache à la Société ne ſe montre communément à lui, que dans une eſpece de lointain; & ſouvent il ne ſent point ce qu'il doit à ſa Patrie. Une Politique guidée par l'équité parvient à rendre moins onéreux aux Sujets, les ſacrifices néceſſaires de leur propriété particuliere. Plus les Peuples ſeront affectionnés à leur Gouvernement, plus ils auront de confiance en lui; plus il leur procurera d'avantages, & plus ils ſeront diſpoſés à lui faire des ſacrifices. Dans un pays où regne une juſte liberté, où le Souverain n'a d'autres intérêts que ceux de ſes Peuples, où les deniers publics ne s'exigent que pour le maintien & la fûreté de la Nation, les Sujets fourniſſent ſans répugnance de quoi remplir des objets dont ils reſſentent l'utilité. Le deſir de retenir ſon argent, eſt alors contrebalancé par l'intérêt de ſa propre conſervation, liée à celle de la Société. Les impôts ſont toujours proportionnés à la bonté du Gouvernement, à la richeſſe de la nation, aux avantages dont elle jouit. S'il eſt des pays où l'on ne paie que de foibles impôts, celà vient à coup ſûr, ſoit de l'ingratitude du ſol, ſoit d'un Gouvernement négligent ou cruel qui ne procure aucuns avantages à ſes Sujets. Dans la plupart des Etats libres les impôts ſont très forts ; le commerce y amene des richeſſes plus également réparties, & la liberté dont les Sujets jouiſſent les diſpoſe à contribuer plus gaiement & plus facilement à l'intérêt général.

## §. XXIII. *Des conditions de l'Impôt.*

L'IMPÔT doit être univerſel, c'eſt un fardeau deſtiné à être porté par tous les Sujets ; les exemptions de ce genre mettent entre les Citoyens une inégalité auſſi injuſte qu'affligeante, qui n'eſt communément favorable qu'à ceux qui ſont le plus en état de ſecourir la Nation. Mais par une abſurdité tyrannique, les hommes les plus riches de l'Etat ſont communément ceux que l'impôt menage le plus, le fardeau tombe ſur le malheureux. Le cultivateur, qui fait vivre la Société, communément très indigent ſous un mauvais Gouvernement, eſt ſoumis à des taxes ſouvent très arbitraires dont le noble opulent eſt totalement exempté ! quels infâmes privileges que ceux qui ſacrifient cruellement les miſérables aux intérêts des plus fortunés.

L'IMPÔT doit être fixe; tout Citoyen doit ſavoir avec préciſion ce qu'il eſt obligé de contribuer: les impôts arbitraires ſont une ſource de vexations & d'abus; ils fourniſſent un champ immenſe à l'injuſtice, à la vengeance, à l'envie, à la cupidité, aux paſſions.

L'IMPÔT doit être proportionné aux facultés de chaque Citoyen, aux avantages dont l'Etat le met à portée de jouir, & ſur-tout aux beſoins réels de l'Etat: il n'aura plus de bornes, dès qu'il dépendra des fantaiſies & de l'avarice des hommes qui gouvernent. Dès que l'impôt excede les juſtes bornes, le Sujet eſt découragé; il cherche à éluder la Loi, ou bien il quitte ſon travail & ſouvent ſa Patrie.

LA perception de l'impôt doit être ſimple & facile, & ne tomber que ſur des objets ſenſibles; une perception compliquée eſt une vexation inutile; elle augmente le poids de l'impôt ſans avantage pour le Gouvernement; elle ne ſert qu'à enrichir aux dépens du Peuple, des hommes qui lui ſont odieux parce qu'il les regarde comme les inſtruments de ſon malheur.

L'IMPÔT ſur les productions de la terre devroit peut-être ſe percevoir en nature, & non pas en argent. La pareſſe & l'avidité des Gouvernements ne connoiſſent que l'argent: mais les Gouvernements n'ont-ils pas beſoin de denrées pour la ſubſiſtance des armées? Le ſuperflu des grains ne peut-il pas ſe vendre & ſe convertir en argent? Enfin l'impôt en nature ne pourroit-il pas s'affermer, ſi le Gouvernement eſt trop indolent ou trop preſſé pour le percevoir lui-même? Il paroît au moins certain que l'impôt en nature feroit plus facile à percevoir fur le champ & fans fraude, que l'impôt en argent, vû que le Cultivateur n'a pas toujours pu trouver le débit promt de fa denrée; s'il eft pauvre, la néceffité de payer fes impôts en argent, l'oblige de vendre à tout prix, l'empêche d'attendre des occafions plus favorables, & de fe tirer ainfi de fa mifcre.

L'I M P ô T fur les confommations doit refpecter les productions néceffaires à la fubfiftance du Citoyen; il ne doit s'appefantir que fur les befoins factices ou fur les fantaifies que la vanité du riche multiplie à chaque inftant.

C E n'eft qu'avec la plus grande précaution que l'on doit mettre des impôts fur le commerce; c'eft un enfant volontaire qui s'effarouche & difparoit, dès qu'on géne fa liberté. Les impôts trop incommodes fur les chofes néceffaires à la vie, font des infracteurs d'un grand nombre de Sujets, & l'Etat eft totalement fruftré des reffources qu'efpéroit fon avidité.

L'I M P ô T ne devroit jamais tomber fur les productions du pays que l'on tranfporte à l'Etranger; fans celà il décourage l'agriculture, les manufactures & nuit aux objets qu'une Politique fenfée doit toujours favorifer.

## §. XXIV. *De la Richeffe de l'Etat.*

P O U R que le Souverain tire des impôts de fes Peuples, il faut qu'il leur procure des richeffes. Nul Gouvernement ne peut jouir de l'opulence, tant que ſes Sujets languiſſent dans la pauvreté; ils ſeront pauvres & découragés, tant que ceux qui les gouverneront mettront des entraves à leur induſtrie, ou par des impôts arbitraires, injuſtes, exceſſifs, les puniront de leur travail. La liberté eſt eſſentielle à l'Etat que l'on veut enrichir. Mais dans une Nation riche les vices ſe multiplient; ſi l'argent eſt le nerf des Etats, ſouvent entre les mains d'un Gouvernement déraiſonnable, il devient l'inſtrument de leur deſtruction. Les Nations, comme les particuliers, abuſent de leur opulence; ſouvent elles diſſipent leurs richeſſes en depenſes frivoles & inutiles qui n'ont pour objet réel que de ſatisfaire la vanité de leurs Chefs. Enfin ces richeſſes deviennent le mobile unique dont un Gouvernement peut ſe ſervir pour mettre en jeu les paſſions des hommes. Alors le luxe s'introduit, & il conduit les Etats plus ou moins lentement vers leur diſſolution. La Politique doit donc ſagement contenir la paſſion pour les richeſſes dans le cœur des Citoyens. ✗ Il n'y a qu'une vigilance extrême qui puiſſe prévenir ou du moins éloigner les maux que cette paſſion entraîne. ✗

## §. XXV. *De la Richeſſe acquiſe par la guerre.*

LES ſociétés, comme les individus, ſouffrent avec peine la pauvreté; comme eux, elles la trouvent plus affreuſe encore, lorſqu'elles comparent leur indigence propre avec les richeſſes, les commodités & l'éclat des Nations qui les environnent: alors l'envie, la jalouſie & le deſir de les égaler s'emparent d'elles; les paſſions, par une pente naturelle, vont toujours en croiſſant, & finiſſent par ne plus connoître de frein & de limites. Il n'eſt pour les Nations que deux moyens de s'enrichir, la conquête & le commerce. Les Peuples riches furent toujours forcés de ſuccomber ſous les efforts des Peuples pauvres & belliqueux. L'Aſie devint la proie des Macédoniens. Rome, enrichie des dépouilles de la terre, fut dépouillée à ſon tour par les guerriers indigents & ſauvages que le Nord avoit vomis de ſes flancs glacés. Le Chinois & l'Indien ſont tombés ſous les coups du Tartare vagabond. La conquête eut toujours un attrait puiſſant pour les hommes; elle favoriſa leur pareſſe, & leur procura promptement ou par un effort ſubit, les richeſſes que les ſoins & les travaux des autres avoient accumulées pendant des ſiecles. Le motif du Conquérant eſt communément l'ambition, le deſir de la gloire; le mobile de ſes ſoldats eſt l'appas du butin. Le Dieu des richeſſes a pour le moins autant de pouvoir ſur les guerriers, que le Dieu des combats.

### §. XXVI. *Du Commerce.*

Le Commerce eſt la ſeconde voie qu'une Nation ait pour s'enrichir: il ſe diviſe en *intérieur* & *extérieur*; le premier a lieu entre les Sujets d'un même Etat, qui échangent entre eux les fruits de leur induſtrie. Sous un même Gouvernement, une Province peut être ſouvent dans la diſette, tandis qu'une autre nage dans le ſuperflu. L'objet d'une Politique également attentive pour tous ſes Sujets, doit être de faciliter ces échanges ſi néceſſaires à la conſervation & au bien-être de la Société totale: il n'y a qu'une politique inſenſée ou criminelle qui interdiſe aux Sujets d'un même Etat, la liberté de commercer avec leurs Concitoyens. Une telle conduite eſt faite pour décourager l'agriculture: elle ne peut être fondée que ſur des monopoles odieux: elle prive les membres d'une même ſociété de leurs beſoins: elle enrichit quelques particuliers aux dépens du grand nombre. La Politique devient une tyrannie, dès qu'elle procure le bonheur de quelques Sujets par le malheur du reſte.

Le Commerce extérieur conſiſte dans les é-changes qu'une Nation fait avec d'autres Nations. Un Peuple qui poſſede ſoit un ſol plus étendu, ſoit des terres que la Nature & l'induſtrie ont rendu plus fertiles, en un mot, qui lui fourniſ-ſent au-delà de ſes beſoins, eſt en état de porter à d'autres Peuples moins favoriſés ou moins in-duſtrieux, les productions de ſon terrein. Ce Commerce eſt connu ſous le nom *d'exportation*. En échange une Nation reçoit, ou des produc-tions utiles à elle-même, dont elle manque, ce qui s'appelle *importation*, ou des métaux précieux que les hommes ſont convenus de regarder com-me les ſignes de la richeſſe. La même inégalité que la Nature a miſe entre les individus de l'eſpe-ce humaine, ſe trouve auſſi entre les Sociétés. Toutes les Nations ne jouiſſent point d'un même climat, d'un même ſol, toutes n'ont ni la même induſtrie, ni les mêmes productions. Elles ſont donc pour leurs beſoins, dans une dépendance réelle qui les rend utiles ou néceſſaires les unes aux autres. D'où l'on voit que le Commerce eſt un lien commun qui rapproche les Nations les plus éloignées; qui établit entre elles des rapports & des devoirs, trop ſouvent méconnus par des Commerçants avides & armés. Par la conduite qu'ont tenu preſque toujours les Européens avec les Peuples dont ils ont fait la découverte, on diroit que les premiers, plus infensés & plus inhumains que les Sauvages les moins policés, ont regardé les hommes que la Nature avoit placés loin d'eux, comme des bêtes que l'on pouvoit tromper, dépouiller, égorger fans fcrupule: au moins eft-il certain qu'ils ont rarement fongé à s'en faire des amis ou des alliés. Rien de plus cruel au monde, que le commerçant excité par fa rapacité, dès qu'il dévient le plus fort, & lorfqu'il eft fûr que les crimes utiles feront applaudis par fon pays.

§. XXVII. *De la Puiffance donnée par la Richeffe.*

L'OPULENCE d'une Nation augmente en raifon de fes productions fuperflues, de là fertilité de fes terres, de l'induftrie avec laquelle ces terres font cultivées & fur-tout proportionnellement au befoin que les autres Nations auront de fes productions, & du peu de befoins qu'elle-même aura de celles des autres. Par ce Commerce avantageux ou par ces échanges, elle attire dans fes mains, une plus grande quantité des fignes de la richeffe que les Peuples avec qui elle traite; & comme ces fignes font pour toutes les Nations, la mefure de l'opulence, de la puiffance, de la félicité, elle prend un afcendant néceffaire fur les autres. Toûtes ont befoin d'ellè, tombent dans fa dépendance ou lui portent envie.

JE dis que cette fupériorité devient néceffaire, parce que les fignes qui repréfentent les richeffes procurent auffi du pouvoir. L'argent fait fortir des armées du fein des Nations pauvres; elles vendent aux Peuples riches le fang & la vie

de leurs Sujets: l'argent couvre les mers de vais-
feaux; il applanit les négociations; il facilite les
traités; il corrompt les Princes & leurs Ministres, & fouvent fon éclat les aveugle même fur
leurs intérêts les plus marqués. Enfin le befoin
que tous les Peuples en ont, ou croient en avoir,
les met dans la dépendance de ceux qui font en
état de fatisfaire leur paffion pour l'argent.

## §. XXVIII. *Le Commerce doit être libre.*

C E qui vient d'être dit nous prouve qu'une
Nation, pour faire un commerce avantageux,
doit commencer par fonger à tirer parti des productions de fon propre fol. Elle ne peut y parvenir fans une population nombreufe qui, comme on l'a fait voir, ne peut être le fruit que de
la liberté & d'une adminiftration raifonnable. Si
la liberté fait naître le Commerce, elle n'eft pas
moins néceffaire pour l'entretenir: fondé fur la
paffion que les hommes ont de rendre leur exiftence plus heureufe, il ne veut point être gêné fur les
moyens. Une fage Politique permet à fes Sujets
de s'enrichir de la maniere qu'ils jugent la plus
conforme à leurs intérêts; l'expérience fuffit pour
rectifier les erreurs en ce genre. Une Nation entiere, dès qu'elle fera libre, ne fera pas longtems
un Commerce défavantageux; la prudence du
grand nombre remédiera bientôt aux fautes des
particuliers. Rien de plus délicat que le Commerce; pour peu que l'Autorité cherche à lui donner des entraves, il s'éclipfe totalement; c'eft un
fleuve que les digues qu'on lui oppofe forcent à
fe creufer un nouveau lit; il eft rare qu'il repren-
ne celui qu'il a été une fois contraint d'abandon-

donner. Privez le Commerce de liberté, char-
gez-le d'impôts arbitraires; & bientôt, ou vous
l'étoufferez, ou de tous vos Sujets vous ferez
des infracteurs : vous ferez obligé de les contenir par des voies fi coûteufes, qu'elles abfor-
beront les profits que votre avidité prétendoit
obtenir.

EN UN MOT, le Commerce exige la liberté
la plus entiere; plus le Commerce fera libre, &
plus il s'étendra. Le Gouvernement n'a rien à
faire pour le marchand, que de le laiffer faire.
Son intérêt, bien mieux que tous les réglements,
le guidera dans fes entreprifes; celui qui échoue-
ra, avertira par là même tous les autres, des é-
cueils qu'ils devront éviter. L'Etat ne doit au
Commerce que fa protection. Parmi les Nations
commerçantes, celles qui accorderont à leurs Sujets, la liberté la plus illimitée, feront fûres de
l'emporter bientôt fur toutes les autres.

§. XXIX. *Des Limites du Commerce.*

UN Etat néanmoins ne doit naturellement
confentir à recevoir des autres Peuples, que les
denrées néceffaires que la Nature lui refufe à lui-
même, ou que l'induftrie de fes Sujets ne peut
pas lui procurer. Cette vérité fi fenfible eft mé-
connue de la plupart de ceux qui gouvernent les
hommes. Toutes chofes égales, on doit préférer
les productions de fon propre fol; dès qu'on préfere celles de l'Etranger, on eft en droit de fuppofer, ou qu'elles font meilleures, ou que le
Gouvernement a gêné l'induftrie de fes Sujets, en
tyrannifant leur culture ou leur Commerce.

Plus une Nation a de befoins, plus elle dépend de celles qui peuvent les fatisfaire. Ainfi la
politique doit empêcher, autant qu'il eft poffible,
que les befoins de fes Sujets ne fe multiplient; ils
finiront par être infatiables, fi la prudence n'y
met des bornes; les fantaifies, les caprices les plus
bizarres fe changeront peu-à-peu en befoins; &
la richeffe, de qui elle attendoit la force, ne fer-
vira plus qu'à faire naître en elle des befoins fictifs, & à lui fournir des denrées dont le prix né-
xiftera que dans l'imagination. A l'exception du
poivre & du falpêtre, l'Indoftan fournit-il à l'Europe quelque chofe qui la dédommage des fommes
réelles qu'elle y envoie tous les ans pour fatisfaire le luxe, la molleffe & la vanité de fes habitants? Heureufement qu'en matiere de Commerce, toutes les Nations ont une folie commune qui
leur nuit à toutes également.

### §. XXX. *De la Répartition des Richeffes.*

La Politique eft intéreffée à enrichir fes Sujets
avec le plus d'égalité qu'il eft poffible. Les richeffes amenées par le Commerce fe répartiffent
entre un grand nombre d'hommes dont les bras,
l'induftrie & les facultés font mis en action. Le
Labôureur, le Manufacturier, le Matelot, le
Savant même partagent fes influences. Ainfi le
Commerce répand l'aifance & la vie dans toutes
les parties de l'Etat.

Il eft important pour un Gouvernement fagé,
que les richeffes ne fe concentrent pas dans les
mains d'un petit nombre de citoyens. Le Chance-
lier Bacon compare l'opulence d'un Etat au fu-
mier; fi on l'entaffe, il ne produit aucun bien,

& même il nuit à la fertilité, mais en l'étendant, même le plus légérement, à la furface de la ter- re, il fertilife tout le champ.

Les Gouvernements femblent avoir totalement méconnu cette importante vérité   Dans prefque toutes les Nations, plus des trois quarts des fu- jets n'ont rien, tandis que toutes les richeffes, & les propriétés fe raffemblent dans les mains d'un petit nombre d'hommes qui femblent s'attirer tous les foins du Gouvernement.   Une Politique plus équitable & plus faine devroit fentir que c'eft la propriété qui lie l'homme à la Patrie; que l'hom- me qui ne poffede rien ne tient à rien; qu'une Nation remplie de mendiants & de vagabonds, eft bientôt infeftée par le crime que rien ne peut dé- raciner.   L'intérêt de la Société demande que le plus grand nombre de fes membres jouiffe de quel- que chofe.   Lorfque tous les Citoyens par un travail modéré peuvent fe procurer l'aifance, l'E- tat peut en tirer des fecours : lorfqu'un petit nom- bre d'hommes abforbe toutes les propriétés & les richeffes d'un Etat, ceux-ci deviennent les maî- tres de l'Etat, qui fans une peine extrême ne peut leur arracher enfuite la fortune qu'ils ont amaffée. D'ailleurs la circulation des richeffes donne à tous les membres d'un Etat, un mouvement, une ac- tivité, un courage avantageux; au lieu que les richeffes inégalement réparties produifent une pareffe, un découragement, une envie ftérile, & des crimes.

## §. XXXI. *Les Privileges Exclufifs.*

Rien de plus oppofé à la faine Politique, que les privileges & les commerces exclufifs accordés à certains Corps : par-là quelques hommes favorisés s'enrichiffent fans faire à l'Etat tout le bien qu'il a le droit d'en attendre. Le Souverain n'a qu'à perdre à ces arrangements. Les perfonnes que les privileges exclufifs ont enrichies, ne fourniront jamais à l'Etat autant que tous les Citoyens qu'un Commerce ouvert enrichiroit proportionnellement. Le Souverain doit récompenfer les découvertes utiles au nom de l'Etat; mais l'induftrie de fes Sujets ne doit jamais recevoir d'entraves.

Le Commerce & l'induftrie favorifent la population; non feulement ils procurent au cultivateur un débit prompt de fes denrées, & par conféquént le bien-étre & l'aifance, mais encore ils attirent les Etrangers qui fortent de chez eux pour chercher un fort plus doux.

§. XXXII. *Dangers du Commerce illimité.*

Malgré ces avantages, le Commerce ne doit pas abforber exclufivement l'attention d'un bon Gouvernement. Les aliments les plus fains fe convertiffent en poifon, dès qu'ils font pris avec excès. Une Politique éclairée eft faite pour preffentir que le Commerce aménera le luxe qui, fi l'on ne prévient fes effets, conduit les Empires les plus floriffants à une perte certaine. C'eft alors qu'un defir immodéré des richeffes s'empare de tous les Citoyens. Une Nation enivrée de l'amour du gain, ne fonge plus qu'au Commerce; elle fe flatte qu'il fuffit pour lui procurer tous les biens de ce monde: ce Commerce devient alors entre les Peuples & leurs Souverains une pomme de difcorde; il fait naître des rivalités, des jaloufies, des luttes continuelles. Delà cette ardeur infenfée pour découvrir de nouvelles branches de Négoce, le globe n'eft plus affez vafte pour le marchand en délire; une ifle déferte devient un objet d'importance, des Nations font prêtes à s'égorger pour favoir à qui demeureront quelques monceaux de fable, dans lefquels l'avidité croit déjà voir des tréfors.

Dans les vues bornées de la Politique moderne l'argent eft regardé comme le nerf de la guerre, & comme le foutien de la paix; on fe perfuade que la Puiffance qui poffède le plus d'argent, fera toujours à portée d'écrafer toutes les autres, ou du moins de les engager à feconder fes projets. Des Nations entieres, ainfi que ceux qui les gouvernent, font les dupes de l'avarice d'un petit nombre de négociants affamés, qui parviennent à les éblouir par l'efpoir d'une opulence dont feuls ils recueillent les fruits. Ce n'eft fouvent que pour contenter l'avarice de quelques Citoyens, qu'un Etat fe dépeuple, que les impôts s'accumulent, & que la Nation s'appauvrit en effet, pour acquérir des richeffes: elles paffent dans les mains d'un petit nombre de particuliers, qui jouiffent feuls de la folie de leurs Concitoyens. C'eft d'après ces faux principes que les yeux de quelques peuples fe font uniquement tournés du côté du Commerce. On ne fonge qu'aux moyens de fe procurer des richeffes qui font devenues le fignal de la guerre entre les Puiffances. Il eft un Peuple qui, dans les tranfports de fon avarice, femble avoir formé le projet extravagant d'envahir le Commerce du monde & de fe rendre propriétaire des mers; projet inique & fou, dont l'exécution, fi elle étoit poffible, ne tarderoit point à conduire la Nation guidée par cette frénéſie à une perte aſſûrée.

### §. XXXIII. *De ſes bornes naturelles.*

Le commerce, ainſi que toutes les choſes humaines, eſt donc forcé de connoître des limites; elles ſont marquées par la Nature. Il doit être proportionné, à l'étendue & à la qualité du ſol, à ſa fertilité, au nombre de ſes habitans. S'il étoit permis de lire dans l'avenir ce que doit produire un jour cette paſſion effrénée du commerce qui diviſe aujourd'hui les Nations, on verroit, peut-être, qu'après s'être entre-détruites ſous ce prétexte, chaque Peuple finira par ſe borner à faire valoir ſes terres, & ne fera que le Commerce qui lui ſera le plus véritablement néceſſaire. Des Gouvernements plus humains, plus juſtes, plus ſenſés ſentiront que l'argent ne fait pas plus le vrai bonheur des Sociétés, que des individus. Ils ſe dégoûteront d'envoyer périr annuellement dans des climats brûlants, dans des combats, dans des mers, des armées de Citoyens. Enfin, peut-être un jour, des Indiens plus aguerris par les Européens, les chaſſeront-ils de leurs rivages où leur avidité a dû les rendre odieux.

Il eſt un terme à la richeſſe; dès qu'elle eſt exceſſive, elle nuit au Commerce même & à l'induſtrie. Les productions des manufactures & des terres hauſſent alors tellement de prix, que les Nations pauvres fourniſſent à moins de frais, que les Nations plus opulentes. Un Peuple eſt toujours pauvre, lorſqu'il ne trouve pas chez lui les denrées dont il a un beſoin indiſpenſable; il eſt toujours aſſez riche, dès que ſon ſol lui four-

nit abondamment les chofes qui lui font véritablement néceffaires. Le Peuple qui a des hommes libres & une fubfiftance aifée, fera toujours,
plus riche, plus heureux, plus puiffant, que celui
qui n'a que de l'or. Dans un Etat bien conftitué,
il ne devroit pas y avoir un manufacturier de
luxe, tant qu'il fe trouve encore un arpent à dé-
fricher.

§. XXXIV.  *Peu de folidité des Nations commerçantes.*

U NE Nation pauvre fe croit malheureufe en
fe voyant forcée, comme on a dit, de vivre dans
la dépendance des autres: pour s'en tirer, elle eft
obligée de recourir à la force ou à l'induftrie;
elle cherche donc ou à conquérir & piller, ou à
fe procurer par le Commerce, les fignes de la richeffe qui, du confentement des Nations, lui fourniffent les objets ou les denrées dont la Nature l'a
privée. Cette induftrie continuée met fouvent
une Nation, indigente par elle-même, mais opulente par le Commerce, en état de jouer quelque
tems un rôle diftingué parmi des Puiffances
plus réelles. Les Tyriens, les Sydoniens, les
Carthaginois chez les Anciens; les Vénitiens &
les Hollandois chez les Modernes, nous fournis-
fent des exemples frappants des effets que peuvent produire le Commerce & l'induftrie dans des
Nations que la Nature n'a point favorifées. Mais
par leur décadence & leur chûte, ces mêmes Nations nous prouvent qu'une Puiffance, fondée uniquement fur les richeffes, ne peut être que précaire; elle devient l'objet de l'envie des autres
Peuples; la Nation enrichie eft communément

dépouillée par quelque Conquérant affamé qui l'inonde de ſes brigands. Un Peuple riche eſt dépouillé de deux manieres; ſes alliés le dévorent par les ſubſides qu'il leur paie, ſes ennemis le dépouillent par la force ou la ruſe.

## § XXXV. *Des Subſides.*

LES richeſſes, comme les eaux, tendent toujours à ſe mettre de niveau; l'économie peut bien les retenir quelques tems dans une Nation, & pour lors elles ſont inutiles; mais tôt ou tard des beſoins réels ou fictifs les en feront ſortir. L'on riſquera peu de ſe tromper, lorſqu'on jugera des Sociétés Politiques comme des individus-de-l'eſpece humaine; leur conduite & leurs paſſions ſont les mêmes. Un pere avare, par une longue parcimonie, amaſſe des tréſors que des enfants prodigues répandront tôt ou tard dans la Société. L'homme riche s'énorgueillit, fuit le travail & la peine, fait ſervir à ſes paſſions & à ſes plaiſirs, les indigents que le beſoin raſſemble autour de lui; enrichis eux-mêmes à ſes dépens, ceux-ci l'abandonnent & ſe livrent à leur tour à la vanité, à la pareſſe, à la dépenſe, au luxe.

IL en eſt de même des Nations: leurs richeſſes les endorment; elles leur procurent les ſecours & les hommages des autres; elles les portent ſouvent à tenter des entrepriſes téméraires, & finiſſent par les ruiner & les détruire. Vainement jouiront-elles d'un commerce excluſif; c'eſt toujours pour les autres qu'elles iront chercher les richeſſes aux extrémités de la terre; peu-à-peu les indigents partageront les fruits de leur avarice induſtrieuſe. Les ſubſides que les Nations riches

paient à celles qui font pauvres, les troupes mercénaires qu'elles font combattre pour elles, les
guerres qu'elles vont porter dans des contrées é-
loignées, finiffent tôt ou tard par épuifer les tréfors que le Commerce le plus étendu leur avoit
procurés: c'eft toujours pour les autres, qu'une
Nation opulente fe trouve avoir travaillé.

## §. XXXVI. *Du vrai Bonheur d'un Etat.*

LES richeffes fictives que fournit le Commerce ne peuvent donc être regardées que comme le
vain fimulacre de la grandeur & de la puiffance.
Ce n'eft point l'opulence qui décide de la force
d'un homme. Compter fur fa richeffe pour défendre fon pays, c'eft le comble de la folie; c'eft
imiter les Phéniciens qui repréfentoient la puisfance fous l'emblême de facs d'argent. Il faut
pour un Etat des richeffes plus réelles, moins fujettes à changer de mains, & qui, femblables à
ces biens fubftitués dans les familles opulentes,
réfiftent à l'inconduite, à l'extravagance & au
délire des héritiers prodigues. Une Nation fera
toujours puiffante, lorfque fagement gouvernée
elle jouira d'une population proportionnée au terrein qu'elle occupe. Elle fera fuffifamment riche, lorfque fon fol lui fournira fans un travail
exceffif, les productions néceffaires à fa fubfiftance: elle fera très heureufe, lorfqu'elle renfermera
des Citoyens courageux & vertueux. Réglez l'intérieur avant de fonger au Commerce: il a l'é-
tendue convenable, dès qu'il procure à la Nation, les objets utiles & néceffaires dont elle manque elle-même.

Il est rare qu'un Etat se contente de ces avantages. De même que les particuliers cherchent à se surpasser les uns les autres, les Nations sont tourmentées d'une émulation de richesse, & se croient méprisables, lorsqu'elles ne peuvent égaler ou surpasser leurs voisins. Les métaux précieux devenus les signes de la puissance, sont l'objet unique des desirs d'une Politique abjecte & rétrécie; elle abandonne le certain pour courir après des chimeres; elle veut orner l'édifice, avant d'en avoir assuré les fondements.

## §. XXXVII. *Du Crédit.*

Ceux qui gouvernent les Peuples partagent communément leur avidité; s'ils veulent que leurs Sujets s'enrichissent, ce n'est que parce qu'ils esperent en tirer plus facilement les impôts qu'ils demandent. Mais bientôt cette facilité leur devient elle-même nuisible; elle fait qu'ils s'engagent légérement dans des dépenses inutiles, dans des guerres ruineuses, dans des entreprises hazardées auxquelles ils n'eussent jamais songé, sans la facilité que l'opulence de leurs Sujets leur donne de satisfaire leurs caprices. Alors, perdant de vue l'économie, & peu soigneux de proportionner leurs dépenses aux revenus que les impôts mettent en leurs mains, ils sont forcés de recourir à des moyens onéreux pour les Nations. Ils commencent d'abord par augmenter les impôts; mais ces impôts ont à la fin des bornes; la Nation les paie toujours avec répugnance: les Souverains sont alors forcés de recourir à des moyens par lesquels, à l'insu, pour ainsi dire, de leurs Sujets, ils redoublent continuellement sur eux le fardeau des impôts, qui ne font que changer de nom.

Telle eft la fource de ce qu'on nomme *crédit public*. Par l'appas d'un revenu plus facile à percevoir, que celui que procure le travail & la culture des terres, le Souverain engage fes propres Sujets, ou ceux des Nations voifines, à dépofer entre fes mains leurs richeffes fuperflues. Le Gouvernement difpofe des fonds qu'il emprunte, & les emploie aux objets que les circonftances exigent; ou bien, plus fouvent encore, les détourne & les emploie à fes befoins particuliers; mais fes Sujets font forcés de payer les dettes que l'on vient de contracter, fouvent avec imprudence & fans aucun avantage pour la Nation.

Le crédit n'eft donc au fond qu'un impôt déguifé, d'autant plus injufte qu'il tombe fur les pauvres, fur les cultivateurs, fur les propriétaires des terres qui fe trouvent chargés de payer les intérêts de la dette contractée par le Gouvernement. Ce n'eft pas encore tout; le crédit, par fes fuites, devient une fource de corruption pour un grand nombre de Citoyens; il favorife leur indolence & leur pareffe, en leur fourniffant, fans travail & fans utilité pour l'Etat, les moyens de fubfifter aux dépens de l'homme actif & induftrieux qui travaille pour entretenir la moleffe des oififs rentiers. Tout homme inoccupé devient un mauvais citoyen, un libertin vicieux. La Société eft d'autant plus malheureufe, qu'elle nourrit un plus grand nombre de membres inutiles. Tout rentier vit à la charge de l'homme laborieux. Tout emprunt eft un mal, & fuppofe des dépenfes qui excedent les forces naturelles de la Nation. Si les emprunts étoient moins faciles, les Etats, comme les particuliers, feroient moins fujets à fe déranger. Plus l'intérêt que l'Etat paie eft fort, plus la Nation eft accablée.

### §. XXXVIII. *De fes Fondements.*

L e crédit eft proportionné à la richeffe de l'Etat qui emprunte, à fes reffources, à la ftabilité de fon Gouvernement, à la bonne foi de ceux qui gouvernent, à l'intérêt ou aux motifs qu'ils ont de tenir leurs engagements. Sous le pouvoir abfolu il ne peut y avoir de vrai crédit; il eft impoffible que le Sujet ou l'Etranger fe fient à un Defpote qui, quand il lui plait, peut manquer impunément aux engagements les plus folemnels; l'Afiatique défiant enfouit plutôt fon or, que de le faire voir à fes Tyrans. Sous le Defpotifme moins avoué, il exifte une forte de crédit; le Souverain, retenu à quelques égards par la décence, peut exciter jufqu'à un certain point la confiance de fes Sujets; cependant, comme la puiffance dont il jouit, le met toujours en état de manquer à fes traités, il eft obligé de recourir à la féduction pour fuppléer à la confiance; par les grands avantages dont il éblouit ceux dont il veut tirer l'argent, il tend des pieges à leur avidité.

### §. XXXIX. *De la Finance.*

L e Defpotifme toujours guidé par le caprice, veut des reffources promptes; fouvent le crédit lui manque, on ne le fert pas avec la célérité qu'exigent fes befoins infatiables. Alors, femblable à un fils dérangé qui à recours à l'ufurier pour obtenir les fommes que l'économie de fon Pere

refuferoit à fes vœux imprudents, le Defpote s'a-
dreffe à un ordre de citoyens qui, moyennant le
droit d'exercer impunément des extorfions fur
tous les autres, lui fourniffent les fecours néces-
faires à fon avidité.

Telle eft l'origine de cet art deftructeur
pour les Peuples, connu fous le nom de *finance*.
Le Souverain abandonne fes Sujets à la rapacité
toujours ingénieufe de quelques Tyrans fubalternes qui, foutenus de fon pouvoir, mettent
impunément la Nation au pillage, &, fous prétexte de lever les fubfides néceffaires au foutien
de l'Etat, l'énervent, le détruifent, découragent le commerce & les manufactures, font a-
bandonner les champs aux cultivateurs, & inven-
tent chaque jour de nouveaux moyens d'opprimer
fourdement & de dépouiller le Peuple. Eft-il
donc furprenant de voir que, dans les Etats qui
ont adopté ces principes, la finance foit devenue
une fcience myftérieufe, impénétrable, dans les
détours de laquelle la fagacité la plus éclairée
peut à peine porter fes regards ? L'avidité du
Souverain ou de fes Miniftres féduits par les
reffources promptes dont les refforts leur font
cachés, facrifie tout au moment, & confie un
pouvoir funefte à des brigands qui portent le fer
& le feu dans l'Etat.

Ainsi, de l'aveu du Souverain, fa Nation eft
mife à contribution ; il fouffre qu'une troupe a-
famée de Citoyens pervers s'engraiffent de la fubftance de tous les autres ; dans fon aveuglement,
il ne voit pas que les impôts fur les Sujets font
quelquefois doublés ; que les fommes qui fervent
à enrichir les exacteurs de fon Peuple, font per-

dues pour lui-même, & qu'une armée de publicains subalternes est sans cesse soudoyée, en pure perte, pour faire la guerre à sa Nation ; tandis qu'une administration plus sensée, en la débarrassant de ces Tyrans, procureroit au Souverain lui-même, des richesses bien plus grandes. Mais un Despote, toujours dépourvu de raison & de prudence, content des secours momentanés que l'on fournit à ses fantaisies, permet qu'on porte à l'Etat, les atteintes les plus mortelles, & souffre qu'on prive de la vie, ses racines les plus fortes ; à la fin il est tout surpris, lorsque l'arbre sans sève ne lui présente plus aucuns fruits. Dans un pays soumis au pouvoir arbitraire, le Souverain sacrifie presque toujours son bien-être durable à ses caprices du moment.

PAR cette conduite aussi injuste qu'insensée, les richesses de l'Etat se concentrent dans les mains d'un petit nombre de mauvais Citoyens qui, engraissés du sang de la Nation, font bientôt la Loi au Souverain lui-même ; bravent les tribunaux qui devroient les réprimer ; exercent sur les Sujets une jurisprudence obscure, captieuse, arbitraire, & du sein de l'opulence, insultent à la misère publique qui fait leur prospérité. Loin d'encourir le mépris & la haine dont ils devroient être accablés, ces brigands enrichis excitent la jalousie de la Noblesse & l'envie de leurs Concitoyens. Alors chacun ne desire que des richesses ; l'opulence devient l'unique mobile ; la soif de l'or, une avidité insatiable s'emparent de tous les cœurs. Tout le monde souffre, parce que personne n'est content d'un sort qu'il compare avec douleur à celui des Citoyens plus opulents que lui. La richesse, n'étant plus le fruit du travail, de l'induftrie, du commerce, mais de la faveur, du hazard, de l'adreffe, de la fraude, fait que tous les Sujets font découragés.

En un mot, la finance anéantit la population, l'agriculture, le négoce, les objets les plus importants dans l'Etat; un Souverain trop preffé de jouir, les facrifie à tout moment. Les impôts font taris, le crédit eft difparu, les fortunes font renverfées, les campagnes font defertes; le marchand n'ofe rien entreprendre; le manufacturier demeure les bras croifés; l'induftrie eft réduite à s'expatrier; les émigrations deviennent fréquentes; enfin l'Etat s'achemine chaque jour vers fa diffolution.

§. XL. *La Politique doit veiller à tout.*

Le vrai but de la Politique doit être d'établir l'équilibre entre les objets divers des befoins de l'Etat; c'eft uniquement de cette balance, que réfulte le bien-être d'une Nation, fa force & fa fûreté. Ces différentes parties de l'arbre doivent être nourries dans une jufte proportion; fans celà une branche trop forte attireroit à elle la fève faite pour être également répartie. L'agriculture ne doit point occuper tous les bras; le commerce & les manufactures doivent être proportionnées aux productions du fol, & débarraffer le laboureur des fruits que fon labeur a fu tirer de fon champ. Une population trop grande deviendroit onéreufe pour la Nation, fi elle étoit difproportionnée à l'étendue de fon fol & à fes productions. Il ne fuffit point d'avoir des bras, il faut favoir les employer: en Politique, comme en Morale, l'oifiveté eft la mere du vice. Si toutes les vues d'une Société se tournoient du côté du commerce, des richesses accumulées jetteroient un grand nombre de Citoyens dans la paresse & produiroient le découragement dans les autres; elles finiroient par amener le luxe, l'avidité, la mollesse & le vice qui furent & seront toujours les avant-coureurs de la ruine des Nations.

Tous les Citoyens d'un Etat doivent être occupés, mais non des mêmes objets; si le plus grand nombre s'y portoit, la Politique devroit en détourner. L'agriculture doit nourrir tous les Sujets; le Commerçant doit leur fournir les productions nécessaires que la Nature leur refuse; le Manufacturier doit les vêtir; le Guerrier doit les défendre.

Si la Politique est obligée de maintenir un équilibre entre les différens objets dont elle s'occupe, elle doit aussi le maintenir entre les hommes & entre les ordres divers dans lesquels les Citoyens d'un Etat sont partagés. Nul homme, quelque grand qu'il puisse être ne doit avoir le privilege d'opprimer ses inférieurs, qui, de même que lui, doivent être sous la sauvegarde de la Loi; nul Citoyen, dans quelque rang que le sort l'ait placé, n'a le droit de mépriser le Citoyen utile à sa Patrie. Le Souverain doit estimer, protéger, récompenser tout Sujet en raison de ses services & de son utilité. Une Politique éclairée fait ensorte que tout Citoyen raisonnable soit content du rang où sa naissance l'a placé. Il existe un bonheur pour toutes les classes; lorsque l'Etat est bien constitué, il s'établit une chaîne de félicité qui s'étend du Monarque au Laboureur. L'homme content songe rarement à sortir de sa ſphere; il aime la profeſſion de ſes peres à laquelle l'éducation l'a dès l'enfance habitué. Le Peuple eſt ſatisfait, dès qu'il ne ſouffre point; borné à des beſoins ſimples & naturels, ſes vues ne vont gueres au - delà. L'homme plus inſtruit ou d'un rang plus élevé a lieu d'être content, lorſqu'il parvient aux choſes auxquelles ſa carriere le mene. Il y a quelque vice dans l'adminiſtration, dès que tous les Sujets ſe déplaiſent dans leur é-tat. Malgré l'inconſtance des hommes, une force d'inertie les attache à leur ſort; ils ne s'efforcent d'en ſortir, que lorſque le malaiſe les y oblige.

L a vraie Politique ſait allier la liberté, la population, l'abondance, l'agrément & la ſûreté; mais aucun de ces objets ne ſeront remplis, ſi elle ne veille ſur la conduite de ſes Sujets, & ſi elle n'entretient en eux l'eſprit qui doit les animer. C'eſt la vertu, c'eſt l'amour du bien public qui doivent être les fondements de toute Société bien conſtituée: dès que ſes membres s'oppriment, ſe mépriſent, ſe ſéparent d'intérêts, dès que leurs paſſions ne ſont plus contenues, dès qu'ils ceſſent de reſpecter les Loix, il n'y a plus d'aſſociation; les mouvements de la machine ſe contrarient, s'embaraſſent; ſa marche eſt arrêtée.

### §. XLI. *De la Police.*

L'o n appelle *Police* la branche de la Politique qui a pour objet le maintien des Loix faites pour la ſûreté intérieure des Etats. C'eſt elle qui oblige les Citoyens à vivre entre eux ſuivant le vœu de la Société, & d'après les regles que leur preſcrit leur Nature: c'eſt elle qui doit ſuppléer à

leur négligence, veiller à leur tranquillité, à
leur commodité & fans cefle écarter les traverfes
que les paffions peuvent leur fufciter. Subor-
donnée aux Loix, cette Police ne doit point être
arbitraire; elle n'eft pas faite pour gêner la jufte
liberté des Citoyens, fans laquelle la Vie Sociale
lui deviendroit défagréable: elle doit réprimer
la licence des individus, afin que l'ordre public
n'en foit point troublé.

Pour avoir follement confondu les droits de
la licence avec ceux de la liberté, on voit quelques Nations, ennemies de l'efclavage, prefque
totalement dépourvues de Police. Eft-ce donc
jouir d'une vraie liberté, que d'être perpétuellement expofé aux infultes, aux boutades, aux
excès d'une populace effrénée qui croit par fes
défordres exercer fa liberté? quelle étrange constitution que celle où ceux qui font les Loix,
toujours jaloux & foupçonneux, n'ont pu jamais
convenir des moyens de mettre les Citoyens en
fûreté contre leurs folies réciproques ou contre
les entreprifes des méchants. Une fage Police
eft le foutien de la liberté, elle n'eft à craindre
que pour la licence. Ainfi que les Loix, elle
doit fe régler fur les circonftances dans lefquelles fe trouve la Société; elle doit redoubler de
vigilance & de févérité à mèfure que les vices,
les crimes & les befoins fe multiplient, parce
qu'alors la fûreté des Citoyens diminue. Plus les
hommes font déréglés, plus la force publique
doit les contenir par la terreur.

Sous le Defpotifme, la Police n'eft que l'inftrument abject des paffions, des vengeances, des
inquiétudes du Defpote, des Miniftres & des

Grands: des Chefs qui ont la confcience de leur injuftice ou de leur propre ineptie, s'en fervent pour opprimer ceux qui leur donnent de l'ombrage ; en leur faveur elle dégénere en tyrannie. Elle encourage la délation, elle gêne les Citoyens, elle porte fes regards inquiétants jufque dans le fanctuaire des familles. Elle ne réprime que les fautes arbitraires qui offenfent la Puiffance ; & fouvent elle devient redoutable pour le mérite & les talents : elle tient une balance inégale entre les Sujets ; le crédit regle fes jugemens & s'en fert pour fauver le criminel, pour opprimer l'homme de bien & l'innocent, qui fouvent lui déplaifent, & pour favorifer ceux qui trouvent grace à fes yeux.

UNE Police arbitraire, ou non réglée par les loix, devient un fléau terrible pour les Peuples, & leur eft plus incommode que la licence meme. Loin de rectifier les mœurs, elle les corrompt par les Délateurs, les Sycophantes, les Oppreffeurs fubalternes dont elle remplit la Société, & auxquels elle permet de vexer les Citoyens : obligée de n'employer dans fes recherches odieufes, que des ames viles & mercénaires, elle devient l'effroi des honnêtes gens.

## §. XLII. *Des Châtimens.*

LA Police, pour être utile, doit n'être foumife qu'à la loi, n'être guidée que par elle, veiller à fon exécution, à la confervatiou des mœurs, à la fûreté des Sujets : fans elle, la Société tomberoit dans l'anarchie. Que feroit-ce qu'un amas d'hommes licentieux, divifés, corrompus qui fe feroient éprouver tour-à-tour les effets de leurs

paffions

paſſions déréglées? Quelle ſûreté, quels avantages trouveroit-on dans une Société dont tous les
membres négligents ou pervers, uniquement occupés d'eux-mêmes acheteroient leurs plaiſirs
momentanés par le malheur des autres? Il faut
une force pour contenir les méchants; cette force
doit redoubler à meſure que la Société devient
plus nombreuſe. Il faut effrayer par des châtiments, ceux ſur qui la raiſon a perdu ſon empire.
Mais la juſtice exige que ces châtiments ſe pro-
portionnent aux maux réels que les délits font
éprouver à la Société. La Politique eſt injuſte
& déraiſonnable, lorſque dans ſes punitions elle
néglige de ſuivre la proportion indiquée par les
inconvénients qui réſultent des fautes. Sous un
Gouvernement arbitraire le caprice ou l'intérêt
du maître & des hommes puiſſants fixent la grandeur, & du crime, & de ſes châtiments. Sous
un Tibere, les diſcours les plus innocents, les
inadvertences ſe changent en crimes de leze-ma-
jeſté, & la flatterie les punit avec la derniere
barbarie. Sous un mauvais Gouvernement, les
priſons ſont toujours remplies, & les bourreaux
continuellement employés à tourmenter ou détruire, ſoit des innocents, ſoit des coupables
qu'une adminiſtration injuſte fait pulluler. Les
oppreſſions, les vices, la négligence du Deſpotiſme multiplient dans la Société les miſérables,
les fainéants qui bientôt deviennent vicieux &
criminels. Vainement un Gouvernement inique
prétendroit-il déraciner les crimes qu'il fait perpétuellement éclore : il n'y a qu'une Politique
vertueuſe & vigilante qui puiſſe former des Sujets
vertueux. Ni les tortures, ni les ſupplices cruels

ne réformeront les méchants, les bonnes loix
& l'inftruction font les bons Citoyens.

Il eft très peu de crimes qui méritent la mort
aux yeux de l'équité. La crainte de la mort feroit une impreffion plus grande, fi la peine de
mort étoit moins prodiguée. La Société ne feroit-elle pas mieux dédommagée par le travail des
coupables, que par le fupplice qui les anéantit?
Un travail rigoureux puniroit plus utilement que
la mort même, un criminel que fa pareffe a communément engagé dans le crime; par fa mort, il
eft perdu pour la Société. Cependant il eft des
crimes fi noirs, dont l'exemple eft fi funefte,
que leur punition doit infpirer de la terreur. Ce
n'eft point alors le coupable qui profite de la punition; elle a pour objet d'effrayer les êtres déraifonnables qui pourroient l'imiter.

Plus un Gouvernement eft defpotique, plus
fes fupplices font atroces; fous une adminiftration
violente, les Loix pénales font violentes; elles
ne connoiffent d'autre mefure, que la colère de
ceux qui gouvernent: incapables de corriger les
hommes, ils trouvent bien plus court de les exterminer. Un Gouvernement humain & jufte
doit montrer de la pitié & de l'équité, même aux
coupables qu'il punit; il abolira ces tortures cruelles qui rarement arrachent l'aveu du crime, &
qui fouvent font fuccomber l'innocence fous la
force de la douleur. Eft-il rien de plus affreux,
que des ufages barbares qui veulent qu'un juge
s'arme d'un cœur d'airain, & contemple d'un
œil fec les convulfions d'un malheureux dont il
ordonne les tourments? Des loix d'Anthropopha-

ges font-elles faites pour fervir de regles aux tribunaux de Nations qui fe donnent pour policées? N'eft-ce pas affez d'ôter la vie, fans accompagner la mort de douleurs qui révoltent l'humanité?

## §. XLIII. *Des Récompenfes.*

Si la Politique fe fert des châtiments pour détourner du crime, les Récompenfes dans fes mains font des motifs puiffants pour encourager à la vertu. Il y aura des hommes vertueux, partout où le Gouvernement les portera à la vertu; on verra naître des talents, par-tout où les talents feront fûrs d'être honorés & récompenfés. C'eft un délire dans le Gouvernement, que de fruftrer fes Sujets des chofes qu'ils fe font efforcés de mériter. Perfonne ne s'occupera du bien de l'Etat, fi l'Etat dédaigne fes efforts & néglige de reconnoître fes foins. Récompenfer à propos, c'eft verfer de l'huile fur la flamme; récompenfer fans raifon, c'eft y verfer de l'eau; ne point récompenfer, c'eft fouffrir que le feu s'éteigne de lui-même. Par un aveuglement funefte, les Souverains montrent communément une injufte préférence pour des hommes dont tout le mérite eft d'approcher leur perfonne; fans travaux, fans dangers & fouvent fans courage, ils recueillent les moiffons que d'autres ont femées; ils parviennent en naiffant, aux grades qui ne devroient être le prix que de l'expérience, de la valeur, des fatigues. Un grand nom, foutenu par la faveur & l'intrigue, tient lieu de tout mérite; peu-à-peu les armées fe rempliffent de chefs efféminés, imprudents & frivoles, dont l'ignorance expofe l'Etat à fa ruine.

Le Gouvernement, comme on l'a vu, eft intéreffé à commander à des Sujets vertueux ; l'Etat ne fera jamais mieux fervi, que par des Citoyens fenfibles à l'eftime générale. Prefque toutes les légiflations ont négligé d'encourager les Citoyens à remplir leurs devoirs. Quel bien ne réfulteroit-il pas pour une Nation, fi fes Chefs favoient exciter entre les Citoyens, l'émulation de la vertu ? Si les traits les plus touchants de bienfaifance, d'humanité, de générofité, de défintéreffement, de probité, de reconnoiffance conduifoient aux honneurs & à l'eftime de tout un Peuple, ils deviendroient bien plus fréquents ; fi les vices contraires étoient infailliblement fuivis du mépris, de la honte, de l'infamie, ils feroient bien moins communs. Quel homme auroit l'audace de fe livrer à des vices honteux, à l'injuftice, s'il étoit fûr de fe rendre par-là l'objet de l'averfion marquée de fon Souverain & de fes Concitoyens ? La fraude, la perfidie, l'ingratitude, la licence dans les mœurs, feroient très-rares, fi elles donnoient l'exclufion pour obtenir des honneurs & des places. Que l'éducation rende les hommes fenfibles à la honte ; qu'ils craignent le mépris de leurs affociés ; que le Gouvernement ne diftingue que des Citoyens honnêtes ; que l'homme pervers foit banni des fociétés particulieres & bientôt l'on verra des mœurs eftimables. Une Nation eft perdue, lorfque les traits du vice ne choquent plus fes yeux.

§. **XLIV.** *La Politique doit s'occuper des mœurs.*

GARDONS-NOUS donc d'écouter ces politiques extravagants qui prétendent que les Maîtres de la terre ont intérêt à rendre leurs Sujets dépravés; ne proſtituons point le nom de Politique, à l'art criminel de régner par le déſordre; il n'y a que des Souverains pervers qui ſe trouvent intéreſſés à n'avoir que des Sujets corrompus & diviſés; il n'y a, que des Tyrans qui puiſſent trouver de l'avantage à rompre les liens qui uniſſent les Citoyens. Il n'y a que des Princes méchants ou incapables, qui puiſſent craindre la concorde ou la vertu de leurs Sujets.

LES ſecours mutuels, l'utilité, en un mot la vertu, réuniſſent les membres d'une Société & les font travailler de concert à leur bonheur réciproque. Cette réunion des volontés procure ſeule à une Nation, de la force, de la puiſſance, de l'énergie. C'eſt donc une politique fauſſe & meurtriere, que celle de ces Princes qui ſéparent leurs intérêts de ceux de leur Peuple, qui ſourdement & par adreſſe cherchent à éluder les Loix, afin de régner tout ſeuls. N'appellons point Politique, les ſyſtêmes iniques de ces Monarques dangereux, dont la ſombre ambition eſt parvenue à ſemer la diſcorde entre les corps de leurs Etats. Déteſtons comme des brigands, ces uſurpateurs adroits de la liberté publique, dont le lâche cœur s'accommode bien plus de la fraude que de la force, pour mettre les Peuples dans les fers.

Princes injuftes, que la foif du pouvoir
abfolu tourmente, corrompez les mœurs des hommes que vous voulez fubjuguer; aveuglez-les;
trompez-les pour les égarer; divifez-les; ne ré-
compenfez que les vices qui vous feront utiles;
rendez la vertu abjecte & méprifable, bientôt ils
recevront vos chaînes, & vous régnerez fur des
efclaves que leurs paffions vous auront foumis.
Mais que réfultera-t-il de votre affreufe politique? Vous commanderez à des hommes foibles,
défunis, & dont vous-mêmes aurez nourri la
méchanceté. Vous anéantirez, il eft vrai, leur
liberté; mais vous trouverez, tôt ou tard, que
fans elle les branches de l'adminiftration languis-
fent, & que vainement avez-vous prétendu régner en fûreté à la tête d'une fociété que vous
aurez corrompue.

## §. XLV. *Du pouvoir de l'exemple.*

Rien n'a fur les mœurs des hommes une influence plus directe, que le Gouvernement. C'eft
du Souverain qu'il dépend communément de rendre fes Sujets vertueux ou vicieux. Les Peuples
reçoivent le ton de ceux qui leur commandent.
Une Nation eft une famille qui prend les impres-
fions de fon chef. Le Sujet honore toujours ce
qu'il voit honorer par fes Maîtres: l'exemple lui
en impofe, il foufcrit aux opinions des hommes
qu'il croit plus grands & qu'il juge plus éclairés
que lui. Cette difpofition, avantageufe fous des
Souverains vertueux, devient fous des Tyrans,
une fource de malheurs. Si les Princes & les
Grands refpectoient la vertu, confidéroient les

talents, honoroient le mérite, ces objets, même sans récompenses, deviendroient respectables pour les Peuples. Quand le Monarque au contraire néglige, opprime ou punit ce qu'il devroit estimer, les jugements du vulgaire se corrompent, il adopte les erreurs de ceux qui le gouvernent. C'est dans ce sens que l'on peut dire en quelque façon que les Maîtres de la terre créent le juste & l'injuste dans leurs Etats. Celui qui fait la Loi ne parvient que trop souvent à faire taire la Nature elle-même. Les préjugés d'un Monarque deviennent souvent la regle des jugements d'une Nation ; c'est alors que, même à ses yeux, l'injustice paroîtra légitime ; on applaudira le vice heureux ; la faveur tiendra lieu de mérite & décidera des récompenses. Que dis-je ? le vice s'ennoblit sous des Princes sans mœurs, dont les goûts sont toujours applaudis & imités par des cours flateuses & viles, qui donnent trop souvent le ton à toute la Nation. C'est ainsi que la débauche, la mauvaise foi, la rapine deviennent quelquefois du *bon ton*, où cessent du moins de révolter le Peuple qui les voit. Il s'imagine que la licence est le signe de la grandeur, & que des mœurs honnêtes annoncent de la foiblesse. Le vulgaire se conforme bientôt aux mœurs des riches & des grands qu'il admire, & de la protection desquels il a besoin. C'est ainsi que la corruption infecte peu-à-peu tous les ordres d'un Etat mal gouverné ; peu-à-peu la vertu y est proscrite ; & les exemples d'une cour effrénée sont suivis ou applaudis par une foule aveugle qui n'en voit pas les conséquences terribles. Le Souverain, soit en bien, soit en mal, est communément à portée de tourner, comme il veut, les volontés des hommes: plus il eſt abſolu, plus les changements lui ſeront faciles. C'eſt là le mobile le plus puiſſant que la Politique puiſſe employer: malheureuſement les Princes n'en font le plus ſouvent qu'un uſage pernicieux.

§. XLVI. *Influence de la Religion ſur la Po-litique.*

La Religion fut de tout tems regardée comme un des plus puiſſants reſſorts de la Politique, comme la barriere la plus forte que l'on pût oppoſer aux paſſions des hommes & aux excès des Rois. Mais l'expérience nous montre que des idées ſurnaturelles, des récompenſes & des craintes éloignées, font de bien foibles armes contre les vices des Princes & des Peuples que ſouvent leur exemple invite au mal. Les Souverains les plus injuſtes furent ſouvent très zêlés pour la Religion. Des Peuples très dévots furent très vicieux & très méchants. Des Tyrans avérés ſe font fréquemment ligués avec les miniſtres des autels pour attaquer la liberté de leurs Sujets. Presqu'en tout tems le ciel ſervit de prétexte pour porter le trouble, la diſcorde & le crime ſur la terre. A l'inſtigation des Prêtres du très haut, tantôt les Princes devinrent des perſécuteurs & des boureaux pour une partie des Citoyens; tantôt ces mêmes Prêtres exciterent les Citoyens à la révolte & au régicide. Lorſque les Tyrans furent dévoués aux paſſions du Clergé, les Peuples furent écraſés ſous le poid des deux Puiſſances réunies. Quand les Princes furent moins dociles aux volontés de leurs Prêtres, ils furent fouvent détrônés ou affaffinés. Cependant les Tyrans jugerent communément que leur intérêt exigeoit qu'ils fiffent caufe commune avec le Sacerdoce, qui, pour fon intérêt particulier, arma leurs bras vengeurs contre ceux qui refufoient de plier fous fon autorité. Cette politique infenfée produifit mille fois les plus affreux ravages dans la Societé: des Sujets utiles furent immolés à la vengeance facerdotale, à la paffion de dominer, à la fuperftition des Rois. C'eft à ce zêle aveugle que plufieurs Nations font redevables de leur dépopulation, de leur décadence, de l'aggrandiffement de leurs ennemis.

La faine Politique ne fe croit point en droit de fouiller dans la confcience de fes Sujets; elle leur permet de penfer comme ils veulent, pourvu qu'ils fe conduifent en Citoyens. Elle empêche les interpretes des Dieux de prendre fur les Peuples, un afcendant qui fouvent traverferoit fes vues les plus honnêtes. L'ambition, la foibleffe ou la lâcheté des Souverains finiffent par les asfervir eux-mêmes, ainfi que leurs Sujets, à des hommes révérés, trop fouvent tentés d'oublier qu'ils font des membres de l'Etat. De bonnes loix, une éducation fondée fur la raifon, les lumieres d'une morale fociable, des récompenfes, des châtimens équitables, voilà les vrais moyens de faire de bons Citoyens.

On demandera peut-être à quels fignes l'on peut reconnoître fi une fuperftition eft nuifible à la Société & doit être contenue. Je réponds qu'elle ne peut être que funefte, lorfqu'elle mettra des obftacles à la population, lorfque fon cul-

te fufpendra trop fréquemment les travaux de la
Société, lorfqu'elle fera un mérite de l'inutilité;
lorfqu'elle excitera des animofités & des querelles;
lorfqu'elle donnera au nom de Dieu, le fignal
de la révolte ; lorfqu'elle dépouillera l'homme
laborieux pour enrichir le fainéant dangereux;
lorfque fes Miniftres voudront fe fouftraire aux
Loix & refuferont d'obéir à l'autorité des hommes fous prétexte d'obéir à l'autorité divine.
C'eft alors que la Politique, au lieu de la foute-
tenir, doit affoiblir la fuperftition & diminuer fon
influence fur les efprits. Quelques foient les opinions des Souverains, fi la raifon les éclaire & fi
l'humanité les touche, ils fentiront que la volonté divine ne peut jamais ordonner ce qui eft évidemment contraire au bien de la Société. Si ces
Princes font vraiment religieux, c'eft à dire,
foumis à un Dieu fouverainement équitable &
bon, à un Dieu qui s'intéreffe au bonheur des
mortels, on ne leur perfuadera jamais que ce
Dieu puiffe approuver des tyrannies, des violences, des perfécutions, des rigueurs, des cruautés
& des crimes, qui devroient bien plutôt allumer
fa colere que les opinions flottantes des habitants de ce monde. Tout Souverain conféquent
regardera les maximes intolérantes & fanguinai-
res des prêtres & leurs confeils pernicieux, comme des blafphêmes contre la Divinité, comme des
ouvrages de l'impofture, comme des confpira-
tions contre la Société; s'il ne les punit pas fé-
vérement, il les méprifera, & il contiendra des
hommes qui fe font un jeu de troubler la concorde & l'harmonie defquelles dépend le bonheur
des hommes en Société.

## §. XLVII. *Remedes du Fanatifme.*

QUOIQUE la vraie Politique n'ait point à fe louer des avantages que lui ont jufqu'ici procurés les opinions religieufes, elle doit les tolérer & les empêcher de nuire. Combattre de front les erreurs dont les Peuples font imbus, feroit un projet auffi infenfé que téméraire. Un Souverain éclairé ne peut fe propofer de guérir tout d'un coup fes Sujets de leurs folies. Les hommes chériffent leurs préjugés, fur-tout lorfqu'ils y croient leur bonheur attaché. Ce feroit une entreprife vaine, que de vouloir de vive force déraciner la fuperftition; c'eft une maladie dont l'homme ignorant & craintif apporte les germes en naiffant. En vain la Politique voudroit-elle l'anéantir tout d'un coup.

C'EST à force de bienfaits fenfibles, de vertus réelles, d'inftructions raifonnables, que l'on peut détacher les Peuples de leurs préjugés dangereux; c'eft par des foins paternels que le Souverain peut s'attirer la confiance que fes Sujets en enfance accordent à des guides qui les égarent & qui les empêchent de s'éclairer. Un bon Prince, dont la conduite prouvera qu'il ne veut que le bien de fon Peuple, fera bientôt plus écouté que les Prêtres. Les récompenfes préfentes & fenfibles d'un Souverain de ce monde, feront toujours plus efficaces, que celles de l'autre monde: les châtiments inévitables des loix en impoferont bien plus que les fupplices de l'autre vie, que des pratiques dévotes peuvent faire éviter.

D'UN autre côté la fuperftition, & fon fanatifme ne font vraiment à craindre que lorfque l'Autorité en est elle-même enivrée. Ce font les perfécuteurs fanatiques qui font des fectaires opiniâtres & rebelles. Un Gouvernement fenfé permet à tous fes Sujets de penfer ou d'errer à leur maniere. Si des entoufiaftes divifés fe décrient réciproquement, jamais le Souverain ne prendra part à leurs querelles frivoles, qui ne deviennent importantes & dangereufes, que lorfqu'il veut s'en mêler. Enfin la faine Politique permettra que la raifon les combatte avec les armes du bon fens: elle affoiblira par là le délire de fes Sujets.

### §. XLVIII. *De la Tolérance Civile.*

La Tolérance civile eft l'effet d'une fage Politique: occupée à veiller fur la conduite des Citoyens, elle ne s'arroge pas le droit de régler leurs penfées. Ramener tous les hommes aux mêmes idées religieufes, eft un projet auffi extravagant que tyrannique. Que des Théologiens oififs s'occupent de leurs hypothefes merveilleufes; que des Docteurs difputent en liberté fur des queftions fubtiles qu'ils n'entendent point eux-mêmes; ces querelles puériles & profondes ne font pas faites pour intéreffer le repos des Nations, ni pour détourner les regards d'un Gouvernement des objets importans dont il doit s'occuper. Tout Souverain qui veut fe mêler de difputes théologiques, fe dégrade & fe rend méprifable; dès qu'il perfécute, il fe rend le complice & l'efclave de quelques Entoufiaftes ridicules, ou de quelques frippons ambitieux. Quel rôle indigne pour un Roi, que de fe faire le champion, le chevalier errant de quelques infenfés, ou l'inftrument des ven-

geances de quelques charlatans! Ce fut bien plus
pour agir que pour penſer, que l'homme ſocial
fut deſtiné: dès qu'il ſe rend utile à ſa Patrie, il
doit lui étre cher; la Politique doit préférer tout
Citoyen qui la ſert, à celui qui eſt inutilement
orthodoxe.

RIEN n'égale donc l'aveuglement & la folie
de ces prétendus Politiques qui, dupes eux-mêmes
de la ſuperſtition, permettent au Sacerdoce de
tyranniſer chez eux: la juriſdiction qu'il exerce
au nom du ciel, fut toujours nuiſible à la terre;
fondée ſur un intérêt ſordide, elle fut atroce.
Le ſort des Citoyens eſt-il fait pour dépendre de
quelques rêveurs fanatiques ou fourbes toujours
également ſourds au cri de l'humanité? Juge dans
ſa propre cauſe, ombrageux, inquiet, le Prêtre
eſt toujours cruel. Si l'affreuſe *Inquiſition* a maintenu dans quelques pays l'uniformité de la doctri-
ne, elle en fit diſparoître la ſaine morale, la ſcience, la vertu. Par-tout où cet odieux tribunal
ſubſiſte, les hommes n'ont que des mœurs utiles
aux Prêtres, & nuiſibles à la Société. Les Portu-
gais & les Eſpagnols ont été les Peuples de l'Europe les plus méchants, les plus cruels & les plus
ſoumis au clergé. Leur morale ſe borne à des
pratiques qu'ils croient ſuffire pour expier les crimes les plus grands. Leur obéiſſance pour le
Monarque eſt toujours prête à diſparoître, dès
que le Prêtre l'ordonnera. Dans une Nation
ignorante & crédule, il n'eſt aucun pouvoir qui
puiſſe balancer celui des organes du ciel: chez
un Peuple ſuperſtitieux, le Sacerdoce eſt le vrai
maître de l'Etat; il diſpoſe à ſon gré du Souverain & des Sujets.

Les effets de la Religion ne fe bornent pas toujours à l'intérieur des fociétés; la diverfité des opinions religieufes fait naître quelquefois entre des Peuples indépendants les uns des autres, un mépris, une haine & des inimitiés très durables; tandis que la conformité d'opinions devient fouvent l'unique lien qui en réunit d'autres. La Politique eft alors ridiculement fubordonnée à la Théologie, dont les vues ne peuvent avoir rien de commun avec les fiennes. Les Princes trop dévoués au Sacerdoce ne travaillent jamais que pour lui; en croyant fervir Dieu, ils ne fervent réellement que les paffions de fes Miniftres.

## §. XLIX. *Réfumé.*

Résumons en deux mots les principes établis dans ce difcours. L'efprit d'une Nation en fait toujours la force; il n'eft que la volonté où font tous les Citoyens de mettre leurs facultés en commun. Plus l'Etat raffemblera d'hommes animés de cet efprit, plus il fera puiffant. Mais pour les faire entrer dans ces difpofitions favorables, il faut que l'éducation les prépare & que le Gouvernement les rende heureux. Point de population fans bonheur: point de bonheur fans liberté; point de liberté fans Loix. Les Loix ne feront point obfervées fans mœurs & fans vertus: fans juftice, il n'eft plus de propriété; fans police, il n'eft plus de fûreté; fans chatiments, le crime n'eft plus effrayé; fans récompenfes, le mérite n'eft plus encouragé.

La fûreté extérieure d'un Etat fe fonde fur la force des armes; la fûreté intérieure fur la force

des Loix. Toutes les branches de l'adminiſtration doivent ſe prêter les mains: la population
amene l'agriculture; l'agriculture amene le commerce, les manufactures & l'induſtrie; toutes
ces cauſes procurent des richeſſes; ſagement réparties, ces richeſſes font un bien; mais leur abus
devient le plus dangereux des maux. La Politique eſt inſenſée, lorſqu'elle permet que ces cb-
jets ſe croiſent & ſe contrarient; ou lorſque,
ſubordonnée à la ſuperſtition, elle ſouffre qu'elle
anéantiſſe ſes vues les plus ſalutaires.

DISCOURS

# DE LA
# POLITIQUE
## EXTÉRIEURE.

*DE LA GUERRE, DE LA PAIX,*
*DES TRAITÉS, &c.*

§. I. *La morale & les devoirs font les mêmes pour*
*les Nations que pour les Individus.*

APRÈS avoir parcouru les principaux objets
qu'une Politique éclairée doit envifager relativement à l'intérieur d'un Etat, & la conduite qu'-
elle doit tenir à l'égard de fes Sujets, examinons
maintenant celle qu'elle doit fuivre rélativement
aux autres Etats avec lefquels elle peut avoir des
liaifons ou des rapports. Tout devroit nous convaincre que les fociétés dans lefquelles le genre
humain eft partagé, peuvent être regardées comme autant de grands individus dont l'affemblage
forme la grande Société du monde. Les mêmes
devoirs que la Nature d'un être fociable & raifonnable impofe à chaque homme, elle les impofe à chaque Peuple. Elle a mis entre les Nations
la même inégalité qu'entre les membres d'une as-

*Tome II.* N

fociation particuliere. Les Peuples ont les mémes rapports, les mêmes befoins les uns des autres, & par-conféquent doivent être foumis aux
mêmes regles. Enfin dans la vafte Société du
genre humain, il eft des liens qui uniffent auffi
étroitement un Peuple à un autre Peuple, que le
Citoyen dans une fociété particuliere eft uni à fes
Concitoyens. Si l'homme doit quelque chofe à
l'homme, une Nation eft foumife à des devoirs
envers les autres Nations; fi la Nature prefcrit les
devoirs de l'un, elle prefcrit auffi ceux de l'autre;
l'expérience & la raifon font connoître les regles
qui réfultent de ces devoirs, & leur affemblage
forme un code univerfel, fait pour commander
également à toutes les Nations du monde, mais
malheureufement méconnu, méprifé ou arbitrairement interprêté par la plupart des Princes qui
décident de la conduite des Peuples.

AINSI, n'écoutons plus les maximes corrompues de cette Politique inhumaine qui perfuade
aux Nations & à leurs Chefs qu'il n'eft point de
loi pour les Souverains, que nuls devoirs ne les
lient, que l'intérêt eft l'unique regle de leur conduite, & que la force doit être la feule mefure de
leurs droits. Ces idées que la Nature & la Raifon défavouent, fondées fur des paffions, fur des
avantages paffagers, fur des vues rétrécies, ne
font faites que pour en impofer à des fpéculateurs
qui confondent fans ceffe le fait avec le droit, ce
qui eft avec ce qui devroit être, la force avec l'é-
quité. Ces opinions ne conviennent qu'à des
Souverains qu'une ambition démefurée ou que la
perverfité du cœur aveuglent au point de méconnoître les devoirs qui les lient même envers
les fociétés dont ils ne font pas les Chefs. Si

l'homme injufte brife les nœuds qui l'uniffent à la Société dans laquelle il vit, le Politique injufte rompt ceux qui l'attachent à la Société univerfelle.

Si l'on doutoit de cette vérité, que l'on confidere les fentimens que font naître dans les Nations voifines ces Souverains perfides, ces guerriers turbulents, ces conquérants ambitieux que le fort ne place que trop fouvent à la tête des Empires. N'excitent-ils pas dans les Etats qui les entourent, les mêmes jaloufies, les mêmes défiances, la même horreur qu'infpirent les criminels dans la fociété particuliere? Les Peuples ne font-ils point des efforts pour contenir un pouvoir qui leur fait ombrage, pour réprimer des excès qui les inquietent, pour détruire les objets de leurs juftes allarmes? Le fang des Nations gouvernées par des politiques injuftes, n'expie-t-il pas fans ceffe les forfaits de leurs Souverains corrompus?

## §. II. *Source de la corruption politique.*

Par une pente fatale & naturelle, les Peuples & ceux qui les commandent font fujets à des paffions, à des frénéfies plus ou moins durables qui les rendent fourds à la voix du devoir, aux loix éternelles de leur Nature, ferment leurs yeux fur les befoins, les intérêts & les droits qui leur font communs avec les autres Peuples: l'homme ignorant ou fans expérience n'envifage que l'intérêt du moment; incapable de porter fes vues fur l'avenir, il trouve plus court de céder à la paffion qui le preffe; il faut pour le contenir, ou une force qui lui en impofe, ou une raifon exercée qui lui montre les dangers auxquels fes paffions l'expofent. La raifon des Peuples & des Princes qui les gouvernent, n'eft fouvent rien moins que développée; quand ils ne voient aucune force qui puiffe les arrêter, ils fe livrent imprudemment aux faillies de leurs défirs, excités par des avantages fuppofés, par l'ambition & fouvent par une fotte vanité qui fuffit quelquefois pour mettre l'univers en combuftion. Alors ils n'entendent plus l'équité qui leur crie que, jouiffant eux-mêmes, ils doivent laiffer jouir les autres; qu'ayant eux-mêmes des befoins, ils doivent fe prêter à ceux des autres: ils ceffent de voir les avantages qui rendent, un Etat néceffaire à un autre: ils renoncent à la juftice qui fervant de rempart mutuel entre les hommes, doit affûrer & diftinguer leurs poffeffions réciproques.

Trop fouvent l'intérêt méconnoit ces vérités: la force & l'adreffe deviennent les feuls juges entre les Princes; tout eft juftifié par l'avantage qui réfulte d'une démarche; la violence, la fraude, le parjure fe changent en titres légitimes; les Nations les plus puiffantes profitent cruellement & fans rougir de l'infériorité des autres, pour les opprimer impunément. Des guerres iniques font fuivies de traités auffitôt rompus que faits, le vainqueur impofe au vaincu les Loix les plus dures; celui-ci revient, fouvent avec raifon, contre des engagements que la violence lui avoit arrachés. La force devient le feul frein pour des Nations qui femblent difputer d'injuftices entre elles. Quelle différence alors entre un Peuple vainqueur ou un Brigand qui défole une fociété particuliere? Un conquérant n'agit-il pas comme un affaſſin qui détruit ſes ſemblables, qui ravit leurs biens & trouble leur tranquillité?

Que l'on ne diſe pas que la vertu eſt incompatible avec le Gouvernement des Etats; que, néceſſaire aux individus, elle eſt inutile aux Nations, que la juſtice qui maintient l'ordre dans chaque ſociété, feroit nuiſible & déplacée dans la ſociété du genre humain. Non; les Loix éternelles de la Nature & de la Morale ſont faites pour obliger tous les Peuples & leur ordre violé eſt tôt ou tard ſuivi de châtimens néceſſaires.

§. III. *La Probité en Politique ne peut pas nuire.*

Mais, dira-t-on, une probité ſcrupuleuſe, une équité ſévere ne deviendroient-elles pas infailliblement contraires aux intérêts d'une Nation qui ſe trouve entourée d'autres Nations qui méconnoiſſent ces vertus? Un Etat, victime de ſa bonne foi, ſuccomberoit perpétuellement ſous la force, ſous la fraude, ſous les crimes d'un Etat plus puiſſant, plus ruſé, plus corrompu que lui.

Ne croyons point que les Princes ſoient toujours les victimes de leurs vertus. Il eſt rare qu'un Souverain dont la conduite eſt guidée par une Politique ſage au-dedans, vertueuſe & juſte au-dehors, ne s'attire l'eſtime, la confiance & les ſecours des Nations étrangeres. Souvent elles ne ſe bornent point à une admiration ſtérile: intéreſſées à ſa conſervation, elles maintiendront ſes droits, elles s'uniront à lui pour repouſſer la force qui tenteroit de lui nuire. L'ambition d'un tel Monarque aura lieu d'être ſatisfaite de la ſupériorité que fa conduite lui donnera fur les autres ; il en deviendra l'arbitre : la vertu eft refpeétée de ceux - mêmes qui l'abandonnent.

## §. IV. *De la Morale des Princes.*

CES maximes fi vraies font entiérement mé- connues de la plupart des Princes qui fentent ra- rement combien la vertu feroit utile à leurs inté- rêts véritables & à la profpérité durable de leurs Etats à laquelle leur propre bonheur eft lié. L'i- gnorance, comme tout le prouve, eft la fource unique du mal moral; les hommes ne font mé- chans, que parce qu'ils ignorent l'intérêt qu'ils ont d'être bons, & les avantages ineftimables attachés à la pratique de la vertu. Les Souverains defti- nés à faire pratiquer aux autres les devoirs de la Société, devenus eux-mêmes des êtres infociables par leurs paffions que, ni l'éducation, ni la raifon, ni la force publique ne leur apprennent prefque jamais à contenir, s'y livrent tête baiffée, leur facrifient les Peuples, fe ruinent pour acquérir, & n'ont aucune idée de leurs vrais intérêts. Par une fuite de cette fatale ignorance, la Politique n'eft qu'un commerce de perfidies : les Princes font perpétuellement occupés à fe furprendre par la rufe, ou à s'arracher par la violence, les avan- tages qu'ils s'envient réciproquement. Ainfi qu'entre les Particuliers, il s'excite entre les Na- tions des jaloufies, des haines, qui fouvent dégé- nerent en guerres. La profpérité, l'abondance, l'induftrie des unes font ombrage à d'autres. In- capables de réuffir à fe nuire par la force, elles ont recours à l'artifice. Eprifes du frivole avan- tage de dominer, d'obtenir des prérogatives chimériques, des richeſſes ſouvent funeſtes, elles cherchent à ſe traverſer, & croïent avoir des forces réelles à meſure que leurs voiſins ſont affoiblis. Delà ces guerres, ces traités inſidieux ſi ſouvent violés, ces inimitiés cruelles & ridicules qui ſe perpétuent preſque ſans intervalle entre les habitans de ce monde; delà ces animoſités & ces fureurs, pour ainſi dire, innées qu'ils ſe transmettent d'âges en âges, juſqu'à ce que la deſtruction des parties contendantes vienne enfin les terminer.

On diroit que les Princes ne regnent ſur leurs Sujets, que pour ſe mettre en état de nuire aux Sujets des autres; la Politique extérieure abſorbe communément tous les ſoins qu'ils devroient donner à la Politique intérieure. Enivrés de l'idée vaine de jouer un grand rôle aux yeux de l'univers étonné, on ne voit la plupart des Souverains occupés qu'à écraſer leurs propres Nations dans la vue d'écraſer enſuite les Nations étrangeres ou de ſe défendre contre elles. Ils vivent entre eux dans un Etat que l'on nomme *Etat de Nature*, mais qui eſt en effet un état contraire à la Nature de l'eſpece humaine, un état ſauvage, inſociable, un état inquiet & troublé, un état miſérable d'où la raiſon ſeule pourroit les dégager. Juſqu'ici elle n'a pu leur faire ſentir qu'ils ſont les membres d'une même famille, qu'ils devroient vivre en ſociété, que leur intérêt l'exige, qu'ils ſe nuiſent à eux-mêmes en voulant nuire aux autres. Ces vérités leur paroiſſent pédantesques & ridicules.

Trompées par l'ambition & les vues bornées de ceux qui les gouvernent, les Nations ſe croient obligées de se haïr réciproquement. Leurs Souverains mettent à profit ces dispositions fatales; ils s'en servent pour faire valoir leurs frivoles intérêts qui rarement sont ceux de l'Etat. Ainsi, sans savoir pourquoi, l'homme hait l'homme qu'une rivière sépare de lui; le Sujet d'un Souverain devient l'ennemi né du Sujet d'un autre; un Peuple stupide se rend le champion des délires & des iniquités de ses Maîtres; il devient injuste, parjure, turbulent, parce que ceux qui lui commandent ont mérité ces noms odieux.

## §. V. *De la Guerre.*

AINSI la guerre, cet Etat de violence & de trouble si contraire au bonheur de toute société, s'allume entre les Nations souvent sans-cause, & devient, par la déraison des Princes, l'objet le plus important de leur Politique. C'est sans doute cet acharnement à se détruire qui a porté un philosophe atrabilaire à supposer *que l'homme étoit né dans un état de guerre avec ses semblables.* ( * ) Eh! qui ne seroit tenté de le croire, en voyant la frénésie qui anime à tout moment les Peuples à leur destruction réciproque? En considérant l'imprudente facilité avec laquelle les Souverains répandent le sang de leurs Sujets, sous les prétextes les plus frivoles, & pour des intérêts souvent si puériles, comment ne pas supposer que les hommes n'ont été placés dans ce monde que pour s'égorger les uns les autres? Pour peu qu'on jette les yeux sur les annales du genre humain, tout être raisonnable est consterné à la vue des guerres atroces & continuelles & des inutiles carnages qui, de tout tems, ont fait nager la terre dans le

( * ) Thomas Hobbes,

ſang de ſes enfants. S'il eſt un crime affreux, c'eſt ſans doute celui de ces Rois qui, pour les objets les plus futiles, s'engagent dans des guer-. res, & ſacrifient à la fantaiſie du moment, des Su- jets dont la vie eſt la richeſſe la plus réelle d'un Etat. De quel front peut-on louer ces Monar- ques ambitieux, ces Conquérants féroces qui, peu ſoigneux de rendre heureuſes les contrées que le deſtin leur a ſoumiſes, veulent porter ailleurs la déſolation & la mort? Comment des Poëtes adu- lateurs oſent-ils chanter ces guerriers inhumains qui, au prix de l'élite d'une Nation, achetent une gloire inhumaine contre laquelle l'éloquence & la ſatyre devroient lancer tous leurs traits? Loin de flatter ces Monſtres farouches & ces flé- aux du genre humain, l'hiſtoire ne devroit-elle pas les couvrir d'opprobre & d'infamie? Périſſe à jamais la mémoire de ces Conquérants déteſtés qui ſe ſont fait un jeu de la deſtruction des hom- mes! Périſſent ces Miniſtres perfides qui conſeil- lent à leurs Maîtres la dépopulation de leurs pro- pres Etats! Périſſe la gloire de ces Généraux qui, pour un moment de gloire, ſacrifient ſans pitié des milliers de victimes! Les guerres les plus heu- reuſes joignent les lauriers aux cyprès: le ſang du Citoyen ſe confond toujours avec celui de l'enne- mi; les terres acquiſes par la conquête ont été communément payées de la vie d'un plus grand nombre d'hommes, que la victoire n'en ſoumet.

Quoi de plus déshonorant pour l'eſpece hu- maine, que cette honteuſe joie que les Nations font éclater à la ſuite de leurs ſanglantes victoires? De quoi vous réjouiſſez-vous, Peuples inſenſés? De quoi remerciez-vous vos Dieux? Eſt-ce de ce qu'une bataille a fait périr des milliers de vos

Concitoyens? Eſt-ce de ce que votré Monarque a augmenté d'une ville détruite ſon malheureux Empire? En ferez-vous plus fortunés vous-mê-mes? Votre ſûreté en eſt-elle augmentée? Jouirez-vous plus tranquillement du fruit de vos travaux? Allez-vous être ſoulagés du poids de vos impôts? Non, dites-vous; eh bien! vous vous réjouiſſez donc comme des inſenſés de voir redoubler vos maux.

### §. VI. *Folie des Conquêtes.*

Si l'on conſidéroit ſans préjugé la conduite de la plupart des Princes, on feroit tenté de croire que leur projet n'eſt que de régner ſur des champs déſolés. Sans ceſſe occupés à étendre les bornes de leurs Etats, ils ne ſongent preſque jamais à les rendre plus heureux. On diroit qu'ils ne veulent que de la terre & des miſérables. Le Conquérant ſacrifie les vainqueurs & les vaincus à ſon aveugle frénéſie. Qu'eſt-ce qu'une terre inculte & inhabitée? Quel avantage réſulte-t-il d'être le maître d'une ſolitude? Quelle force peuvent donner des Etats démembrés, éloignés les uns des autres, & que leur poſition rend ſouvent plus onéreux qu'utiles? Les poſſeſſions éparſes de la Monarchie Eſpagnole ne furent-elles pas la ſource de ces guerres ruineuſes qui l'épuiſerent à la fin & d'hommes & d'argent?

Les Rois veulent toujours plus de Sujets qu'ils n'en peuvent gouverner; peu contents de rendre malheureux ceux que la Nature leur à ſoumis, ils vont par des conquêtes porter l'infortune à ceux qu'elle avoit ſouſtraits à leurs Loix. La

pareſſe, l'incapacité, l'ignorance de l'art de régner, ainſi que l'ambition, ſont les mobiles du
Conquérant; un Prince juſte, laborieux, appli-
qué rend ſon Etat floriſſant; le Conquérant féroce trouve bien plus court de s'emparer du fruit
d'un travail dont lui-même eſt incapable. La
conquête, ainſi que les grands crimes, en impoſe
aux hommes, & finit par exciter leur admiration;
les Rois les plus deſtructeurs ſont les plus admi-
rés. Ces Héros dont les Poëtes nous chantent
les victoires, ſont un objet d'horreur pour le Sage & le Citoyen.

Loin de la ſaine Politique cette impétuoſité
criminelle ſi nuiſible aux Etats! Les Princes occupés du bonheur des Nations qu'ils gouvernent,
doivent ſonger que rien ne met de plus grands
obſtacles à leurs vues, que ces armées nombreuſes qui arrachent aux champs leurs cultivateurs,
qui n'en font que des deſtructeurs, & dont l'effet
eſt de livrer au vice & à l'oiſiveté, des hommes
dont le courage, utile pendant la guerre, devient ſouvent nuiſible après le retour de la tranquillité. La licence, le mépris des Loix, la
corruption des Mœurs, ſont les conſéquences
fatales auxquelles eſt expoſée une Nation belli-
queuſe. Les grandes armées furent toujours funeſtes à la liberté & aux mœurs des Citoyens.

### §. VII. *De la Guerre juſte.*

Malgré ces terribles effets, la Politique la
plus ſage eſt ſouvent obligée de recourir à la
guerre; c'eſt le dernier remede qui lui reſte pour
réprimer les entrepriſes des Peuples injuſtes &
déraiſonnables; c'eſt toujours à regret qu'elle ar-

me les mains de ſes Sujets ; c’eſt toujours avec
empreſſement qu’elle les déſarme pour les rendre
à la Patrie ; elle n’ignore point que la guerre eſt
pour eux une maladie convulſive dont la durée
les accable & les conduit à la mort.

La guerre n’eſt juſte & néceſſaire, que lorſqu’elle repouſſe un aggreſſeur injuſte, lorſqu’elle
réprime les fureurs d’un Peuple effréné , lorſqu’elle a pour objet de contenir un Conquérant,
un Brigand féroce & turbulent, lorſqu’elle étouffe dans leur naiſſance, les complots des voiſins
jaloux. Ainſi une guerre n’eſt juſte , que lorſqu’elle ſe propoſe la défenſe de l’Etat ou le maintien des avantages que la Nature & l’induſtrie lui
procurent ; elle eſt très légitime lorſqu’elle empêche un voiſin puiſſant, dont on craint la puiſſance
exceſſive, ou dont on a déjà éprouvé les excès,
de prendre un aſcendant funeſte à l’indépendance
des autres.

Si nous examinons ſans préjugé les motifs de
la plupart des guerres qui ſe font ſous nos yeux,
nous verrons que preſque jamais elles n’ont véritablement pour objet le bien - être ou la ſécurité
des Nations qui ſe combattent ; le ſang des Peuples coule de toutes parts , pour aggrandir le
pouvoir d’un Monarque incapable déjà de gouverner les Etats qu’il poſſède ; l’Europe eſt miſe
en feu pour l’intérêt d’un Miniſtre inhabile, par
la ſotiſe d’un Négociant ignorant, pour l’avan-
cement d’un Courtiſan ſans mérite, pour contenter l’avarice de quelques marchands avides. C’eſt
dans le ſein des Nations, que ſe trouvent communément leurs véritables ennemis. Ce ſont leurs
Chefs, conſeillés par un petit nombre de mauvais

Citoyens , qui les mettent aux prifes pour des objets qui n'intéreffent nullement, ni la fûreté, ni la félicité publique.

Tous les Souverains prétendent néanmoins avoir de juftes motifs de faire la guerre, lors même qu'ils ne font guidés que par l'ambition la plus avérée ou par l'avidité la plus honteufe. Qui eft-ce qui peut alors décider entre eux ? Au défaut de la raifon, il ne refte que la force. En un mot, une Nation n'eft en droit de faire la guerre, que lorfqu'elle n'a pas pour elle-même la fécurité néceffaire; elle doit ceffer, du moment où elle acquiert cette fécurité & commence à la ravir à l'ennemi. Telle eft la juftice univer-felle.

## §. VIII. *Des Droits de la Guerre.*

On demandera , peut-être , quels font les droits que donne la Guerre, & jufqu'à quel point il lui eft permis de porter fes fureurs? Donner des Loix au défordre, fixer des limites à la cole-re d'un Conquérant & du Soldat effréné, c'eft fans doute vouloir foumettre le délire à la raifon, la paffion à la réflexion. Il eft pourtant des bor-nes que la Nature prefcrit à l'impétuofité des hommes; la raifon les trace d'après l'expérience, & la fougue s'habitue à les reconnoître au fein même du défordre. Les hommes, fans renoncer à leurs folies, en fentent les inconvénients, & confentent à modérer fes effets. Telle eft l'ori-gine de ce *Droit des gens* fondé fur des conven-tions réciproques par lefquelles les Peuples, pour leurs intéréts mutuels, s'accordent à ufer avec quelque modération du pouvoir que la force leur donne. Le cri de l'humanité, de l'intérêt des hommes se fait donc quelquefois entendre, même au milieu du bruit des armes ! Il apprend aux vainqueurs les plus farouches, que leurs ennemis sont des hommes; que, s'il est juste de les réprimer, il est injuste de les détruire dès qu'ils cessent d'être à craindre; il montre aux Conquérants, que leurs conquêtes sont infructueuses pour eux-mêmes, quand, par un carnage inutile, ils exterminent ceux dont ils vouloient faire des Sujets. Enfin, tout leur annonce que les armes étant journalieres, le Soldat, victorieux aujourd'hui, peut devenir demain la victime de la cruauté qu'il a montré lui-même. C'est ainsi que l'intérêt & le besoin ramenent toujours, malgré les hommes, les plus inconsidérés aux devoirs de la morale & de l'équité. Le *Droit des gens* est la morale des furieux qui mettent des limites à leurs folies. Cette morale est imparfaite & peu sûre, parce qu'elle dépend souvent des caprices d'hommes déraisonnables & dépourvus de prévoyance.

La vraie Politique n'est ni destructive ni cruelle; contente d'abaisser & d'affoiblir ses ennemis, de déconcerter leurs complots, de réprimer leurs excès, elle ne veut point les écraser sous le char de la victoire; elle se souvient toujours que c'est s'exposer à tout perdre, que de pousser ses ennemis au désespoir. Si ses succès n'ont point répondu à son attente & à la sagesse de ses mesures, elle cede au tems & consent plutôt à commander à des Peuples moins nombreux, à des Etats moins étendus, que d'exposer par une opiniâtreté très inutile, sa Nation à une ruine totale.

Pour un Gouvernement éclairé, la guerre n'eſt jamais que le chemin de la Paix; une ſage adminiſtration la préfere, même déſavantageuſe, à la guerre la plus heureuſe, qui coûte toujours à l'Etat ſes tréſors, ſes Sujets; ſes biens les plus précieux. Les armes ne ſont faites que pour conſerver aux Nations, ce que la tranquillité leur a fait acquérir: les Etats ſont toujours aſſez grands, dès qu'on ne ſonge qu'à les rendre fortunés.

### §. IX. *Cauſe des Guerres fréquentes.*

Rien de plus rare que des Rois magiſtrats ou citoyens. Preſque tous les Empires ont été fondés par la force des armes; il eſt des Nations que des guerres réitérées ont rendu belliqueuſes; l'habitude leur fait alors une néceſſité du trouble; l'inaction & le repos ſont des Etats violents & incommodes pour un Gouvernement Militaire, dont le tumulte eſt l'élément; les armes ſeules y conduiſent à la conſidération, aux récompenſes, aux honneurs. Le Prince, quand même il n'aimeroit pas la guerre, y eſt continuellement entraîné par le préjugé dominant; il peut rarement tenir une juſte balance entre ſes différens Sujets: il oublie qu'il eſt bien plus le Souverain du Laboureur, de l'Artiſan, du Commerçant, qui tous ont beſoin de la paix; il ne ſonge pas que ce n'eſt que pour eux qu'il doit faire la guerre; la voix des Soldats qui l'entourent, eſt plus forte que celle de tous les Citoyens réunis; elle étouffe pour l'ordinaire les cris d'une Nation entiere, toujours intéreſſée au repos, toutes les fois qu'elle n'eſt point réellement en danger. Les guerres qui déſolent l'univers ſeroient bien moins

fréquentes, si les Princes ne prenoient les armes,
que lorsque la nécessité & la sûreté de leurs Peuples les forcent de recourir à ce fatal remede.
Les guerres seroient moins longues qu'elles ne
sont, si, contents d'écarter le danger, ils con-
sentoient à faire cesser le mal dès qu'il est inutile.
Une guerre sans motifs raisonnables & sans
fruit, est une double calamité pour la Nation.
Si la paix amollit les Sujets, la guerre les conduit à une destruction certaine. Une sage Politique sait maintenir la paix, en se tenant toujours
prête à la guerre. Une Nation trop belliqueuse
ressemble à un blessé qui rouvre continuellement
ses plaies, avant qu'elles soient cicatrisées : elle
se détruit avec plus de promptitude, que la Nature ne la répare : par la folie des Souverains, la
paix n'est communément pour elle qu'un Etat de
langueur & de convalescence de trop peu de durée pour pouvoir se rétablir.

UNE Nation prévoyante & sensée ne devroit-
elle pas s'imposer la Loi de ne jamais s'aggrandir,
de ne point faire d'acquisitions nouvelles ? En
augmentant l'étendue d'un Etat, on augmente
bien plus sa misere que sa félicité. Les Peuples
ne se lasseront-ils jamais de répandre leur sang
& de dissiper les richesses qu'ils possedent déjà
pour obtenir des conquêtes incertaines & couteu-
ses, ou pour faire valoir les prétentions douteuses
de leurs Chefs insatiables ? Quelles ames doivent
avoir ces Conquerants impitoyables qui commencent toujours par ruiner & immoler les Sujets
qu'ils ont, dans l'espoir incertain d'en aquérir
d'autres ? Tout Prince n'a-t-il pas assez d'affaires, quand il veut sagement gouverner son pays ?

§. X.

§. X. *De l'Esprit Militaire.*

Comme les malheureuſes circonſtances & la poſition d'un État le forcent à tourner ſouvent ſes vues du côté de la guerre, il ſeroit important que ſes inſtitutions, ſes loix & l'éducation publique entretinſſent dans ſes Sujets l'honneur, l'enthouſiaſme de la gloire, l'eſtime pour la valeur, l'amour pour la Patrie; une éducation martiale devroit donc apprendre, dès l'enfance, le métier de la guerre à ceux des Citoyens que le ſort deſtine à guider les bras du Soldat qui n'a que du courage; elle formeroit des Généraux beaucoup plus néceſſaires à une Nation, que les armées les plus nombreuſes. L'expérience de tous les ſiecles nous prouve que ce ne ſont point les armées, mais des Chefs expérimentés qui remportent les victoires. Les ſtupides Béotiens n'eurent beſoin que d'un *Epaminondas* pour ſe tirer de l'obſcurité & pour vaincre les Spartiates eux-mêmes. Un Général eſt l'ame de ſon armée; celle-ci, quelque ſoit ſa force, n'eſt qu'une maſſe inerte, ſi ſon Chef ne lui donne le mouvement & la vie.

Si un pouvoir illimité eſt fait pour avoir lieu quelque part, c'eſt ſur-tout lorſqu'il s'agit du commandement des armées. Dès que le Souverain remet la conduite de ſes troupes à l'un de ſes Sujets, la confiance doit être entiere & le bras du Général ne doit plus être retenu. C'eſt une politique puérile dans un Souverain de ſe réſerver le droit de diriger du cabinet les opérations des campagnes. A la guerre, c'eſt l'inſtant qui décide; le Général doit le ſaiſir, il eſt alors le ſeul juge de la conduite qu'il doit tenir.

Mais pour que les Chefs des armées puiſſent opérer, il faut une obéiſſance profonde dans les Soldats & dans ceux qui leur font exécuter les ordres du Général. Rien de plus néceſſaire, qu'une diſcipline rigoureuſe. Ce n'eſt que dans une armée que le Deſpotiſme peut être de quelqu'utilité. Il eſt bien moins dangereux que cette anarchie licentieuſe qui met, pour ainſi dire, chaque ſoldat en droit d'examiner les ordres de ſes Chefs. Le ſuccès même étoit puni chez les Romains, dès qu'il n'étoit pas commandé. Sans ſubordination une armée devient une Démocratie dont les ſaillies ſont toujours funeſtes à la République. Le courage même eſt ſouvent forcé de céder à la diſcipline; la valeur, dès qu'elle n'eſt point guidée, ne produit que déſordre; l'impétuoſité peut bien quelquefois procurer des ſuccès, mais dès qu'elle trouve de la réſiſtance, elle eſt déconcertée; eſt-elle repouſſée? le courage diſparoît & fait p'ace au découragement. La diſcipline ſeule peut apprendre au Soldat à tenir ferme, à ſe rallier, à contempler le danger de ſang froid. Le militaire qui n'a que de la valeur, ne fait que mourir inutilement; le Guerrier diſcipliné ne périt point ſans profit pour la Patrie. La diſcipline ſeule a rendu les Romains maîtres de l'univers.

### §. XI. *Des Forces Maritimes.*

Il eſt des Nations que leur ſituation oblige à entretenir des forces maritimes, ainſi que des armées de terre. Il eſt très important pour elles de maintenir l'équilibre entre ces deux branches de leurs forces; ſans cela la Puiſſance de terre

éclipſera celle de la Mer, ou celle-ci fera négliger ou perdre de vue la premiere. Un Gouvernement fondé par la conquête, a toujours trop
d'égards aux vœux d'une Nobleſſe remuante qui
prefere la guerre de terre. Une Nation commerçante néglige très ſouvent ſes forces de terre
pour s'occuper excluſivement de ſes forces maritimes. La vraie Politique, je le répete, ne
quitte jamais la balance; elle ne ſouffre pas qu'une
branche de l'adminiſtration s'éleve ſur les débris
d'une autre. Plus ſes beſoins ſe multiplient,
plus elle redouble d'attention pour qu'aucune force n'entraîne les autres.

## §. XII. *Des Alliances.*

La Nature & les conventions des hommes ont
rendu très inégales les forces des Nations. Un
Etat peut être plus puiſſant qu'un autre ; mais
nul Etat n'eſt plus puiſſant que tous les autres.
Pluſieurs Nations foibles, en s'aſſociant, deviennent égales en puiſſance aux plus fortes. La ſituation, les beſoins, les circonſtances, les opinions,
les liaiſons des Souverains, les intérêts des Princes
établiſſent des rapports entre quelques Etats; ces
choſes rendent quelques Peuples ennemis, tandis
qu'elles uniſſent les autres. Entre les Nations
qui ont les mêmes beſoins, les mêmes deſirs, les
mêmes paſſions, il s'établit une rivalité, une inimitié comme entre des individus qui ſe propoſent un
même objet, ou qui ſont animés de la même paſſion.
Deux Nations guerrieres ſeront perpétuellement
en guerre; deux Nations commerçantes ne peuvent être long-tems amies; deux Nations voiſi-
nes ſont ſujettes à de fréquents démêlés.

DE MÊME que l'intérêt réunit les Citoyens, il réunit aussi les Sociétés; chacune d'entre elles s'aime préférablement à toute autre ; chacune tend à son bonheur réel ou idéal; en un mot, chacune a ses projets: mais comme toutes ont des droits égaux & ne reconnoiffent point de juges, elles font forcées de porter leurs prétentions au tribunal de la raifon. Elle les décide d'après les Loix de la Nature qui commandent aux Sociétés comme à chaque homme: elle leur apprend que leur propre confervation étant le premier & le plus cher de leurs intérêts, les oblige à facrifier au repos & au bien - être du tout, une portion de leur indépendance, de leurs defirs, de leurs befoins même. Lorfque la voix de la raifon n'eft pas affez forte pour fe faire entendre des Sociétés politiques ou de ceux qui les gouvernent, il ne leur refte plus que la force pour décider leurs querelles.

### §. XIII. *Des Négociations.*

NÉGOCIER en Politique , c'eft chercher à concilier les intérêts de plufieurs peuples ; c'eft leur faire entrevoir les moyens qui peuvent tendre à la confervation mutuelle & au bonheur, réciproque; c'eft détourner leurs yeux d'un objet chimérique ou d'un avantage momentané, pour les fixer fur un objet plus réel; en un mot, c'eft les éclairer fur leurs intérêts véritables. Les Nations, comme les individus, font fujettes à des paffions qui fouvent les aveuglent & les entraînent dans la ruine: par la négociation, la Politique rectifie les idées de ceux qu'elle veut faire concourir à fes vues; c'eft en cela fur-tout qu'elle montre fa capacité. Pour ouvrir les yeux des autres fur leurs propres intéréts, il eft important de les connoître foi-même : il faut donc que la Politique, non feulement porte les yeux fur les objets qui méritent l'attention de l'Etat qu'elle gouverne, mais encore fur ceux qui doivent intéreſſer les autres Etats. Les paſſions peuvent feules combattre des paſſions; il n'y a que la vue d'un intérêt plus fort, qui puiſſe en faire difparoître un plus foible.

On négocie, foit avec des Puiſſances amies, foit avec des Puiſſances ennemies; on veut s'attacher les unes, on veut défarmer les autres. L'artifice feroit inutile ou nuifible, lorfque les intéréts font évidents ; perfonne communément ne connoît mieux les intéréts d'une Puiſſance, que cette puiſſance même. Les Négociateurs éclairés s'entendent à demi mot; ceux qui prennent la juftice pour bafe, ne tardent point à s'accorder : une négociation n'eft compliquée, que par l'incapacité ou la mauvaife foi des parties.

Les liaifons des Peuples, ainfi que celles des particuliers, font fondées fur l'identité des intérêts. Les fecours propres à entretenir l'amitié entre les hommes, la maintiennent entre les Nations & font ceſſer les différents qui s'élevent entre elles. La prudence, la fidélité, l'habitude cimentent les nœuds des corps politiques ; la paſſion, l'imprudence, l'infidélité les féparent & les brifent. Comme dans la Société particuliere, les foibles font dans la Société générale communément les victimes de leur foibleſſe ; les Riches & les Puiſſants y infultent avec hauteur l'Indigent & le Pauvre, ou leur font acheter, fouvent aux dépens de la liberté, la protection qu'ils leur accordent.

## §. XIV. *De la Bonne Foi.*

PLUSIEURS de ceux qui ont écrit sur le Gouvernement, ont prétendu que la Politique ne pouvoit être franche & vraie, & que le grand art de négocier consistoit à surprendre la simplicité de ceux avec qui l'on traite. Ils ont cru que tout étoit permis aux Chefs des Nations, dès qu'il s'agit des intérêts de l'Etat ; que la force, la ruse, la perfidie même étoient entre leurs mains, des moyens que l'objet justifie. D'un autre côté, des Moralistes plus séveres ont interdit aux Souverains, ces voies obliques & tortueuses que défavoue la vérité. Ils ont voulu que les Princes ne s'écartassent jamais de la droiture. Les premiers ont vu les hommes tels qu'ils sont, les autres les ont vu tels qu'il seroit à désirer qu'ils fussent. Les uns ont fait l'Histoire de la Politique, les autres en ont fait le Roman. Ecartons le voile du préjugé pour examiner, s'il est possible, ces sentiments si opposés ; voyons ce que la raison décidera sur cette importante question.

SI l'amour de notre être est le premier sentiment de notre Nature ; s'il nous est permis d'employer toutes les voies pour conserver notre existence ; si la raison nous accorde le droit de détruire les objets qui la menacent, les Nations, sans doute, jouissent des mêmes privileges. Les Souverains qui les représentent, sont donc indispensablement obligés de travailler au maintien de leur sûreté & de leur bien-être ; telle est leur premiere Loi ; telle est pour eux la pre-

miere vertu, à laquelle toutes les autres doivent
être fubordonnées; jamais il ne leur fut permis
de s'en écarter. La Société elle-même ne peut
renoncer au bonheur; elle ne peut perdre de vue
fa confervation; elle ne peut fe priver de fes befoins. Lorfque ces objets font vifiblement me-
nacés, la Politique eft toujours en droit d'employer tous les moyens imaginables pour écarter le
danger. Mais quelle eft la Nation dont le bien-
être foit véritablement menacé? eft-ce celle qui
fuit les loix d'un Souverain injufte pour fes propres Sujets; qui, couvrant fon ambition des prétextes les plus frivoles, va porter la défolation
& le carnage chez les Sujets des autres? Eft-ce
celle d'un Prince qui, peu content des limites de
fes Etats, s'appuie de quelques prétentións injús-
tes ou chimériques pour les étendre aux dépens
des autres? Dira-t-il que le bonheur de fes Peuples le force d'employer les détours d'une Politique ténébreufe, lorfque réellement il ne fe pro-
pofe que de fatisfaire fon ambition perfonnelle,
fa propre vanité, l'imprudence de fes Miniftres?
Peut-il juftifier fes excès, fes violences, fes parjures, fous le prétexte du bien-être de la Nation
qu'il gouverne, lorfqu'exempt de toute crainte
pour elle, il va de gaieté de cœur troubler le repos général, & leur arracher les avantages dont
elles jouiffent? Si à ces attentats, la Politique
joint la fourberie, elle unit le crime au crime, le
menfonge à l'injuftice, le brigandage à l'infamie.

Il n'en eft point de même, fi la juftice trop
foible, accablée par la force, eft réduite à prendre
les feuls moyens qui lui reftent pour conferver fon
exiftence. Nous devons la vérité, la bonne foi
aux hommes, mais les devons-nous à des brigands

acharnés à nous détruire ? Le menſonge lui-même,
quand il a pour objet le ſalut des Peuples, n'eſt-
il pas une vertu ? Oui ; un motif ſi ſublime l'ennoblit ; dès qu'il ſauve l'Etat , il ne peut être
honteux. Si l'on attaque ou ma vie ou mes biens,
ne puis - je donner le change à celui que la Nature me permet d'exterminer ? qui doutera qu'une
Nation n'ait les mêmes droits ? Qui blâmera la
Politique de procurer le ſalut de la Société, de la
même maniere que l'on trouve légitime dans l'un
de ſes membres ? Qui aura le courage de refuſer
à ceux qui gouvernent les Peuples , les mêmes
droits dont jouit le dernier des Citoyens quand
il eſt attaqué ?

Gardons-nous donc de preſcrire à la Politique, ces vertus ſuperſtitieuſes & romaneſques
dont la pratique rigoureuſe deviendroit quelquefois la ruine d'une Société. Les vertus qui nuiſent
au genre humain, ſont des fauſſes vertus. Les
ſcrupules qui la mettent en danger, ſont des foibleſſes ; la ruſe devient eſtimable, dès que la Politique l'emploie véritablement pour le ſalut de
l'Etat. Lorſque je-dis *véritablement*, je ne fais point
dépendre la conſervation de l'Etat d'une entrepriſe injuſte échouée, d'une Province démembrée
dans une guerre imprudente & malheureuſe, de
quelque branche de commerce ou de luxe, enlevée
par des mains plus habiles, de quelque défiance
malfondée, de quelque inquiétude frivole. Les
Souverains mettent preſque toujours leurs Nations en danger, & compromettent leur vrai bonheur pour des objets plutôt nuiſibles qu'utiles,
dont un enthouſiaſme paſſager les enivre ! Le
bon ſens eſt ſouvent forcé de rougir des ſujets
ridicules qui arment les mains des Maîtres de la

terre. Des titres vains, des préséances puériles, des soupçons & des ombrages, des prétentions chimériques & obscures, sont les motifs ordinaires des guerres, des négociations, des alliances & des ligues; objets futiles que les Princes voudroient sans cesse faire passer pour nécessaires & importantes à la conservation de leurs Peuples.

§. XV. *Le Bien Public est la regle de la Politique.*

Pour que les voies de la Politique soient justifiées & ennoblies aux yeux de la raison, il faut que le bien public & la nécessité les tracent aux Souverains. Disons la même chose de la fidélité qu'ils doivent à des traités, à des engagements que nous leur voyons perpétuellement enfreindre ouvertement, lorsqu'ils en ont la force, ou éluder sourdement, lorsque la foiblesse les empêche de réclamer. Des conditions imposées par la violence & l'injustice, ont-elles droit de nous lier? Le Peuple qui impose à un autre Peuple des loix trop dures & destructives pour lui, a-t-il cessé d'être son ennemi? n'est-il plus permis à la Politique de rompre des engagements, lorsque la fidélité à les remplir entraîne infailliblement la perte de l'Etat? Des circonstances plus heureuses ne mettent-elles pas en droit de réclamer contre une destruction imminente à laquelle l'inhumanité, la cruauté, la barbarie, le glaive à la main, nous auront fait souscrire? Gardons-nous de le croire; dès qu'on veut nous détruire, soit par les armes, soit par un traité, il ne subsiste entre le destructeur & nous, que le rapport de l'inimitié, & tout devient légitime pour se soustraire à ses injustes loix. Pour être en droit

d'exiger de la bonne foi, il faut montrer de l'équité. Si un Peuple eft forcé de fubir la Loi d'un
vainqueur inhumain, que lui importe qu'il périffe
par fon glaive ou par la loi cruelle qu'il lui impofe?

§. XVI. *De la fidélité dans les Traités.*

Tous les Moraliftes s'accordent à regarder
les traités comme des engagements inviolables &
facrés. Ils ont, fans doute, raifon, lorfque les
traités ont l'équité pour bafe. Mais les Princes lé-
fés par l'infidélité fouvent néceffaire de leurs alliés
ou de leurs ennemis réconciliés, leur en font indiftinctement un crime, & ne ceffent de les couvrir d'opprobre & d'infamie. Si, dégagés d'intérêts & de préjugés, nous examinons la conduite
des Rois, peut-être trouverons-nous que les
infracteurs des traités font quelquefois plus excu-
fables que ceux qui les leur ont impofés: l'injuftice & la tyrannie de ceux-ci juftifient fouvent
les infractions des autres. D'ailleurs il ne peut
y avoir pour les hommes d'engagements éternels; les befoins & les circonftances des Nations
fubiffent des changements continuels; par quel
privilege voudroit-on que leurs intérêts ne chan-
geaffent jamais? les traités, les alliances, les
pactes ne peuvent être fondés que fur des intérêts
réciproques. Des conventions avantageufes dans
un tems deviennent ruineufes dans un autre. Dira-t-on que le Peuple léfé ne peut jamais réclamer contre des engagements qui lui font devenus
funeftes? Prétendra-t-on qu'il a voulu s'immoler
fans réferve à un autre Peuple, qui feul en tirera
les fruits? Les traités ne peuvent être que con-
ditionels; ils ne peuvent fubfifter qu'autant qu'ils

n'entraînent point la ruine de l'une des parties contractantes. D'ailleurs les Souverains, tuteurs, protecteurs & administrateurs des Peuples, qui font toujours mineurs, font-ils en droit de figner leur perte? Ce feroit le comble de la déraison que de prétendre qu'un Peuple pût être facrifié par un Souverain à qui l'imprudence ou le caprice ont fait prendre, en fon nom, des engagements deftructeurs. Tout traité fuppofe des avantages réciproques; en leur faveur on peut, fans doute, renoncer à quelques droits; mais il n'eft point d'avantages affez grands pour fe priver de ceux qui font effentiels à la fûreté, à la nature & à la confervation de la Société dont ils font des droits inaliénables. Les Carthaginois que les Romains privent par un traité de tous les moyens de fe défendre, font ce qu'ils doivent, lorfqu'ils violent un traité fatal par lequel des vainqueurs injuftes leur ont fait figner leur arrêt de mort.

### §. XVII. *S'il eft permis d'y manquer.*

LA probité des Souverains feroit fouvent un crime, fi elle n'étoit réglée par la juftice ou par ce qu'ils doivent à l'Etat. Un Citoyen, quand il s'engage, difpofe des chofes dont il eft le propriétaire; néanmoins lorfque par un contract il fe trouve trop lézé, la loi lui fournit des remedes, & lui permet de revenir contre fes engagements précipités. Il n'en eft point de même des Monarques: dépofitaires du pouvoir des Nations, chargés de veiller à leur bonheur, confervateurs de leurs biens, ils n'en font point propriétaires; & lorfque par leurs engagements imprudents la Société fe trouve évidemment lézée, ſon bonheur anéanti, ſa ſûreté détruite, la Loi de la Nature, qui veut que tout tende à ſe conſerver, les autoriſe à rompre les engagements qu'ils ont pu contracter.

Au-lieu donc de faire de vains efforts pour plier les traités à leurs déſirs, au lieu de leur donner des interprétations arbitraires, au lieu d'inonder l'univers de manifeſtes inintelligibles, les Monarques feront pleinement juſtifiés aux yeux de la raiſon, lorſque le ſalut réel & la conſervation de leurs Etats les forceront de rompre des engagements que le changement des circonſtances & des tems rendent inſupportables à leurs Sujets. Les actes des hommes ſont momentanés, imprudents & paſſagers comme eux; les loix de leur Nature ſont toujours ſages, prudentes & immuables; c'eſt à la raiſon à rectifier les défauts des circonſtances.

On dira, peut-être, que ces maximes, dont la mauvaiſe foi pourroit abuſer ſous prétexte du bien de l'Etat, tendent à briſer les liens qui uniſſent les Peuples, ou du moins ébranlent la ſolidité de leurs traités. Je réponds que l'homme injuſte ne peut point acquérir le droit de lier l'homme juſte & foible. Quelques ſoient les ſpéculations des Souverains & des Peuples, c'eſt ainſi que la néceſſité les force à ſe conduire dans la pratique; ſouvent ils en abuſent ſans doute, mais jamais on n'aura le courage de blâmer de bonne foi un Souverain qui violera un traité viſiblement deſtructeur pour ſa Nation.

§. XVIII. *Les Traités injuftes ne peuvent lier.*

Les Souverains injuftes pour leurs Sujets, ne tardent pas à le devenir pour les autres Etats. Si les Chefs des Nations étoient, comme ils le doivent, fincérement occupés du bien public, s'ils ne le facrifioient point fans ceffe à leur propre ambition, à leurs paffions, à leur intérêt perfonnel, communément très diftingué de celui de leurs Peuples, on ne verroit pas un fi grand nombre de traités dictés par l'imprudence, le délire & l'incapacité, qui fouvent heurtent de front le bien-être des Peuples & contre lefquels la Nature, la Raifon, la Néceffité forcent de s'élever. Mais par une étrange dépravation, ce n'eft communément que lui-même que le Souverain envifage dans fes traités, dans fes guerres, dans fes aliances; il ne confulte que fes intérêts préfents, que les vues fouvent bornées de fes Miniftres, que les caprices de ceux qui font à portée de lui donner des confeils. Les intérêts d'une Nation ne font point auffi mobiles que ceux de l'homme qui la gouverne: mais le bien de l'Etat ne fert que de prétexte aux volontés injuftes & changeantes de leurs Chefs; ceux-ci violent leurs engagements avec autant de légéreté, d'imprudence & d'injuftice, qu'ils les avoient contractés. Lorfqu'une Nation libre eft en droit de parler, de ftipuler fes propres intérêts, de s'occuper de fa politique extérieure, elle peut veiller à fa fûreté, & pefer les conféquences des engagements qu'elle prend. Sous un maître abfolu, ce n'eft jamais que le Defpote qui s'engage, fes volontés varient à tout moment, celles de la Nation ne font point écoutées. Nul Peuple fur la terre n'eft

intéreſſé que d'autres Peuples vivent dans l'eſ-
clavage.

EN examinant ces principes, on verra qu'ils
ne doivent déplaire qu'à ceux que des intérêts
préſents ou des préjugés aveuglent. Le Conquérant le plus injuſte veut s'aſſûrer par des traités,
le fruit de ſes violences; il prétend lier par des
engagements ſolemnels, ceux que ſa force a déjà
accablés; il croit avoir acquis des droits ſur eux
en les rendant en quelque ſorte les complices &
les artiſans de leur propre ruine. Il fait valoir
comme des titres, des avantages qui ne lui viennent que de la force; il nomme obligation, la
néceſſité où il met le foible de conſentir à ſa propre perte. Si un raviſſeur me contraint à force
ouverte de lui céder ce qui m'appartient, ac-
quiert-il par là des droits? Si par la violence il
arrache mon conſentement, devient-il un pos-
ſeſſeur légitime? ne me ſera-t-il plus permis de
revenir ſur des engagements formés le poignard
ſur la gorge? Il faut de l'équité, de la bonne foi,
pour mériter de la bonne foi: les actes de l'injustice ne peuvent être légitimés par la foibleſſe; &
la Loi du plus fort n'eſt point un titre qui puiſſe
jamais lier des êtres raiſonnables.

§ XIX. *Ces principes ſont fondés en raiſon.*

QUE l'on ne croie donc pas que ces principes
tendent à bannir la bonne foi des traités; ils tendent ſeulement à prouver que, pour acquérir le
droit d'exiger l'accompliſſement d'un traité, il
faut que la juſtice ait approuvé ce traité. Il eſt
vrai qu'un vainqueur, quelque ſoit ſon injuſtice,
fait toujours colorer ſes violences, ſes uſurpa-

tions, fa tyrannie, de quelques lueurs d'équité.
On dira, peut-être, que, fi les Souverains adop-
toient ces maximes, les vainqueurs, perfuadés
qu'ils ne peuvent acquérir le droit de lier les
vaincus, ne s'arrêteroient qu'après les avoir dé-
truits tout-à-fait. Je réponds que les Conquérants qui tant de fois ont ravagé la terre, ne fe
font communément arrêtés qu'après la deftruction,
ou la conquête des Empires. Dans les guerres qui
n'ont point précifément la conquête pour objet
immédiat, mais dans lefquelles un Peuple fe pro-
pofe feulement d'en abaiffer, d'en affoiblir un
autre, en un mot, de le priver de quelque avantage dont il jouit, le premier s'efforce toujours
de faire au fecond tout le mal dont il eft capable;
il le détruiroit même s'il croyoit pouvoir y parvenir. Qu'arrive-t-il pour l'ordinaire? Le vainqueur, fouvent épuifé lui-même, cherche à réparer fes pertes par un traîté; alors il met en
ufage la rufe & l'adreffe pour foumettre le vaincu
aux conditions les plus dures; communément il
ne confent à la paix, que lorfqu'il fe fent incapable de continuer la guerre; s'il lui reftoit affez de
force, ou s'il ne craignoit de faire ombrage à
d'autres Puiffances jaloufes, le vainqueur ne man-
queroit pas de pouffer les malheurs de fon ennemi vaincu auffi loin que le Conquérant ou le brigand avéré. Mais la paix procure des avantages
aux vainqueurs ainfi qu'aux vaincus; ils confentent de part & d'autre à mettre bas les armes,
parce qu'ils en ont befoin; l'un confent à perdre
quelque chofe pour fe fauver, l'autre fe contente des avantages qu'on lui cede.

PEUPLES & Souverains qui voulez que vos
traîtés obligent, n'entreprenez que des guerres

juſtes. Si vous exigez de l'équité, montrez vous-
mêmes de la bonne foi ; ſi vous demandez de la
fidélité, n'impoſez point des loix déraiſonnables.
Pour vous, Princes avides, injuſtes & turbulents,
les moyens de lier les hommes ne ſont point faits
pour vous. Deſpotes aveugles, qui ne ſuivez
que vos volontés déréglées, vos engagements ne
peuvent lier des Peuples dont vous ne conſultez
jamais les intérèts ; les puiſſances qui contraĉtent
avec vous, ont droit de ſe défier d'une volonté
que rien ne peut rendre ſtable & que la ſeule fantaiſie dirige. Les uſurpateurs & les tyrans ſont
toujours lâches & ſans foi : après avoir violé les
droits des leurs Sujets, comment craindront-ils
de violer les droits des autres, lorſqu'ils le pourront impunément.

§. XX. *Des conditions qui rendent les traités.
ſacrés.*

Il n'y a donc que des aĉtes légitimes, approuvés par la juſtice & la raiſon, conformes à la Nature de l'homme, qui puiſſent conférer des droits
véritables. Ce que la force arrache, peut être
arraché par la force ; ce que l'artifice fait obtenir,
peut être éludé par l'artifice ; ce que la ruſe en-
leve, peut être enlevé par la ruſe. Pour qu'un
droit ſoit acquis, il faut un conſentement. Mais,
dira-t-on, les Souverains ne conſentent jamais à
la diminution de leur pouvoir. L'aggreſſeur le
plus injuſte, le Conquérant le plus ambitieux, le
Souverain le plus méchant renoncent difficilement
au butin qu'ils ont ravi. Je réponds que la juſtice, aidée de la force, confere des droits légitimes. Une guerre juſtement entrepriſe donne des

droits

droits très réels. Le vaincu est alors un criminel qui subit malgré lui le châtiment naturel qu'il a justement encouru pour avoir violé les droits de la Société universelle. Quelque soit sa volonté, il est forcé de se soumettre à perdre des avantages dont il avoit abusé; la justice le condamne, ainsi que la voix de la grande Société, dont les individus, souvent injustes eux-mêmes, veulent pourtant la justice & approuvent que, pour le bien de tous, un membre nuisible aux autres soit puni par la privation des moyens de nuire. L'intérêt général lui défend de revenir sur les engagements que la justice lui impose & que le bien public exige; la force qui pouvoit le détruire, est autorisée à lui faire observer des conditions onéreuses, mais devenues nécessaires à la sûreté de tous. C'est alors un malfaiteur à qui l'on ôte les moyens de faire du mal en lui laissant la vie; il peut bien ne pas consentir intérieurement aux sacrifices qu'il est forcé de faire, mais ils n'en sont pas moins justes pour cela.

§. XXI. *Nul pouvoir institué pour contenir les Souverains.*

Dans la grande Société, dont les Princes & les Peuples sont membres, il existe une Loi; elle est le résultat des volontés de tous les Peuples qui s'accordent à contenir, à réprimer, à affoiblir les membres dangereux au repos du genre humain. La volonté d'une Société particuliere, ou la Loi qui exprime cette volonté, oblige chaque Citoyen à laisser jouir les autres de la sûreté, de la tranquillité, & à remplir ses engagements avec eux; elle punit les infracteurs, elle réprime & détruit les coupables. La Loi de la grande Société du monde oblige pareillement les Souverains à la justice, à la tranquillité, à la bonne foi. Mais il n'existe point de force ou d'autorité visible qui puisse contraindre les Princes ou les Peuples à observer ses décrets. Si tous les Souverains réunis formoient d'un commun accord un tribunal où leurs querelles pussent être portées ; si leurs volontés exprimées pouvoient, comme dans toute société particuliere, se faire exécuter, il n'est point de Souverain qui ne fût obligé de se soumettre à leurs décisions ; les forces de tous rendroient ces loix inviolables & sacrées. Mais l'inégalité des Sociétés, la diversité de leurs intérêts, la discordance de leurs passions ont rendu jusqu'ici chimériques & romanesques, les projets les plus utiles que la raison proposeroit à cet égard. Les Souverains & les Nations forment une Société sans chef, sans principes fixes, sans loix. Est-il donc surprenant de leur voir éprouver toutes les fureurs de l'anarchie ? Ils reconnoissent des Loix que, dans la pratique, ils violent ou éludent sans cesse ; chacun suit son intérêt particulier ; la justice n'est écoutée, que lorsqu'elle est appuyée de la force ; il faut un pouvoir, pour contraindre des êtres déraisonnables à être justes : où est celui qui en imposera aux maîtres de la terre ?

§. XXII. *De la Balance de l'Europe.*

Pour suppléer à l'autorité qui devroit contenir les Souverains, les conventions tacites & les traités ont établi en Europe une *balance* propre à maintenir entre les Puissances, l'équilibre du pouvoir ; cette balance fidélement maintenue assûreroit la tranquillité de cette florissante partie du

monde; toutes les Nations qui la compofent feroient, fans doute, intéreffées à entretenir cet
équilibre duquel dépend leur fûreté. L'Europe par
ce fyftême reffemble à une grande famille dont
tous les membres font unis par quelques liens
communs. Il n'eft point d'événements qui n'attirent l'attention de tous ceux qui compofent cette famille de Souverains. Mais fans ceffe divifés
d'intérêts, de préjugés, de paffions, leur confédération contre l'injuftice ne produit aucun effet;
toutes les décifions font remifes à la force ou à
la rufe; fous prétexte de maintenir la balance,
chacun s'efforce de la faifir. Les traités font
arbitrairement interprétés; la Politique eft une
fcience énigmatique & cachée, une mer de diffi-
cultés. Chacun s'efforce de plier la juftice à fes
vues; les Princes les plus injuftes en appellent à
la juftice; tous prétendent n'avoir pour objet que
le défir de conferver les Nations confiées à leurs
foins; l'avidité, l'ambition, le caprice fe cou-
vrent fous les dehors de l'amour du bien public.
Des engagements dictés par l'intérêt perfonnel
d'un Souverain qui parle au nom de fon Peuple,
font variables & momentanés. La Négociation
n'eft plus qu'un art dont la foibleffe fe fert pour
endormir la puiffance. Les prétentions les plus
iniques font ornées de couleurs éclatantes qui é-
blouiffent très fouvent la fagacité la plus exercée;
la paix n'eft communément que l'effet de l'épuife-
ment de deux partis également déraifonnables,
mais hors d'état de fe nuire plus long-tems: ceux
que la guerre a rendus les plus miférables cedent
pour un tems à des vainqueurs plus heureux; &
pour rompre leurs engagements, ils n'attendent
que les occafions de le faire avec impunité. Des

vainqueurs criminels font trompés par des vaincus qui réclament, fouvent fans fondement, des a-vantages puérils & imaginaires qu'ils regardent comme effentiels & comme des droits inaliéna-bles. Des alliances fondées fur l'incapacité de quelques Miniftres, fur la fraude, fur le defir de fe furprendre réciproquement, ne font d'aucune durée. Les garants dont la bonne foi & la force fembloient devoir affurer l'exécution des engage-ments les plus folemnels, changeant eux-mêmes de principes, renverfent leur folidité, & favori-fent l'infraction des traités qu'ils devroient faire obferver. Une jurifprudence barbare, inconnue de la juftice & de la raifon, s'introduit parmi des peuples qui ne femblent vivre que pour fe détrui-re les uns les autres. La *raifon d'État* mal enten-due, la *convenance* deviennent des droits; elles autorifent le plus fort à opprimer le plus foible, à l'attaquer à l'improvifte, à le dépouiller des avantages les plus légitimes, & celà fur des foup-çons & fous des vains prétextes. La poffeffion, l'ufurpation heureufe, de vaines formalités, des interprétations arbitraires deviennent autant de titres dont chacun cherche à fe prévaloir; & font les objets importants dont les Négociateurs font occupés. Le fort des Peuples dépend d'un mot douteux que chacun explique à fa façon; delà ces difputes puériles qui ne laiffent pas d'être com-munément fuivies par des guerres cruelles. Les Nations paient de leur repos, de leurs tréfors, de leur fang, l'ineptie, la vanité & les bévues de ceux qui négocient pour elles. Entre des Peu-ples & des Souverains également injuftes & dé-raifonnables, la raifon interdite ne fait fouvent quel parti prendre; la force feule décide leurs querelles; & leurs traités ne font que des tiffus de parjures, de menfonges & de fupercheries.

Il n'eſt point ſurprenant de trouver tant de fourberies & ſi peu de bonne foi dans la conduite de la plupart des Princes; les avantages de leurs Peuples n'entrent, comme on a vu, communément pour rien, ſoit dans leurs guerres, ſoit dans leurs traités; ils ne regnent que pour eux-mêmes; dans leurs démarches, ils ne conſultent que leur propre ambition, leur vanité, le deſir d'aggrandir leurs familles, les vues perſonnelles de leurs Miniſtres; les Nations ne ſervent qu'à faire réuſſir des projets totalement étrangers pour elles. Il ſembleroit que la Nature n'a formé tous les Peuples, que pour être les jouets des paſſions d'un petit nombre de Princes, qui, ſans conſulter leurs Sujets, diſpoſent de leur ſort, de leur perſonne, de leurs biens, de leur vie, & ſans ceſſe les ſacrifient à leurs propres folies.

Telles ſont les ſources de ces démêlés ſanglants, de ces diſputes obſcures & interminables qui déchirent preſque ſans relâche tous les Peuples de la terre. Guidée par la paſſion, le délire & l'intérêt préſent, la Politique fauſſe & inſenſée des Princes fait qu'ils s'occupent toujours bien plus du ſoin de nuire aux ſociétés qui les entourent, qu'à faire du bien à celles que le deſtin leur confie; ſans ceſſe empreſſés à ravir aux autres ce qu'ils poſſedent, ils négligent de jouir des avantages qu'ils ont entre les mains; acharnés à détruire leurs voiſins, ils oublient de rendre leurs ſujets heureux. Par là les Nations ſont dans une lutte continuelle; c'eſt la voie qui d'ordinaire les conduit à la deſtruction, dont ceux qui devroient les conduire au bien-être ſont les cauſes immédiates ou les auteurs véritables.

# *DE LA*
# DISSOLUTION
## DES,
## *ÉTATS.*

§. I. *Comment les Etats se dissolvent.*

La Nature par une marche constante mene tout ce qui existe à sa destruction ; les êtres physiques & les êtres moraux exécutent plus ou moins lentement cette loi inévitable. Les Sociétés humaines, leurs Gouvernements, leurs Loix, leurs institutions, leurs opinions, leurs demeures mêmes s'alterent & disparoissent quelquefois. Les hommes, ces êtres mobiles, sont dans une action & dans une réaction perpétuelles ; le Citoyen agit contre le Citoyen ; les différens corps d'un Etat luttent presque sans interruption les uns contre les autres. Les Souverains & les Sujets sont dans un combat continuel ; les Nations sont des efforts constants contre les Nations ; les passions, communes aux sociétés comm eaux individus, sont les forces motrices qui font naître les

mouvements divers dans le monde moral : de
cette collifion perpétuelle réfulte à la fin la diffolution des Corps Politiques.

Les Etats, comme les corps humains, portent en eux les germes de leur deftruction : comme eux, ils jouiffent d'une fanté plus ou moins
durable; comme eux, ils font fujets, foit à des
crifes qui les emportent avec rapidité, foit à des
maladies chroniques qui les minent peu - à - peu,
en attaquant fourdement les principes de la vie.
Ainfi que les malades, les Sociétés éprouvent des
tranfports, des délires, des révolutions : un em-
bonpoint trompeur couvre fouvent leurs maux
cachés; la mort elle - même fuit de près la fanté
la plus robufte. La Nature toujours agiffante
fait naître quelquefois tout - à - coup des hommes
qui güériffent un Etat de fes maux, & le font,
pour ainfi dire, renaître de fes cendres; plus fouvent elle fait éclorre du fein des Nations, des
Etres deftructeurs qui les précipitent en un clin
d'œil dans l'abîme.

Un Etat fe diffout, dès que les vices accumu-
lés de fon Gouvernement le privent de la fûreté,
de la force, des mœurs néceffaires au maintien
de l'enfemble. Cela pofé, un Corps Politique eft
menacé de diffolution, lorfque fes Souverains
négligent d'entretenir en lui l'efprit qui doit l'animer rélativement à fes befoins; lorfque, oubliant
de tenir l'équilibre entre fes forces, ils permettent
qu'une branche de l'adminiftration abforbe toutes
les autres; lorfque, par quelque vice interne, une
Nation ceffe de jouir de la puiffance, du rang, de
la confidération qu'elle devroit avoir parmi les
autres, d'après les avantages que la Nature lui a

donnés: ces avantages font déterminés par le nombre de fes habitans, par leur induftrie & leurs talents, par leurs richeffes & leurs reffources, par la bonté de leur fol, par fon étendue & fa pofition.   Une Nation fe diffout, lorfque les principes de fon Gouvernement font corrompus; lorfque les Loix font mauvaifes & fans viguer; lorfque l'Autorité eft méprifée; lorfque l'Anarchie s'empare de tous les ordres de l'Etat; lorfque les Citoyens s'ifolent & fe détachent de la Patrie; lorfque des guerres civiles les arment les uns contre les autres; lorfque la violence change la forme de fon Gouvernement; lorfqu'une force étrangere vient la démembrer, la détruire & lui ravir fon indépendance; enfin une Nation eft dans un Etat de diffolution & de ruine, quand les refforts du Gouvernement font ufés, & quand le luxe plonge tous les efprits dans l'apathie pour tout ce qui eft utile, dans l'indifférence pour le bien public, dans le mépris pour la vertu: l'Etat alors n'a plus de Citoyens, il fe remplit d'étres vicieux, détachés de leur Patrie qui ne font animés que d'une paffion défordonnée pour les richeffes, les plaifirs, les frivolités.

## §. II. *Chûte des anciens Empires.*

QUE font devenus ces Peuples fameux dont nous lifons avec étonnement les annales? Quel fort ont eu les inftitutions fi fages du laborieux Egyptien, les richeffes & les forces fi vantées de l'Affyrien, du Perfe & du Mede, les conquétes du Macédonien, le commerce étendu du Tyrien & du Carthaginois? Enfin que refte-t-il de ce Peuple vainqueur de tous les autres Peuples qui

P 5

finit par engloutir tous les Empires du monde, &
dont les Citoyens commandoient à tant de Rois?
Hélas! leurs Gouvernements ont été renversés,
leurs inftitutions abolies, leurs demeures & leurs
dépouilles partagées par des barbares: de toute
leur grandeur, il ne refte que des monuments in-
formes dont les ruines impofantes nous impriment
encore une vénération ftérile pour une Puiffance
qui n'eft plus.

Les Loix & les noms même des *Solon*, des
*Lycurgue*, des *Numa* ne font plus connus des barbares qui occupent aujourd'hui l'ancienne Patrie
de la liberté & de la gloire! Les inftitutions les
plus fages n'ont pu garantir les Peuples de leurs
propres folies, de la fureur des factions, des
guerres, du fanatifme des conquêtes, du poifon
du luxe plus deftructeur encore que tous les autres fléaux.  Que le paffé foit pour nous un mi-
roir fidele de l'avenir; il nous apprendra que les
Nations les plus puiffantes & les plus belliqueu-
fes, que les Gouvernements les plus fages, que
les établiffements qui fembloient devoir braver le
tems & l'inconftance des hommes, ont été tôt ou
tard forcés de fuivre la Loi d'une Nature qui veut
que tout finiffe.

### §. III. *Objection levée.*

Mais, dira-t-on peut-être, fi toutes les
Nations font forcées de fubir leur deftinée, fi
victimes des loix du fort & des révolutions du
globe, elles font toujours entraînées par une pente
fatale vers la ruine, qu'eft-il befoin de s'occuper
de maux qui doivent avoir leur cours? A quoi
bon difputer fur la préférence que mérite un Gou-

vernement fur un autre? Que peuvent produire ces loix fi fages, ces établiffements fi vantés, cette politique fi prudente, ces vertus mêmes que l'on regarde comme les foutiens des Empires? Ne fongeons point triftement à nos peines; laiffons nous entraîner le plus doucement qu'il eft poffible par la force irréfiftible de la néceffité, & n'allons pas par des réflexions affligeantes aggraver des malheurs auxquels nous ne voyons point de reme- des: contents de jouir du préfent tel qu'il eft, ne portons plus nos regards fur un avenir qui n'eft propre qu'à troubler.

C'est ainfi que parlent des hommes corrom- pus & frivoles, en qui le vice éteint l'amour de la Patrie, toute tendreffe pour leur poftérité. C'eft ainfi que s'expriment des efclaves indolents en qui le defpotifme a totalement étouffé jufqu'au defir de voir changer leur fort. Mais les maux des Nations font-ils donc fans remede? De ce que l'homme doit périr un jour, en concluera-t- on qu'il faut l'abandonner à fon fort, lorfqu'il eft accablé par quelque maladie? Les loix, la li- berté, la douceur du Gouvernement en font-ils moins des biens, parce que leur durée ne peut- être éternelle? La fanté eft-elle un bien à dédai- gner, parce que tôt ou tard elle eft fuivie d'in- firmités & de douleurs? La raifon, la prudence, la vertu, la liberté font-elles des chofes mépri- fables, parce que fouvent elles oppofent des bar- rieres impuiffantes à la force, au délire, au cri- me, à la tyrannie? Gardons-nous de le croire. Si les Nations ne font point deftinées à jouir d'u- ne félicité inaltérable, le bonheur n'eft pas moins fait pour être l'objet conftant de leurs defirs; leur bien-être, même paffager, doit occuper le législateur, le politique, le citoyen qui penſe, l'homme de bien qui s'intéreſſe à ſa Patrie.

C ELÀ poſé, examinons quelles peuvent être dans les différents Gouvernements les cauſes ſenſibles de leur diſſolution: remontons, s'il ſe peut, juſqu'à la ſource de la corruption des Etats; de ce que juſqu'ici l'inexpérience des hommes les a preſque toujours empêché d'oppoſer aux maux qui les aſſiegent, des remparts aſſez forts, n'allons pas en conclure que l'eſprit humain, retenu trop longtems dans une enfance perpétuelle, ne pourra jamais s'évertuer. Ne déſeſperons point de ſon activité; attendons un ſort plus doux du progrès des lumieres; s'il ne nous eſt pas permis de changer nos propres deſtinées, ſemons pour la Poſtérité; montrons lui les écueils où ſes peres ont échoué; expoſons lui les ſuites de leurs Gouvernements imprudents, de leurs légiſlations vicieuſes, de leurs préjugés dangereux, de leurs uſages inſenſés, de leurs vices deſtructeurs; traçons lui le tableau des folies qui les ont conduits à la ruine: faiſons des expériences pour cette poſtérité dont tout homme de bien doit tendrement s'occuper, & flattons nous de l'eſpoir conſolant que nos deſcendans, aidés des circonſtances & de nos réflexions, feront un jour plus ſages & plus heureux que nous.

§. IV. *Cauſes de diſſolution des Monarchies abſolues.*

L A Monarchie paſſe dans l'eſprit de bien des gens pour avoir des avantages marqués ſur les autres formes de Gouvernement. Moins une Monarchie eſt compliquée, plus ſon jeu ſemble avoir d'aifance.  Il eft vrai que dans la Monarchie, la puiffance de la Nation; remife entre les mains d'un Chef qui gouverne fans partage, fe porte avec facilité par-tout où le befoin l'exige; mais d'un autre côté, une force trop grande confiée à un feul homme, devient propre à fubjuguer une Société, qui ne préfente jamais à fon Souverain que des forces divifées & des volontés peu d'accord.  Ainfi la Monarchie dégénere prefque toujours en defpotifme & en tyrannie.  D'après l'exemple de tous les âges, on a pu voir les fuites des affreux abus d'un Pouvoir par lequel toutes les forces de l'Etat font facrifiées aux fantaifies d'un Defpote.

Lors même que la Monarchie ne dégénere point dans ces honteux excès, l'inégalité & la diverfité qui fe trouvent néceffairement entre les talents, les caracteres & les paffions des Monarques qui fe fuccedent, doivent produire des variations continuelles dans ce Gouvernement.  La volonté du Chef étant la feule regle de la Nation, doit produire à tout moment des révolutions dans les loix, dans les établiffements, dans les principes de l'adminiftration, dans les idées.  Il ne peut y avoir rien de fixe par-tout où le caprice peut tout changer d'un jour à l'autre; fi le même homme n'eft pas toujours d'accord avec lui-même dans les différents intervalles de fa durée, que fera-ce lorfque l'Etat paffera fucceffivement entre les mains de Princes ou de Miniftres, qui n'auront rien de commun avec leurs prédéceffeurs?

D'où l'on voit que par fon effence même un Etat Monarchique doit être dans une ofcillation continuelle, & que le maître de tout peut aifément

par son imprudence, conduire sa Nation à sa perte. Presque toujours les rênes de l'Empire sont
placées en des mains peu capables de les soutenir.
Ainsi le sort de tous dépend presque uniquement
des qualités d'un seul homme ; s'il possede par
hasard le génie, la capacité & les vertus nécessaires au Gouvernement, le plus souvent il est
remplacé par un successeur dont l'indolence, l'incapacité, la folie ou la méchanceté détruisent en
un moment, tout le bien que les soins de tous ses
prédécesseurs auront fait à son Peuple. Si la
Monarchie n'est point limitée par les Loix ; si
la Nation n'est point représentée par quelque
corps qui tempere le pouvoir suprême, le poids
de l'administration roule, pour ainsi dire, sur un
seul pivot qui venant à manquer, met l'Etat en
danger. L'injustice, l'ineptie, l'imprudence d'un
seul sont plus communes que celles d'un grand
nombre ; une Nation ressent sur le champ les
effets des mauvaises dispositions de son Chef ;
lorsqu'il est corrompu, ses vices, fidélement co-
piés par les Grands qui l'environnent, se propa-
gent avec célérité dans les ordres inférieurs : une
cour dissolue ne tarde point à rendre une Nation
vicieuse ; un Gouvernement peu fixe ne donne
point de fixité à l'esprit de ses Sujets. Des maîtres fastueux & vains répandront le goût du faste
& de la frivolité dans tout un Peuple.

L E Prince est-il indifférent, dissipé, incapable
de gouverner par lui-même? la Puissance Souveraine tombe entre les mains de quelques favoris,
de quelques femmes, d'un petit nombre d'hommes élevés par la cabale & l'intrigue qui, continuellement aux prises entr'eux, sont bien plus
occupés du soin de le maintenir en place & en

faveur, & de détruire leurs rivaux, que des travaux pénibles de l'adminiſtration. Comment ſous des Princes de cette trempe, l'Autorité diviſée pour de vils intérêts, dépourvue de ſyſtême, occupée du moment, mettroit-elle de la ſuite dans ſes opérations & pourroit-elle veiller au bien public?

LE Monarque eſt-il remuant? c'eſt vers la guerre que tous les regards ſe tournent; le ſang des Peuples coule pour charmer ſes ennuis; il ſe fait un jeu cruel du malheur de ſes Etats; il s'applaudit de la déſolation qu'il porte chez ſes foibles voiſins. Ainſi la vie & les biens des Sujets ſont follement prodigués; & ſouvent il ne leur reſte de leurs victoires, qu'un long épuiſement. Les malheurs des Peuples cauſés par les délires des Rois ſont écrits dans les Annales du monde, & les caractères de ſang qui nous le montrent, ſe renouvellent à tout moment. Les Monarques, pour la plupart, ne ſe croient puiſſants, qu'en raiſon du pouvoir qu'ils ont de faire du mal aux habitans de la terre.

FAUTE d'avoir des idées vraies de la grandeur & de la gloire, les Rois croient qu'elles conſiſtent dans la pompe & le faſte qui ſont identifiés avec la Monarchie. Rien de plus rare qu'un prince économe & ami de la ſimplicité. On ne parle ſans ceſſe à un Roi que de la ſplendeur du trône. Sous un Prince faſtueux, la ſubſtance de ſes Peuples eſt ſans ceſſe conſumée en fêtes diſpendieuſes, en amuſements frivoles, en dépenſes inutiles, en édifices ſomptueux qui retracent aux yeux de la Nation l'orgueil d'un Maître qu'elle eſt forcée d'entretenir. Elle a la douleur de voir élever des monuments qui l'appauvriſſent; plongée dans l'indigence, elle a ſous les yeux le faſte d'une cour inſolente qui nage dans l'opulence dont elle jouit à ſes dépens. Les tréſors conſumés pour repaître la vanité de quelques Monarques ſuffiroient très ſouvent pour rendre heureux un peuple entier.

Du rang trop élevé où le Monarque eſt placé, il ne peut voir d'aſſez près les beſoins de ſes Peuples: tout ce qui l'approche vit dans la diſſipation & l'abondance; ceux qui le conſeillent, complices des malheurs publics, ſont toujours intéreſſés à les lui diſſimuler & à les faire durer. De lâches complaiſants lui exagerent la félicité dont on jouit ſous ſes loix; des Flatteurs, des Courtiſans, des Miniſtres voudroient-ils attriſter ſon ame par le ſpectacle de la miſere? Non. L'intérêt veut qu'on lui cache des maux que l'incapacité ou la corruption ont fait naître. Exiger que l'homme de cour ſoit véridique, c'eſt exiger qu'il ſe dénonce lui-même. Un Monarque ne peut jamais connoître la vérité, il peut tout au plus la deviner: mais bientôt étourdi par le tumulte de ſa cour, elle s'efface à ſes yeux.

Gouverner un Etat eſt une occupation ſérieuſe & pénible, dont communément les Rois ignorent l'importance ou dont les détails leur paroiſſent effrayants. Engourdis dans la pareſſe, nourris dans les plaiſirs, bercés par la flatterie, les Princes ne ſont pour l'ordinaire que des enfans robuſtes, étrangers aux affaires, peu ſuſceptibles d'une attention ſuivie, à qui le travail & la réflexion paroiſſent odieux. Il faut des hommes, il faut de l'expérience, de la force & du génie

pour

pour régler un Etat, & trop souvent ce sont les plus foibles des mortels qui gouvernent les Empires! Ainsi peu-à-peu, & à l'insû du Monarque, les maux d'une Nation jettent de profondes racines, & il n'est averti de ses malheurs, que par sa propre chûte.

L'INTERVALLE presqu'imménse que le trône met entre le Souverain & son Peuple, lui dérobe toujours le mérite humble & les vertus modestes qui se tiennent dans l'obscurité. Sous un Prince forcé de voir par les yeux des autres, les talents sont écartés par des Courtisans jaloux; l'incapacité, toûjours effrontée, usurpe les faveurs & les récompenses: le découragement s'empare de la Nation; personne ne se donne le soin d'acquérir des connoissances qui seroient inutiles dans un Etat où les emplois ne sont le prix que de la ruse, de la bassesse, de l'audace. Une injuste préférence accordée continuellement à la naissance, aux richesses, à la faveur, à l'intrigue, empêche les talents de se faire jour au travers d'une foule de Courtisans qui croient toujours que les bienfaits du Monarque leur appartiennent à l'exclusion de tous les autres.

COMME dans la Monarchie, plus que dans tout autre Gouvernement, la vanité accompagne l'autorité; comme elle ne s'annonce que par un faste inutile qui, d'abord imité par les Courtisans, est suivi par les différents ordres de la Nation, tout le monde veut ressembler au Souverain ou à ceux qui l'approchent; il s'établit une rivalité de faste & de dépenses; il s'allume dans tous les cœurs une passion exclusive pour les richesses, connue sous le nom de *Luxe* qui, comme nous le verrons

bientôt, eft un ver rongeur qui dévore l'Etat.
Le luxe eft, pour ainfi dire, un mal inhérent à
la Monarchie, où la faveur, la naiffance, les
richeffes mettent une difproportion trop grande
entre les Citoyens. Chacun veut fe donner l'air
de la grandeur, parce que le pouvoir fuit la grandeur. Sous un Roi, la vanité eft plus contagieu-
fe, que fous un Gouvernement Républicain, où
l'égalité établie par la liberté & les loix rend
l'appareil de la Puiffance beaucoup moins néceffaire.

§. V. *Caufes de la diffolution des Monarchies
limitées.*

MÊME dans une Monarchie limitée, le Monarque conferve toujours un afcendant très mar-
qué fur les Corps qui concourent au Gouvernement, quand, dépofitaire unique de la Puiffance
exécutrice, qui demande plus particuliérement
l'unité, il tient dans fes mains les forces militai-
res; quand il refte le maître & de la diftribution
des graces & de l'emploi des deniers publics; ces
deux refforts, dirigés par une volonté fixe contre
des volontés difcordantes & divifées, doivent
parvenir tôt ou tard à les dompter. La force
intimide, les récompenfes féduifent, & le Souverain finit par fubjuguer tous ceux dont il peut
acheter les fuffrages. Un Monarque prend un
afcendant néceffaire fur une Nation vénale qui
confent à lui vendre fa liberté; il en devient in-
dubitablement le maître abfolu, quand la foif de
l'argent l'a corrompue; l'amour des richeffes,
devenue la paffion dominante d'une Nation, applanit toujours la route au Defpotifme. Les

Citoyens qui veulent être chargés de repréfenter la Nation ; ne regardent plus leurs places que comme des moyens d'acquérir des richeffes, des titres, des emplois lucratifs ; ils acheteront alors d'un Peuple avide & corrompu lui-même, le droit de le revendre au Souverain, qui peut les enrichir, les décorer, les appeller aux grandes places. La liberté fera toujours précaire dans les pays où le Monarque fera le poffeffeur exclufif de tout ce qui peut exciter la vanité & la cupidité des hommes ; elle ne peut être affurée qu'en ôtant au Souverain les moyens de fubjuguer & de féduire, & en rendant tout homme, refponfable de fa conduite à la Nation. Rien de plus illufoire qu'une liberté que fes défenfeurs peuvent attaquer ou aliéner fans craindre d'être punis par leurs Conftituants : rien de moins durable qu'une liberté que ces Conftituants confient fans examen à des Citoyens qui les ont achetés eux-mêmes à prix d'argent.

Sous une Monarchie mixte, le Peuple & fes Repréfentants, en poffeffion de faire connoître leurs defirs, font fouvent la loi au Souverain & à fes Miniftres ; mais le Peuple fufceptible d'ivreffe, de fanatifme, de paffion, & communément dépourvu de prévoyance, entraîne fouvent le Gouvernement dans des démarches ruineufes & précipitées. L'Autorité Souveraine ne peut toujours oppofer une digue affez forte à la déraifon du Peuple & de ceux qui le repréfentent ; fa prudence eft obligée de céder quelquefois au torrent d'une multitude imprudente. Si la Nation eft commerçante, fon avidité portera uniquement fes vues du côté du commerce : elle négligera ou dédaignera l'agriculture, elle n'emploiera fes forces qu'à fatisfaire fon avarice & fa paffion pour des richeſſes, dont tôt ou tard le poids ne peut manquer de l'accabler, ſur-tout lorſque le luxe aura achevé d'anéantir le patriotiſme & les vertus néceſſaires au ſoutien d'un Etat.

Le Gouvernement mixte, quand il n'a pas ôté au Peuple la faculté d'exercer la licence, éprouve très fréquemment les inconvénients du Gouvernement Populaire. Des enthouſiaſtes, des impoſteurs, des charlatans politiques auront, comme dans la Democratie, le pouvoir d'allarmer le vulgaire, d'exciter ſa fureur, de lui rendre ſuſpectes les démarches & les entrepriſes les plus juſtes, les plus utiles, les plus ſenſées, en un mot, l'animeront contre ſes intérêts les plus vrais, lorsque leurs propres paſſions n'y trouveront point leur compte. Ainſi la Nation ſe déchirera en partis, en factions, en cabales dont les ſuites ſont les mêmes, que celles qui amenent la ruine d'un Gouvernement Populaire. Il eſt dans les Monarchies Mixtes des Orateurs, des Démagogues, des fourbes qui par la faveur du Peuple s'élevent juſqu'aux conſeils des Rois qu'ils tyranniſent au nom de la Nation, & qui, revêtus de l'autorité de ce même Monarque & diſtributeurs malgré lui de ſes graces, s'en ſervent pour abattre la Nation; pour l'acheter, pour la diviſer, pour établir leur propre pouvoir. Un Monarque plus habile & plus aviſé, éludant adroitement les loix qu'il ne peut violer ouvertement, ou même faiſant uſage de ſes prérogatives trop grandes, profitera des diſſenſions publiques, & parviendra peu-à-peu à trouver des complices de ſes entrepriſes & à mettre ſa Nation aux fers.

L'esprit de parti & les factions, dans les

Monarchies tempérées, en divifant les Sujets,
fourniffent au Monarque, des occafions fréquentes
de ruiner la liberté. Les factions ont rarement
le bien de l'Etat pour objet véritable; il ne s'agit
communément que de l'ambition de quelques
mauvais Citoyens qui ne cherchent qu'à fe difputer le pouvoir, à fe décrier, à faire échouer
leurs entreprifes réciproques. La Nation fe partage entre des champions dont le zèle impofteur
n'a pour objet que de fe détruire réciproquement;
les efprits ne s'occupent que de leurs combats
inutiles au bien public, l'on ne fonge aucunement
à la Patrie, à réformer les abus, à perfectionner
les Loix. Les Chefs des factions s'attirent tous
les regards; leurs combats deviennent pour les
Citoyens, des fpectacles qui les empêchent. de
penfer à leurs propres intérêts ou au bien de l'E-
tat. Faute de connoître les vrais principes du
Gouvernement, de remonter aux droits naturels
de la Société, les hommes ne connoiffent d'autres
droits que ceux de leurs peres, de l'exemple, de
l'autorité; ils font perpétuellement les dupes de
ceux qui font fonner dans leurs oreilles, les mots
emphatiques de loix, d'ufages, de patrie, de liberté, auxquels très peu de gens favent attacher
des idées.

Pour défendre la liberté, il faut des lumieres, de la droiture, de la vertu, & fur-tout
des ames nobles & défintéreffées. Des hommes
fans talents, remplis de vanité, entêtés de privileges futiles & fouvent injuftes, infectés d'avarice, feront perpétuellement divifés d'intérêts &
ne s'occuperont que foiblement du bien public.
Prefque toutes les affemblées nationales fe paffent
en vains débats entre des hommes vains qui s'ob-

fervent ou qui cherchent à fe détruire ou fe combattre fans profit pour leur pays. A la faveur
de ce conflict entre des champions imprudents,
le Defpotifme furvient pour les mettre d'accord.
C'eft ainfi que fe diffolvent les Gouvernements
qui paffent pour les plus fages, & qui, faute de
vertus, font perpétuellement agités. Le Monarque fait continuellement des efforts pour étendre
des prérogatives dont les limites le gênent; la
Nobleffe eft quelquefois trop orgueilleufe, pour
vouloir confondre fes intéréts avec ceux du vulgaire qu'elle méprife; le Clergé croit voir fon
intérêt à feconder le Prince dans le projet de
ruiner la liberté publique: les Miniftres veulent
établir leur propre pouvoir aux dépens du Roi &
de la Nation; ceux qui guident le Peuple ou
qui le repréfentent, fe partagent en factions &,
fous prétexte de fervir leurs pays, ne fervent que
les paffions des ambitieux qui veulent obtenir des
richeffes, des titres & du pouvoir. Le mot de
bien public, dans la bouche des factieux, n'eft
qu'un moyen de s'aider de la faveur du Peuple,
pour arracher du Souverain les objets que l'on
defire.

§. VI. *Principes de deftruction dans la Démocratie.*

CHACUN fent aifément les inconvénients attachés au Gouvernement Populaire, qui, par la déraifon du Peuple, femble devoir être regardé comme le pire de tous. Pour peu que l'on parcou-
re l'hiftoire des Démocraties tant anciennes que
modernes, on voit que le délire & la fougue préfident communément aux confeils du Peuple. La
partie la moins raifonnable & la moins éclairée

d'une Nation, fait la loi à celle que son expérience & ses lumieres mettroient en droit de commander, & celle-ci souvent par ses hauteurs & son Despotisme, se rend justement suspecte au Peuple. L'homme déraisonnable est toujours envieux. Une multitude jalouse & ombrageuse croit avoir à se venger de tous les Citoyens que le mérite, les talents ou les richesses lui rendent odieux; l'envie, & non pas la vertu, est le puissant mobile des Républiques: les services les plus signalés sont punis & méconnus par une troupe d'ingrats que le nombre & l'impunité empêchent de rougir de ses crimes. Un Peuple, comme un particulier, devient insolent & méchant quand, sans lumieres & sans vertus, il jouit de la Puissance; il s'enivre de vanité à la vue de ses forces qu'il ne sait jamais exercer avec prudence ou justice: il méconnoît alors ses vrais amis, pour se livrer à des perfides qui flattent ses passions. Ces Athéniens si vantés ne nous montrent dans leur histoire, qu'un tissu de folies, d'injustices, d'ingratitudes & d'oppressions: on y voit les défenseurs les plus généreux de cette indigne République, obligés de se justifier de l'avoir fidélement servie, ou contraints à se bannir, pour éviter la fureur d'une populace dont ils avoient affermi la licence plutôt que la liberté.

Ainsi, sous la Démocratie, la vertu même devient souvent un crime. Un Peuple aveugle devient à tout moment la dupe des flatteurs, qui font servir ses fureurs à leurs projets: la chaleur de son imagination le livre à des factieux qui le soulevent contre ce qui fait obstacle à leurs propres passions: son délire le rend la proie des ambitieux qui l'égorgent de ses propres mains, &

qui, pour terminer ſes malheurs, l'obligent à la fin à ſe réfugier ſous les aîles de la tyrannie : celle-ci acheve de détruire ce que l'anarchie & la licence avoient pu épargner.

EN UN MOT, par-tout où le Peuple eſt en poſſeſſion du pouvoir, l'Etat porte en lui le principe de ſa deſtruction. La liberté y dégénere en licence, & eſt ſuivie de l'anarchie. Furieuſe dans l'adverſité ; inſolente dans la proſpérité, une multitude fiere de ſon pouvoir, entourée de flatteurs, ne connoît point la modération : elle eſt prête à recevoir les impreſſions de tous ceux qui veulent ſe donner la peine de la tromper ; peu retenue par les liens de la décence, elle ſe porte ſans réflexions & ſans remords aux crimes les plus honteux, aux excès les plus criants. Si pluſieurs Citoyens oppoſés d'intérêts ſe diſputent l'Empire, le Peuple alors ſe partage en factions ; la guerre civile allume ſes flambeaux ; les uns ſuivent un *Marius* & d'autres un *Sylla* : un fanatiſme contagieux s'empare de tous les cœurs, &, ſous prétexte du bien public, la Patrie eſt déchirée par des furieux qui prétendent la ſauver. C'eſt ainſi que naiſſent ces guerres civiles, les plus atroces de celles qui déſolent la terre. L'on y voit le pere combattre contre le fils, le frere contre le frere, le Citoyen devient pour le Citoyen un ennemi perſonnel : rien ne manque à leurs fureurs, lorſqu'aux inimitiés politiques la ſuperſtition donne encore la ſanction du ciel ; alors le Peuple ſe livre ſans remords aux plus affreux excès, & croit ſe rendre plus agréable à ſes Dieux, à meſure qu'il montre plus de déraiſon & de cruauté.

## §. VII. *Dans l'Aristocratie.*

Sous l'Aristocratie, un petit nombre de Citoyens puissants ne tarde point à faire sentir son autorité à un Peuple qu'il méprise, & dont peuà-peu il devient le tyran. Dans un Etat Aristocratique, chaque membre du Gouvernement se croit un Roi. Dans quelques Aristocraties nous voyons la même politique, les mêmes soupçons, les mêmes loix sanguinaires, aussi peu de liberté, que sous les Tyrans les plus ombrageux. La Tyrannie Aristocratique n'est pas moins douloureuse, elle est même plus permanente, que la tyrannie d'un Monarque. Un Corps ne change guerre de maximes; un Despote peut en changer lui-même, ou du moins être remplacé par un successeur modéré. Sous une Aristocratie illimitée, le Peuple est tyrannisé pendant des siecles par des Maîtres qui ne s'écartent jamais de leur plan. Si quelques Chefs plus rusés ou plus entreprenants que leurs égaux, se disputent le pouvoir, la multitude se partage en factions & paie de son sang, l'ambition de ses oppresseurs.

## §. VIII. *Autres causes de dissolution.*

Non seulement la forme du Gouvernement ne garantit point les Nations de la destruction; les choses mêmes qui dans l'origine étoient les plus salutaires, finissent par se tourner en poisons; semblables aux aliments les plus sains, l'excès en devient nuisible. C'est ainsi que la liberté, cet unique gage de la félicité publique, dégénere en une licence funeste, lorsqu'elle n'est point retenue par des Loix qui en préviennent l'abus. D'un autre côté, un refpect exceffif pour les loix & les inftitutions de fes peres, peut devenir très dangereux, lorfque les changements furvenus à l'Etat les ont rendus inutiles ou contraires à fes intérêts actuels. Dans d'autres circonftances, le mépris de ces Loix conduit à l'efclavage ou à la licence, amene tantôt l'Anarchie & tantôt la Tyrannie. Dans une République, une loi. changée produit fouvent une révolution; fous le Defpotifme, il n'en exifte point d'autre que l'intérêt actuel du Monarque ou de ceux qui veulent pour lui. Une longue tranquillité endort une Nation dans l'aifance & la molleffe, & la prive des moyens d'oppofer des forces aux entreprifes de fes ennemis. Un Peuple trop belliqueux dévore fa propre fubftance & finit par expirer lui-même des coups qu'il porte aux autres. Une Nation pauvre gémit de fon fort & feche de jaloufie à la vue de l'opulence qui regne chez fes voifins: une Nation trop enrichie ne peut qu'abufer de fes richeffes, & périt au fein de l'abondance par le luxe dans lequel elle eft bientôt plongée.

## §. IX. *Du Luxe.*

Nous voici naturellement conduits à parler du Luxe, cet objet de la déclamation de la plupart des Moraliftes & des Politiques, & des apologies de quelques autres. Un commerce étendu amene le luxe tôt ou tard, fi une fage politique ne le contient dans de juftes bornes. Examinons maintenant les effets de l'abus des richeffes, fuite ordinaire de l'opulence des Etats comme de celle des particuliers.

Le Luxe eft la fituation d'une Société dont la

richeſſe eſt devenue la paſſion principale. Dès que l'argent eſt l'objet excluſif des vœux du plus grand nombre des membres d'une Société, il ne peut y avoir de mobile plus puiſſant que le deſir d'en acquérir. Il n'eſt plus d'enthouſiaſme que celui de l'opulence; il n'eſt d'émulation que pour ſe procurer par les voies les plus promptes, les ſignes qui, de l'aveu de tous, repréſentent le pouvoir, les plaiſirs, la félicité.

UNE Nation enivrée de ces préjugés, peu contente d'avoir ſatisfait ſes beſoins réels par un commerce étendu, s'occupe à en inventer de fictifs & de ſurnaturels: la ſatiété l'endort; le changement lui devient néceſſaire; la langeur & l'ennui, bourreaux aſſidus de l'opulence, ſuivent les beſoins ſatisfaits: pour tirer les riches de cette léthargie, l'induſtrie eſt forcée d'imaginer à tout moment de nouvelles façons de ſentir: les plaiſirs ſe multiplient; la nouveauté, la rareté, la bizarrerie ont ſeules le pouvoir de réveiller des êtres pour qui les plaiſirs ſimples ſont devenus inſipides. Tout ſe change en fiction; le luxe comme la féerie ne fait naître que des phantômes: des imaginations malades ne ſe ſoulagent, que par des remedes imaginaires. L'avidité, le deſir d'acquérir des richeſſes, afin de les étaler & de les diſſiper, ſont les paſſions épidémiques: perſonne n'eſt content de ce qu'il a, chacun eſt envieux de ce que poſſedent les autres; perſonne ne peůt être heureux, à force de vouloir le paroître. Les biens les plus ſolides ſont ſacrifiés à l'apparence; le ſoin de s'amuſer devient la plus importante des occupations.

DELÀ tant de dépenſes frivoles, de plaiſirs

couteux, de goûts fántafques, de modes paffage-
res que l'on voit à tout moment paroître & dis-
paroître dans les pays où le luxe a fixé fon domi-
cile. Tout eft forcé de changer fans ceffe, de
fe dénaturer, de fe dépraver pour plaire à des
hommes, ou plutôt à des enfans, qui demandent
à tout moment de nouveaux jouets. ou qui fe
croient malheureux dès qu'ils font privés de ceux
qu'ils voient entre les mains des autres. La parure, les ameublements, des curiofités, dont la
rareté fait tout le prix, des mêts défigurés & arrachés à une Nature trop lente au gré des defirs,
font l'objet le plus férieux de l'occupation d'un
tas d'hommes efféminés que l'ennui contraint à
chercher au-dehors, des reffources qu'ils ne trouvent point en eux-mêmes. Tout fe remplit d'é-
difices dont l'étendue ne fert qu'à faire fentir au
poffeffeur fa petiteffe, fon néant, & à exciter
dans les autres, foit une envie cruelle, foit une
émulation ruineufe. Des parcs immenfes, des jar-
dins pompeux entourent ces monuments inutiles;
le champ du laboureur, enfermé dans des murs,
eft perdu pour l'Etat; par-tout la Nature qu'on
dédaigne, eft forcée de céder à l'art qui fe plaît
à la vaincre : les montagnes font applanies; les
plaines font changées en montagnes; l'eau, bannie de fa place, eft forcée de remonter dans les
airs pour récréer les regards de ces hommes bla-
fés, qui, peu fenfibles aux beautés naturelles, ne
trouvent rien d'aimable s'il n'eft dénaturé.

Pour fatisfaire des fantaifies renaiffantes, il
faut fans doute des richeffes : quelqu'en foit la
fomme dans une Nation, elle eft toujours infiniment au-deffous de ce qu'il faut pour contenter
tous ceux qui les defirent. Ainfi le Gouvernement

devient avide pour contenter ses avides Sujets, dont il ne peut remuer les passions que par l'appas du gain, & jamais les trésors de l'Etat ne suffisent à tant d'affamés qu'il faut mettre en mouvement. Le Souverain ne peut plus les récompenser, parce que tous sont devenus insatiables; il est forcé d'acheter les hommes, tout est vénal, le devoir, la vertu, le courage. Mais comment rempliront leurs devoirs des hommes frivoles qui n'en ont aucune idée, qui n'ont l'esprit occupé que d'amusements & de bagatelles, qui se rendroient ridicules s'ils prenoient à cœur des fonctions sérieuses? Quelles vertus publiques rencontrer dans des êtres qui n'ont aucun intérêt à servir la Patrie, pour qui, hors le plaisir, tout est indifférent; pour lesquels tout ce qui en détourne paroît une gêne insupportable? Comment inspirer de la noblesse, de la grandeur d'ame, de l'intrépidité à des hommes amollis, énervés eux-mêmes & dont les travaux ne seroient jamais à leur gré suffisament payés? Dans les pays où le luxe domine, la guerre devient un trafic honteux. L'or étant la mesure de la considération & du bonheur, l'honneur n'est plus qu'un phantôme & l'illusion disparoît. Le luxe, bien mieux que la raison, détrompe l'homme des préjugés. Rien de solide sinon l'argent; rien de réel que l'opulence; rien de désirable que le plaisir. Le Citoyen aveuglé calcule & pese tout; dans sa balance, être riche est le seul bien réel; l'estime, la réputation, la gloire, la probité ne sont que des chimeres. D'ailleurs les plus riches ne tardent point à faire la loi aux autres & sont bientôt les plus considérés. Alors chacun se dit ,, qu'im-,, porte ce que l'Etat devienne, pourvu que je

„ fois fortuné? Que fait l'opinion des hommes,
„ pourvu que mes jours coulent dans les plaifirs?
„ Pourquoi m'embaraffer du fort de mes enfants?
„ L'homme eft-il donc fait pour plonger fes re-
„ gards dans l'avenir? *Il faut vivre pour foi;*
„ n'empoifonnons point notre vie par des cha-
„ grins éloignés.” Ainfi le luxe, après avoir fait
perdre toute honte aux hommes, les rend infenfibles, cruels, & brife pour eux jufqu'aux liens
facrés defquels dépend leur félicité domeftique.

### §. X. *Le Luxe nuit à la population.*

Le Luxe diminue la population; il ravit aux
campagnes une foule de cultivateurs qui préferent la vie molle des villes opulentes, aux travaux
pénibles des champs. Les villes où regne le luxe,
abforbent l'élite des Sujets; le befoin des plaifirs
y fait accourir de toutes parts, des hommes oififs
que l'ennui tourmente. Dégouté d'une vie champêtre & uniforme, d'une folitude qui lui déplait,
d'une langueur accablante, le propriétaire opulent fuit l'héritage de fes peres, & va chercher
dans des fociétés plus actives, un mouvement devenu néceffaire à fon ame engourdie. Ses richesfes le fuivent: au lieu de réagir fur ceux qui les
procurent, au lieu de circuler librement parmi les
cultivateurs, elles vont enrichir des parafites,
des complaifants, des faux amis, des femmes
perdues, & font naître une foule de vices & de
défordres. Des befoins imaginaires & toujours
renouvellés empêchent fouvent l'homme riche de
fe multiplier. Il fait qu'une femme peu réglée
augmenteroit fa dépenfe; une famille nombreufe
nuiroit à fes fantaifies; le nom de pere lui fait

peur. L'argent tout puissant lui procure sans conséquence, les plaisirs que la Nature attache à la propagation; il se voue au célibat, & ne veut point donner le jour à des étres qui pourroient par la suite diminuer son aisance.

L a navigation & le commerce perpétuellement occupés à chercher dans des pays éloignés, les marchandises que les besoins fictifs ont rendu très nécessaires, font périr un grand nombre de Citoyens arrachés aux campagues, pour étre sacrifiés à l'intempérie des climats lointains. Ainsi des hommes sans nombre sont indignement immolés aux fantaisies du riche sottement dégoûté des productions de son pays.

L'agriculture, abandonnée aux soins de laboureurs indigents & sur lesquels encore la main d'un Gouvernement affamé s'appesantit chaque jour, ne peut être portée à la perfection dont elle est susceptible; le cultivateur est découragé par les impôts; ceux qui par leur opulence pourroient ranimer le zèle du villageois, qui devroient par des avances, le porter à des entreprises utiles, qui par leurs bienfaits releveroient son courage abattu & l'aideroient à supporter les taxes qui l'accablent, ignorent le doux plaisir de soulager l'indigence laborieuse : occupés dans des villes bruyantes à des amusements frivoles, ces hommes légers ignorent la misere des campagnes, ils ne songent qu'à consumer leur héritage dans une splendide oisiveté, & ne laissent à leur postérité que des terres incultes & hypothéquées.

L e commerce lui-même, dont l'abus & l'excès font naître le luxe, se ressent des caprices de l'enfant dénaturé dont il repaît l'avidité. Des hommes dédaignent l'induſtrie de leur Patrie & de leurs propres manufactures , n'eſtiment les choſes qu'autant qu'elles ſont rares & difficiles à ſe procurer. L'argent, cette idole des Nations livrées au luxe, eſt lui-même ſacrifié au caprice, à l'inconſtance, à la fantaiſie; pour les ſatisfaire; on le prodigue ſans retour à des Peuples lointains. Le commerce eſt encore plus ſûrement étouffé, lorſqu'un Gouvernement inſatiable le ſacrifie à des reſſources plus promptes & plus propres à ſatisfaire ſon ardeur impatiente. La paſſion des richeſſes redouble les impôts ſur les denrées, les manufactures, & ſur les objets dont le Négoce s'occupe; il ne jouit plus de la liberté qui eſt ſi néceſſaire; il reçoit des entraves continuelles & ſouvent eſt forcé de fuir aux approches de la finance, bien plus faite pour remplir les vœux d'un Gouvernement prodigue, dont les beſoins ſe multiplient de jour en jour.

Les manufactures multipliées par l'avidité au-delà des bornes, nuiſent à l'agriculture. Les productions de l'Art font alors négliger celles de la Nature. Un travail moins pénible engage le cultivateur à laiſſer là ſon champ; & lorſque l'inconſtance naturelle des Peuples livrés au luxe, rend quelques manufactures inutiles, ou lorſque la rigueur du Gouvernement leur impoſe des gênes, l'ouvrier va porter à d'autres Nations ſes bras & ſes talents; jamais il ne conſent à travailler à la terre, dès qu'une fois il l'a quittée.

§. XI.

## §. XI. *Il nuit à l'Esprit Militaire.*

DEMANDERA-T-ON des vertus guerrieres à un Peuple énervé par l'abondance, engourdi par le luxe, dont l'argent est l'unique passion? Le soldat, il est vrai, enlevé à une vie laborieuse pourra combattre avec valeur; réduit à une subsistance modique, le luxe n'est point fait pour lui, il voit tout au plus avec chagrin celui des hommes qui le commandent. Mais à quoi peuvent mener la force & la valeur du soldat, sans la capacité de ceux qui le dirigent? Le courage devient nuisible, si la prudence ne le retient, si l'expérience ne le guide. Des Chefs efféminés dès leur enfance, épris des vains amusements des villes, énervés par une débauche précoce, porteront-ils dans les camps & sous la toile cette force cette vigueur que demandent les travaux de la guerre? Est-ce dans le commerce des femmes qu'ils auront appris un métier pénible & qui suppose une longue expérience? Une mollesse, une foiblesse innée résisteront-elles aux fatigues? Ont-ils acquis cette force d'ame qui contemple le danger avec sérénité? ces ressources, ce coup d'œil prompt qui remédient aux événements imprévus? Il n'est qu'un mobile pour ceux qui se destinent à la guerre, c'est l'amour de la Patrie, le désir d'être estimé, la crainte de la honte, en un mot, c'est l'honneur. Dans un pays où regne le luxe, la vanité l'emporte sur la gloire; alors tout l'honneur consiste à posséder des richesses: elles effacent la honte, elles donnent sans travail, l'estime, la considération, les plaisirs & tous les avantages, que dans une Société bien constituée, procurent le mérite, les talents & l'utilité. L'honneur détermine les hommes à facrifier leur vie ; mais l'opulence les attache à cette vie & veut qu'ils en jouiffent. Le luxe a mille liens par lesquels il rend l'homme pufillanime. Un État eft perdu, lorfque la richeffe eft l'objet le plus eftimé, & lorfque l'argent feul eft le mobile qui faffe remplir fes devoirs.

§. XII. *Il énerve & amollit les corps & les efprits.*

DANS tout pays où le luxe s'introduit, les hommes pour s'amufer, ont befoin les uns des autres ; les femmes deviennent plus néceffaires à la Société ; pour plaire à un fexe enchanteur dans lequel l'homme eft fait pour trouver des plaifirs & des agréments, il eft forcé de renoncer à l'énergie du fien, de s'accommoder à fes foibleffes, d'adopter fes fantaifies, fes plaifirs, fes idées. Peu-à-peu l'homme d'Etat, le favant, le guerrier même perdent l'habitude de penfer ou d'agir avec vigueur ; les paffions les plus fortes fe contraignent & s'amolliffent, elles prennent le ton de ces dangereufes fyrenes. L'amour perd fes emportements, il fe change en galanterie, la jaloufie s'affoiblit ; tout devient décence, politeffe, déférence ; la crainte d'effaroucher des êtres délicats, donne une teinte de molleffe à tout ce qui les approche. A mefure que le luxe augmente, les femmes prennent plus d'empire, elles reglent enfin tous les goûts ; confondues avec les hommes, leurs mœurs fe corrompent ; leur propre foibleffe les expofe au défordre. Ainfi peu-à-peu la Nation fe remplit de femmes galantes qui donnent le ton, & d'hommes aimables & légers qui s'efforcent de leur plaire.

## §. XIII. *Le luxe peut - il être utile ?*

QUELQUES Politiques nous diront peut-être qu'un Gouvernement éclairé peut tirer parti du luxe même, & le faire tourner au profit de la Nation. Mais comment rendre utile à l'Etat, une maladie invétérée qui mine tous ſes membres ? Quels fruits tirer d'une léthargie qui les engourdit totalement, d'une langueur qui les prive de toute énergie ? Quelle paſſion pourroit - on faire ſervir de contre - poids à celle de la richeſſe devenue l'unique repréſentation de l'honneur, des plaiſirs, de la félicité ? En vain oppoſeroit - on des loix ſomptuaires à des hommes pour qui le faſte, le deſir de ſe ſurpaſſer les uns les autres, les plaiſirs recherches & couteux, les marchandiſes étrangeres ſont devenus des objets indiſpenſables : ces Loix éludées ou violées par l'opulence, par le crédit, par la grandeur, ne ſeroient point exécutées ; elles rendroient inutiles, des bras que le luxe ne fait jamais employer. D'ailleurs ſous le regne du luxe, l'Autorité ne peut avoir de vigueur ; des Souverains, des Miniſtres, des Courtiſans énervés eux-mêmes, ſeroient les premiers tranſgreſſeurs des loix qu'ils auroient impoſées : des hommes accoutumés à une vie molle & diſſipée, incapables d'application ſérieuſe, dont l'amuſement eſt l'unique objet, dont le faſte & la vanité font toute la grandeur, appliqueront - ils des remedes à une maladie dont ils ſont eux-mêmes plus atteints que les autres ? En vain nous en flatterions-nous ; dans un pays infecté par le luxe depuis le Monarque juſqu'au plus vil de ſes Sujets, tout eſt plus ou moins malade : tous les Citoyens ſont tourmentés de la ſoif des richesfes, & les Grands endormis dans la fatieté, ne pourront être réveillés de leur fommeil, que par des amufements diverfifiés, par des dépenfes multipliées, par des plaifirs dont la chereté fait fouvent tout le prix.

Des Loix fomptuaires deviendroient donc inutiles; elles ne remédieroient nullement au délire épidémique qui s'eft emparé des efprits; d'ailleurs ces loix feroient ou générales ou particulieres. Si elles étoient générales ou obfervées à la rigueur par tous les Citoyens, le manufacturier rendu bientôt inutile à fon pays, iroit porter fon induftrie aux Nations étrangeres; ainfi l'Etat perdroit & l'homme & les richeffes que fon induftrie attireroit du dehors. Si ces Loix font particulieres ou ne font faites que pour réprimer le luxe de quelques ordres de Citoyens, elles établiffent entr'eux une diftinction d'autant plus douloureufe, que la vanité eft de l'effence d'un pays où le luxe s'eft introduit. D'un autre côté, un Gouvernement frappé lui-même de la contagion, n'a point l'énergie néceffaire pour vouloir fortement & pour fe faire obéir; il devient le complice des infracteurs de la Loi. Les monarchies, encore plus que les Républiques, font fujettes à ces inconvénients; l'inégalité des rangs, la naiffance, le crédit, la faveur & fur-tout la féduction des femmes rendent inutiles les efforts que le Gouvernement pourroit faire, & défarment fa rigueur. Avec le luxe aucune loi ne peut être férieufe.

Veut-on mettre des impôts fur le luxe? Ils nuiront également aux manufactures qu'ils découragent: d'ailleurs perfonne ne convient que fes dépenses foient fuperflues ; chacun prétend que les objets les plus inutiles, que le fafte le plus outré font effentiels à fon état: le Grand trouve que trente valets lui font indifpenfablement néceffaires, & qu'il ne peut décemment avoir moins d'équipages & de chevaux qu'il n'en a.  L'homme du Peuple en dit autant de fa parure & de fes fantaifies; il fe plaint des impôts dont on charge ce qu'il appelle fes befoins, parce qu'il s'eft accoutumé à regarder fes frivolités comme néceffaires à fon bonheur.

AINSI, ceux qui gouvernent l'Etat, ou font complices des maux que le luxe lui fait, ou font incapables d'y appliquer des remedes. C'eft pourtant à ces médecins que l'on renvoie les Nations pour guérir une maladie que leur exemple a fait naître & a répandue. Veut-on que des Miniftres vains, qui ne connoiffent que l'apparence de la grandeur, aillent méditer fur le bien-être de l'Etat & confultent la raifon? Prétend-on que des hommes légers & diffipés qui ne font liés qu'avec des femmes frivoles, avec des flatteurs, des parafites, des fycophantes, aillent péniblement déterrer les moyens de remédier à des maux qu'ils chériffent eux-mêmes?

### §. XIV. *Il anéantit les mœurs.*

EN VAIN chercheroit-on des mœurs & des vertus dans une Nation infeétée par le luxe; en-vain attendroit-on de l'équité, de la bienfaifance, de la pitié d'une foule d'hommes avides de richeffes & qui n'en ont jamais affez pour eux-mêmes: chacun éprouve des befoins fi nombreux, que fans un facrifice douloureux de lui-même, il ne

pourroit fecourir fon parent, fon ami dans l'infortune. Ainfi le luxe fépare l'homme de fes
femblables, nuit à la bienveillance qu'il leur doit,
intercepte le commerce des bienfaits & des fecours mutuels fi néceffaires à la vie fociale. La
fenfibilité n'eft point faite pour l'opulence endur-
cie. Le cri de l'infortune n'eft point entendu au
fein de l'abondance & dans le tumulte des plaifirs. L'homme le plus opulent trouve à peine
dans fes tréfors de quoi faire diverfion à fes ennuis. Tout ce qu'il donne aux autres, lui paroît
pris fur fes amufements. Un pere prodigue &
diffipé négligera l'éducation de fes enfans; s'il
s'en occupe, dès l'âge le plus tendre il leur apprendra l'art de plaire à des femmes & d'ufer
promptement à fon exemple tous les plaifirs. Incapables de renoncer par la fuite à des penchants
devenus habituels, la mort de ce pere infenfé les
plongera fouvent dans une indigence qu'ils n'ont
point appris à fupporter. Des mariages, des alliances dont l'intérêt formera feul les nœuds, u-
niffent des Epoux également fantafques & déraifonnables: pour foulager les regrets d'un hymen
mal afforti, tous deux feront forcés de doubler
leurs dépenfes & de chercher ailleurs des plaifirs
qu'ils ne trouvent point chez eux. C'eft ainfi
que la Société fe remplit de défordres; on y voit
la licence, la proftitution, l'adultere marcher le
front levé, & ne plus redouter, ni la cenfure
publique, ni les loix. Des grands, plus corrompus que les autres, mettroient-ils donc un
frein à la corruption générale? Ils l'autoriferont
par leur exemple, ils l'encourageront, ils la récompenferont. Les loix ne peuvent rien dans
une Société dont les Chefs font d'ordinaire les

véritables corrupteurs: ils en feront difparoître la décence, la pudeur, la bonne foi, l'équité; ils récompenferont le vice qui leur plait, & rendront les bonnes mœurs ridicules & méprifables.

Avec de tels exemples, que deviendront les mœurs des Citoyens? Des parents vicieux auront-ils des enfants vertueux? Il n'eft plus de liens du fang, il n'eft plus d'amitié, il n'eft plus d'humanité pour des hommes que l'intérêt du plaifir ifole, & à qui la crainte de l'ennui & les befoins factices ne laiffent jamais de fuperflu.  Dans une Nation en proie au luxe, toutes les vertus paroiffent étrangeres, & déplacées; la probité n'eft qu'une dupperie; l'enthoufiafme de la gloire eft une folie; la modération eft une foibleffe; l'amour de la liberté eft une chimere; l'exactitude & la fidélité à remplir fes devoirs font des fignes de ftupidité.  Le luxe pardonne tout en faveur de l'opulence & de la légéreté; le vice lui paroît aimable, dès qu'il eft amufânt; en faveur du plaifir, il fait grace au crime même.

Le luxe fondé fur une paffion défordonnée des richeffes, s'étend toujours de proche en proche, & finit par corrompre tous les ordres de l'Etat. Par-tout il éteint le refpect pour la bonne foi; par-tout il fait naître la fraude & la fupercherie; par-tout il éleve l'argent fur les autels de l'honneur.  Avoir des dettes, devient un figne de grandeur; frauder fes créanciers, efcroquer le bien d'autrui, emprunter pour ne point rendre, réduire des Citoyens laborieux à l'indigence pour briller à leurs dépens, telles font les infamies que l'ufage autorife, & qui ne déshonorent aucunement dans des Nations d'où le luxe a banni toute pudeur N'en foyons point furpris; ces crimes font ennoblis par l'exemple des Princes qui fouvent ne rougiffent pas de violer leurs engagements les plus folemnels. Les Citoyens d'un Etat font quelquefois punis par la ruine de la confiance qu'ils ont eue dans la parole facrée de leurs Souverains, à qui le luxe & des prodigalités criminelles font tant de fois jouer le rôle d'un efcroc.

Tout fe corrompt fous des maîtres injuftes & avides. Dans une cour vénale, l'argent difpofe de la faveur; dans une armée, il décide des grades; dans l'Eglife, il tient lieu de fcience & de mœurs. La bonne foi eft bannie du commerce; la bonté & la folidité difparoiffent des manufactures; la valeur réelle fait place à des apparences trompeufes. Chacun veut s'enrichir promptement & fans peine; tout le monde veut des richeffes pour fatisfaire des befoins, que la vanité multiplie & que l'imagination exagere. L'artifan & l'ouvrier font payer chérement à l'opulence ignorante fes fantaifies continuelles; enfin le valet lui-même ne s'occupe que des moyens de piller ou de furprendre un maître qu'il fert avec négligence.

§. XV. *Ses effets fur les talents de l'efprit &*
   *les arts.*

Les fciences, les lettres, les arts partagent, comme tout le refte, les influences contagieufes que le luxe fait éprouver à tout ce qu'il approche. L'homme de lettres ne connoît plus cet enthoufiafme défintéreffé qui caractérife le génie: il apprend à calculer, il cherche à s'enrichir & néglige des études pénibles; content des apparences de la science, il quitte son cabinet pour fréquenter des cercles frivoles plus capables d'amortir son génie, que de lui donner de la vigueur.

LES Apologistes du luxe semblent sur-tout avoir été touchés des progrès, qu'il fait faire aux arts. En effet, on ne peut nier qu'il n'excite une émulation très marquée entre les différents artistes que l'appas du gain engage à se surpasser les uns les autres. Mais une Nation peut posséder une foule de Peintres, de Sculpteurs, de Manufacturiers célebres sans en être plus heureuse. La vanité d'un Despote peut donner aux arts une impulsion très forte sans qu'il en résulte aucun bien pour son Peuple: au contraire, ce Peuple souvent épuisé, est obligé de se ruiner de plus en plus pour mettre son Tyran à portée de contenter ses goûts. Sous un mauvais Gouvernement, les chefs-d'œuvre de l'art ne servent qu'à décorer le sarcophage de la Nation.

D'UN autre côté le luxe anéantit le goût de la belle Nature; ainsi pour lui complaire, les arts & les talents renoncent à la vérité, à la simplicité, à l'énergie; ils craindroient d'effrayer des ames pusillanimes; ils se pretent à ses caprices bizarres; ils s'amollissent pour se mettre au ton de la Société. Le desir de s'enrichir & de plaire fait que l'homme de génie dépouille ses ouvrages des beautés mâles; il sacrifie honteusement au mauvais goût, à la foiblesse qui dominent; les connoissances utiles & sérieuses cedent par-tout aux talents agréables: ceux-ci font faits pour obtenir la préférence dans des pays frivoles où l'on ne veut que s'amuser.

§. XVI. *Eſt un mal difficile à déraciner.*

D'où l'on voit que le luxe, ſous quelque face qu'on l'enviſage, eſt un état funeſte pour une Nation. Il eſt l'avant-coureur de ſa ruine. Il n'eſt guere de remedes pour un mal entretenu par-ceux mêmes qui devroient le guérir. Que fera-ce ſi une adminiſtration inſenſée ou tyranni-que ſe joint encore à ces maux? Nulle puiſſance humaine ne peut alors rétablir le reſſort d'une Nation. Le luxe eſt une maladie ſi étendue, ſi compliquée, ſi enracinée, ſi opiniâtre, qu'elle exige des ſoins dont un Gouvernement négligent ou pervers eſt totalement incapable. Lorſque cette contagion s'introduit dans un Corps Politi-que déjà affoïbli par une adminiſtration impruden-te, ſes progrès ſont rapides & bravent tous les remedes. Le luxe endort les Souverains bien plus encore que leurs Sujets; alors ils ſe repoſent de tout ſur la richeſſe, & ſe flattent vainement que l'argent rétablira leurs Etats. L'argent ne fournit que l'inſtrument de la puiſſance; il eſt vrai qu'il procure des bras, des armées, des vaiſſeaux, mais il ne donne point l'eſprit patrioti-que, le génie, les talents, la vertu qui ſeuls ſoutiennent ou relevent les Empires.

EN VAIN voudroit-on pallier les maux que le luxe a fait naître; en vain la Politique tente-roit-elle de ſuſciter des paſſions rivales à l'amour de l'argent, il n'en eſt point qui puiſſe le con-trebalancer. Le plaiſir & l'inertie retiennent pour toujours ceux qu'ils ont une fois aſſervis: pour en détruire le goût, il faudroit qu'une gé-nération entiere conſentît à ſouffrir & fût enſuite remplacée par des hommes nouveaux que la con-

tagion de leurs peres n'eût pas encore infectés.
Ne nous y trompons pas, lorfque le luxe s'eft
introduit dans un Etat, il rend tous les Sujets
infenfés & malheureux par le déréglement qu'il
met dans leurs defirs. Veut-on le bannir? la
privation des plaifirs paroît infupportable; mille
voix élevent des cris perçans contre la réforme
qu'on redoute. Perfonne ne confent à renoncer
à des chimeres que l'habitude, l'opinion & l'exemple ont rendus néceffaires. Des événements
malheureux peuvent accabler un Etat & le conduire fur le bord de l'abîme: une oppreffion paffagere peut priver pour quelque tems une Nation
magnanime de fa liberté; s'il leur refte du courage & des vertus, les Peuples pourront fe relever;
mais une Nation affervie par le luxe devient une
maffe inerte à laquelle rien ne peut rendre l'activité.

Il eft bien plus aifé de créer une Nation, que
de la réformer. Le légiflateur qui donne des
loix à un Peuple fauvage & fans expérience, a
de grands avantages fur celui qui veut en donner
à un Peuple corrompu. Le premier trouve une
table rafe; le fecond trouve des impreffions déjà
faites: le premier commande foit par la force, foit
par la perfuafion, à des hommes non prévenus &
difpofés à recevoir les regles qu'il veut prefcrire;
le fecond eft obligé de combattre une multitude
d'opinions, de loix, d'ufages, de préjugés, d'habitudes, de caprices auxquels les hommes fe font
de longue main accoutumés; quelque foit la force
de fon génie, il eft bien difficile que le Légiflateur lui-même ofe attaquer tous les abus; d'ailleurs n'eft-il pas fouvent la premiere dupe des erreurs qu'il feroit fait pour combattre?

PLATON refufa de donner des loix aux Cyré-
néens, parce qu'il les voyoit trop attachés aux richeffes, & qu'il ne croyoit pas qu'un Peuple fi
riche pût être foumis à des loix. Nulle paffion ne peut remplacer celle de l'argent qui feul
les fatisfait toutes, C'eft donc en vain que les
défenfeurs du luxe prétendent que la prudence du
Gouvernement pourroit le tourner au profit de
l'Etat. Ils s'appuient, fans doute, fur l'exemple
de quelques pays libres, dans lefquels une adminiftration plus fenfée empêche que la contagion
ne faffe des ravages auffi fenfibles & prompts, que
dans les Etats foumis au pouvoir abfolu. Il eft certain qu'un Gouvernement attentif & éclairé peut
garantir pendant quelque tems une Nation des
malheureufes influences du luxe; mais quand le
Gouvernement lui-même fait éclore & nourrit
le luxe, ou le croit néceffaire à fes vues, comment y porter du remede? Le luxe fe fait fentir
d'une façon moins cruelle dans une République
ou dans un pays libre; parce que les fortunes des
Citoyens y font, par un effet de la liberté, plus
également réparties; chacun travaille & s'occupe
moins des befoins imaginaires de la vanité, qui
fe changent en des befoins réels fous un Gouvernement Monarchique, ou fous le Defpotifme
qui, toujours vain & faftueux lui-même, fait
contracter fes vices à fes Sujets ftupides ou frivoles.


§. XVII. *Le Luxe inhérent à la Monarchie.*


EN EFFET, fi l'on remonte à la fource des
chofes, on fentira que le Defpotifme eft le vrai
générateur & le fauteur du luxe, & qu'il eft le

complice de tous les maux qu'il fait à la Société.
Le Defpote eft toujours vain; il ne connoît de
grandeur que dans une pompe puérile, un fafte
éblouiffant, une repréfentation impofante; il infecte fa cour des mêmes vices dont il eft la dupe..
La paffion de briller, de fe montrer avec éclat
fut & fera toujours la maladie de ceux qui eurent
le droit d'approcher les Divinités de la terre.
Faute de talents, de bienfaits, de vertus, les
Princes, & les Grands voulurent, par une grandeur factice, fuppléer à la grandeur réelle. Les
Citoyens tâcherent de s'affimiler, autant qu'il
leur fut poffible, aux hommes favorifés defquels
dépendoient leurs deftinées. La vanité eft la paffion des Cours & des Nations foumifes au Gouvernement d'un feul homme. Le luxe eft plus
rare dans une République, ou dans un pays libre,
que dans un pays afſervi; mais lorfqu'il y eft une
fois établi, il né tarde point à l'affervir, & à le
foumettre au joug de quiconque eft en état de
fatisfaire les defirs multipliés qu'il entraîne.

### §. XVIII. *Moyens de le modérer.*

RIEN de plus ridicule que les moyens communément employés par les Chefs des Nations
livrées au luxe; rien de plus contradictoire que
les efforts qu'ils font pour fe tirer de l'indigence
qui les accable au fein même de l'abondance.
L'économie leur paroît toujours le remede le plus
impraticable. Elle n'eft point compatible avec
une adminiftration qui ne connoît plus d'autre
mobile que l'argent; fon avidité fubfifte; fes dépenfes s'accumulent, trop de gens font intéreffés
à les perpétuer. Songera-t-elle à faire renaître

l'agriculture ? La rigueur des impôts, l'oppreſſion, la négligence ont déja découragé le Cultivateur, les campagnes ſont déſertes... Veut- on ranimer le commerce ? il ne peut être libre avec les chaînes dont il eſt accablé par la rapacité des publicains. Le Luxe & le Deſpotiſme également avides & déraiſonnables, deviennent cruels, parce que la fantaiſie eſt la ſeule meſure de leurs beſoins; tous deux veulent la fin ſans adopter les moyens; ils veulent recueillir ſans jamais avoir ſemé; ils veulent tirer des richeſſes du ſein même de la pauvreté; ils exigent de nouveaux impôts de ceux qui en ſont déja accablés,; ils demandent du courage à un peuple qu'ils ont énervé; ils veulent guérir des maux ſans en détruire la cauſe; jamais ils ne conſentent à régler leurs caprices & leurs dépenſes, parce que leurs beſoins imaginaires augmentent de jour en jour & finiſſent par n'avoir plus de bornes; de ce qu'ils ont été ſatisfaits autrefois, ils concluent qu'ils pourront les ſatisfaire toujours.

### §. XIX. *Le luxe a cauſé la ruine de tous les anciens Etats.*

Pour réformer les mœurs d'une Nation, il faudroit commencer par réformer les volontés & les idées de ceux qui la gouvernent; pour en bannir le luxe, il faudroit d'abord le bannir de la cour qui donne toujours le ton au reſte des Citoyens. Pour remédier aux maux produits par le luxe, il faudroit une ſage économie. C'eſt du concours très-rare de toutes ces circonſtances, que pourroit réſulter la régénération d'un Corps Politique, ſa réforme dans ſon chef & ſes membres. Rien de moins ordinaire, que des Souverains équitables, éclairés, fenfibles aux miferes publiques, amis des bonnes mœurs & de la fimplicité. Des Cours frivoles & vaines s'oppofent toujours au bien public; des Citoyens vicieux ne veulent point fe réformer, & communément les Princes fe croiroient dégradés, s'ils retranchoient quelque chofe de leur fafte & de leurs profufions. Il n'y a que la voix puiffante de la néceffité qui les réveille de leur affoupiffement ; fouvent la deftruction totale avertit les Rois & les Peuples de leur danger, trop tard pour pouvoir l'écarter.

Ne foyons donc plus étonnés, quand nous voyons, dans l'hiftoire, les Nations les plus floriffantes périr fucceffivement par le luxe. Il n'eft gueres de reffources pour des malades qui chérisfent leurs maux: il n'y a que des charlatans qui puiffent par de vains palliatifs entreprendre de guérir des ulceres invétérés que le fer & le feu pourroient feuls faire difparoître. Les opérations les plus douces allarment & font déjà frémir des hommes dont la délicateffe eft révoltée de la moindre douleur. Ils périffent donc, & leur chûte ne fert point à détromper les Nations; l'enthoufiafme des richeffes les faifit fucceffivement, le vice, la corruption, la frivolité étouffent communément en elles jufqu'au fentiment de leurs maux. Sparte, la fiere Sparte elle-même, après avoir réfifté fi long-tems aux armes de la Perfe, fuccombé fous fon or; *Agis* trouva la mort lorfqu'il voulut la réformer. Le luxe avoit defféché les vertus femées par l'auftere Lycurgue. Rome, maîtreffe des Nations, s'affaiffe fous le poids de fes richeffes, & ne perdit fon luxe qu'avec l'Empire du monde.

Ainsi, par l'ignorance opiniâtre des Peuples & de ceux qui les gouvernent, ils marchent à la ruine. Des Nations pauvres travaillent à s'enrichir; elles y parviennent par la conquête ou le commerce: elles occupent quelque tems dans la grande Société du monde, un rang envié des autres; elles répandent un éclat passager qui éblouit quelques instants; elles jouissent d'un pouvoir imposant; mais enfin leur richesse, leur grandeur même amenent leur abaissement & leurs miseres; leur opulence les enivre; le vice les corrompt, le luxe les endort; & ce sommeil est suivi d'une léthargie profonde qui les conduit à la mort. Une Nation est morte, lorsqu'elle n'a plus l'activité qui lui convient, lorsque ses mouvements sont obstrués par le défaut de liberté, lorsqu'asservie au Despotisme, elle languit sans énergie, lorsque dépravée dans son intérieur par des vices, elle n'a plus de vertus pour la soutenir. (*)

La Politique véritable doit avoir la vraie morale pour base, & ne peut jamais s'en séparer. Les Souverains vertueux & sages formeront seuls des Nations grandes & florissantes dont le bonheur subsistera; des Princes dépourvus de vertus & de lumieres, ne régneront que sur des Peuples légers, abrutis, corrompus; leur pouvoir peu sûr & leur grandeur éphémére ne pourront long-tems durer. En un mot, par une loi constante de la Nature, il n'est point de vice sur la terre qui ne se punisse lui-même.

§. XX.

(*) *Ubi non est pudor*
*Nec cura juris, sanctitas, pietas, fides*
*Instabile regnum est.*

SENEC. IN THYESTE.

## §. XX. *De la Réforme des Etats.*

RIEN ne feroit plus inutile & plus défolant pour les hommes, que d'expofer à leurs yeux le tableau fâcheux de leurs miferes fans leur en montrer les remedes. Mais quels remedes oppofer à des maux dont la fource primitive eft fous le trône? Comment arrêter les influences d'une contagion toujours répandue par des cours empestées dont le foufle infecte les Nations? Quelle puiffance affez forte pour foumettre à la raifon la puiffance irréfiftible qui fubjugue la Société? Pour opérer ce miracle, la vérité fuffit: elle feule eft affez forte pour triompher des obftacles que l'impofture, la tyrannie, l'opinion oppofent partout à la félicité publique. Tant de Princes ne gouvernent fouvent d'une façon fi violente, que parce qu'ils ignorent la vérité; ils haïffent la vérité, parce qu'ils n'en connoiffent pas les avantages ineftimables. Ils perfécutent la vérité, parce qu'ils la croient contraire à leurs intérêts.

MAIS quels font les vrais intérêts des Souverains? N'eft-ce pas d'être chéris, refpectés, foutenus par des Peuples fideles, fincerement attachés à leurs maîtres, prêts à tout facrifier pour eux? Eh! qu'eft-ce qui, mieux que la vertu, peut exciter ces fentimens dans les cœurs des citoyens? Un bon Roi, défendu par l'amour de tout fon Peuple, n'eft-il pas plus fûr au milieu de ce Peuple, que le Tyran ombrageux, entouré de fatellites turbulents qui doivent à chaque inftant lui retracer fes craintes? Eft-il donc quelque félicité pure pour un Defpote qui s'eft fait le captif d'une troupe mercenaire, deftinée à le garantir des reſſentiments d'un Peuple dont. il s'eſt fait l'ennemi?

CETTE grandeur fatigante & vaine d'où tant de Souverains ne ſe permettent jamais de deſcendre, ne finit - elle pas toujours par leur cauſer des ennuis? Trouvent-ils longtems des charmes dans une étiquette arrogante qui, les mettant au rang des Dieux, les prive à jamais des douceurs de la Société? Quels plaiſirs leur procurent à la longue ces amuſements uniformes, ces dépenſes inutiles, cette ſplendeur & ce faſte qui, ſans pouvoir les réjouir, ne ſervent qu'à réduire des Peuples à la mendicité?

§. XXI. *Effets de l'Education des Princes.*

QU'UNE éducation plus véridique enſeigne donc à ceux que la voix des Nations appelle au trône en quoi conſiſte la vraie grandeur, la vraie gloire, la vraie ſûreté des Rois: qu'à ce futile appareil de la vanité, l'inſtruction ſubſtitue un cœur droit, un eſprit d'ordre, le goût de la ſimplicité, la connoiſſance des devoirs, un attachement inviolable pour l'équité, un reſpect profond pour les loix, la liberté, les droits du Citoyen, une paſſion forte pour le bien public, une tendre ſollicitude pour le bien - être du Peuple, la noble ambition de lui plaire, & la crainte de mériter ſa haine, un grand amour pour la paix, une exactitude ſévere dans les engagements. Nourri dans ces principes, un Prince pourra bientôt ſe promettre la réforme de l'Etat. Un bon Prince peut tout ſur l'eſprit de ſes Sujets.

LES hommes ſont toujours dociles aux volontés de ceux dont ils attendent leur bien - être; ils ne font rebelles & vicieux que par la négligence, l'injuftice & la méchanceté de leurs Gouvernements. Un Souverain vertueux & détrompé lui-même des chimeres de la vanité, ne verra bientôt autour de lui, que des miniftres empreffés à feconder fes vues honnêtes. Si la vertu conduifoit à la faveur, aux dignités, la vertu ne feroit pas fi rare dans les cours. Les Rois tiennent dans leurs mains les cœurs de leurs Sujets; il dépend d'eux de les rendre vicieux ou raifonnables, faftueux ou fimples, avides ou libéraux, amis ou ennemis du bien public, abjects ou vraiment nobles. Les châtimens & les récompenfes, la difgrace ou la faveur, le mépris ou la confidération du Prince peuvent en un inftant changer la face de fa cour: les idées fauffes des grands une fois rectifiées, ne tarderont pas à influer fur des Citoyens, empreffés d'imiter les vertus, comme les défauts, de ceux que le deftin a placés fur leurs têtes.

## §. XXII. *De l'Inftruction des Citoyens.*

Si la bonne éducation du Souverain eft capable de produire une réforme fi favorable dans fa cour, quels effets heureux n'auroit pas une éducation bien dirigée fur tous les Citoyens! Les hommes ne font fi méchants ou fi peu fociables, que parce que ceux qui les gouvernent, ou négligent leur éducation, ou les empêchent de s'inftruire, ou cherchent à les divifer & à les pervertir. L'éducation du Citoyen eft par - tout livrée à des hommes dont les intérêts font parfaitement détachés de ceux de la Société, à des hommes fans patrie, à des Defpotes occupés du foin d'étouffer la raifon fous le joug de leur propre autorité, aux miniftres tyranniques de la Divinité pour laquelle ils infpirent une crainte lâche & fervile. Sous de tels inftituteurs, les Peuples ne contractent qu'un efprit de fervitude, que l'habitude de fe laiffer guider fans raifonner, qu'une apathie funeste pour les objets les plus intéreffants de ce monde. Les leçons de ces maîtres ne parlent aux hommes ni de liberté, ni d'amour du bien public, ni de l'ambition de mériter l'eftime de fes affociés, ni de l'activité néceffaire à la vie fociale; elles n'entretiennent les hommes que de leur baffeffe & de leurs infirmités, dont jamais elles n'indiquent ni les caufes naturelles, ni les remedes véritables; elles ne font que décourager l'homme, le rendre infociable, le priver d'énergie; fi elles déploient l'activité de fon ame, c'eft en l'enivrant d'un zéle fanatique très pernicieux à la Société, & fouvent très funefte à ces mêmes Souverains qui fe croient intéreffés à l'aveuglement des Peuples.

La vraie Politique ne connoît point les maximes & les intérêts des Tyrans: elle regne par la raifon, par les loix, par l'intérêt évident de la Société. Elle n'a pas befoin que l'on trompe les hommes pour les dompter, elle veut qu'on leur faffe fentir leur intérêt réel, elle veut qu'on leur infpire l'amour de la patrie qui ne peut fubfifter fans liberté; elle veut qu'on leur montre l'utilité de l'affociation; elle veut qu'on les rende courageux, induftrieux, laborieux, fociables. Elle veut qu'on leur enfeigne des vertus véritables fans lesquelles la vie fociale leur feroit inutile & fâcheufe; elle veut qu'on leur apprenne à regarder comme facrés, les nœuds qui les attachent comme fujets, comme époux, comme peres, comme

affociés, comme amis; elle veut qu'on les éclaire; qu'on leur donne de l'élevation, le defir de
l'eftime publique, la paffion de la mériter. Enfin
elle ne veut pas commander à des efclaves avilis,
dont elle fçait que jamais on ne peut faire des Citoyens. *Il n'eft point*, dit un Ancien, *de cité
pour des efclaves.*

. Rapprocher les hommes les uns des autres, les rendre vraiment fociables, les rendre
heureux par la vertu, voilà l'objet de la morale,
à laquelle la politique doit prêter tous les fecours.
Faute de connoître un principe fi clair, les hommes vivent dans la Société comme dans un cachot
que, dans leur humeur chagrine, ils fe rendent
infupportable. La vraie morale fe trouve dans une
contradiction perpétuelle, foit avec leurs opinions
religieufes, foit avec les principes & les intérêts
mal-entendus de ceux qui les gouvernent, foit
avec les ufages, les préjugés, les idées vaines que
l'on trouve établis & maintenus par l'Autorité.

En vain diroit-on aux hommes d'être juftes, bienfaifants, modérés, pacifiques, quand
leurs Gouvernements leur montreront des exemples journaliers de vexations, de cruautés, d'u-
furpations, de fourberies, de conquêtes. En vain
déclamera-t'on contre le vice, le luxe & la vanité, quand tout un Peuple verra la débauche, le
fafte, l'avidité, la diffipation identifiés avec fes
maîtres, avec les grands qui les entourent, avec
les riches qui donnent le ton au Public, avec ces
Prêtres mêmes qui prétendent régler les mœurs.
En vain par des loix fouvent cruelles & barbares
voudra-t-on déraciner des crimes que des Gouvernements criminels font pulluler plus promte-

ment qu'ils né peuvent les détruire. N'eft-ce pas la négligence ou la rigueur des Souverains qui produit la mendicité, la pareffe, la perverfité de tant de miférables dont le vol & le meurtre font devenu les feules reffources? Enfin que peut la Religion & fes menaces fur des cœurs qu'ici bas tout follicite au mal?

§. XXIII. *Elle doit être appuyée par l'Autorité Publique.*

L'ÉDUCATION & les mœurs ne peuvent être bonnes, que fous un bon Gouvernement; la vraie morale eft inutile chez un Peuple foumis à la Tyrannie; elle ne peut être efficace, que lorfqu'elle fe trouve favorifée, foutenue par l'Autorité, fortifiée par la loi, confirmée par l'exemple, encouragée par les récompenfes & la confidération. Tonte morale véritable deviendroit une fatire, un outrage pour un Gouvernement injufte & defpotique, dont l'effet néceffaire eft d'anéantir toute vertu.

IL faut un Gouvernement jufte pour rendre les hommes juftes, modérés, fociables. Mais comment établir un tel Gouvernement? C'eft en mettant un frein aux paffions imprudentes de tous ceux que leur aveuglement pourroit inviter à commettre le mal. Tout homme eft foible; rarement celui qui commande aux autres a-t-il affez de force pour fe commander à lui-même; d'ailleurs le Prince le plus jufte eft fouvent remplacé par le Tyran le plus injufte & le plus incapable, qui peut en un inftant détruire & les mœurs &la félicité d'un Peuple.

A i n s i ne fondons pas le bonheur des Nations fur les difpofitions d'un être auffi changeant que l'homme. Fondons ce bonheur fur la juftice, qui n'eft pas fujette à changer; fur la nature de la Société, fur fes droits que rien ne peut affoiblir, fur fa volonté permanente, fur fa force toujours redoutable quand elle eft réunie. Que cette force fubfiftante dans des Citoyens animés du même intérêt préfente une barriere infurmontable à quiconque oferoit attenter contre la volonté générale. Que toutes les claffes de Citoyens, au lieu de fe divifer pour des prérogatives illufoires & méprifables, s'oppofent aux entreprifes d'un pouvoir injufte, & le faffent rentrer dans fes limites naturelles. Que tout Membre ou Chef de la Société dépende de la Société & ne s'arroge pas le droit de la foumettre à fon caprice; lorfqu'il commande ce qui eft jufte, qu'il trouve dans tous les ordres de l'Etat des Sujets obéiffants; quand il veut ce qui eft contraire à l'équité, qu'il trouve dans les volontés de tous les Citoyens, des obftacles invincibles. Ainfi fans révolution, fans paffion, fans troubles, la volonté générale, dirigée par la raifon, fuffiroit pour contenir tout pouvoir qui tenteroit de nuire à l'intérêt public.

P o u r opérer cette heureufe réunion des volontés eft-il befoin d'autre chofe que de la raifon? Ne fait-elle pas fentir à tous les Citoyens qu'ils ont les mêmes intérèts, que tous ont befoin d'être libres, d'être protégés par les loix, de vivre avec fécurité, de ne jamais dépendre des paffions & des fantaifies? La jouiffance durable de la liberté pour fa perfonne & fes biens, garantie par toute la Société réunie, n'eft-elle donc pas préférable à la jouiffance de ces privileges

précaires, de ces titres frivoles, de ces décora-
tions puériles, de ce faste ruineux, & de toutes
les vanités dont le Despotisme se servit de tout
tems pour séduire les Citoyens imprudents, pour
les détacher les uns des autres, pour les subjuguer
les uns par les autres? La réflexion la plus légere
ne devroit-elle pas convaincre les Grands, si jaloux de leurs vaines distinctions & de leurs prérogatives, qu'il n'est point de grandeur pour des
esclaves; que la liberté seule ennoblit l'homme;
que la protection des loix est plus stable que celle
d'un maître inconstant; qu'une sécurité inébranlable ne doit pas être sacrifiée aux jouets, aux
futilités, aux distinctions imaginaires dont la tyrannie se sert pour diviser ses sujets.

O NOBLES; vous ne serez vraiment grands
que lorsque, justes & bienfaisants vous-mêmes,
vous ne connoîtrez point d'autres maîtres que les
loix de l'équité. Guerriers! vous n'aurez un
honneur véritable, que lorsque par votre courage à défendre la félicité publique, vous vous ren-
drez dignes de l'estime de vos Concitoyens. Citoyens opulents! vous ne serez sûrs de vos possessions, que lorsqu'elles vous seront assûrées par
des loix que le Despotisme ne puisse enfreindre.
Enfin, ô Souverains vous-mêmes! vous ne serez
solidement établis sur le trône, que lorsque votre autorité sera fondée sur la vertu, sur la justice, sur des loix équitables, sur l'amour de vos Sujets réunis pour vous obéir & vous défendre. La
Nature & la raison vous crient que vos intérêts
ne peuvent, sans danger pour vous, se séparer
de ceux de vos Peuples. Tout vous démontre
que vous êtes intéressés à vous éclairer vous-
mêmes, à faire instruire vos Sujets, à bannir le

luxe & les désordres qu'il entraîne, à régner sur des Citoyens raisonnables, à donner l'exemple des vertus sans lesquelles un Empire ne peut long-tems subsister.

C'est à des vérités si simples & si démontrées que se réduit toute la science politique. C'est pour les avoir ignorées que les Souverains & les Peuples ont été presque par-tout corrompus, inquiets, agités, malheureux. C'est en appliquant ces vérités si claires, que sans tumulte, sans guerres, sans effusion de sang les Etats réformés montreront à la postérité le spectacle de la félicité publique établie sur une base assurée.

Que l'on cesse donc de regarder comme une chimere l'amélioration du sort des hommes; que l'on ne regarde plus la réforme des abus comme une chose impraticable. Si tant de Gouvernemens jusqu'ici n'ont pu atteindre le degré de perfection dont ils sont susceptibles, attribuons leurs défauts à l'ignorance, à l'inexpérience, à la raison non encore développée dans les esprits des Souverains & des Nations. La raison n'est que la connoissance acquise par l'expérience, de ce qui est utile ou nuisible au bonheur, aux intérêts des hommes. Si les hommes sont des êtres raisonnables, ils sont faits pour connoître leurs intérêts; si leur nature les pousse incessament à chercher le bonheur, ils doivent enfin le rencontrer, si ce bonheur n'est pas fait pour subsister éternellement, ils en jouiront au moins pendant longtems quand il sera solidement établi.

§. XXIV. *Le Souverain est le vrai réformateur de l'Etat.*

LOIN du bon Citoyen cette indolence qui l'empêcheroit de chercher la fin de ses peines. Qu'il ne désespere point de rencontrer un sort plus doux; qu'il cherche la vérité, qu'il la découvre aux autres; quoique ses effets soient lents, elle réveillera tôt ou tard les Princes & les Peuples de la fatale léthargie où ils paroissent engourdis. Alors les Souverains rougiront d'une Politique destructive, qui ne leur procure qu'une puissance inquiete sur des esclaves prêts à briser leurs chaînes. Un Souverain ne concilieroit-il pas la plus grande gloire possible avec son plus grand intérêt, s'il renonçoit de plein gré à l'exercice d'un Despotisme qui nuit également à la sûreté du Maître & des Esclaves? Sacrifier le pouvoir absolu, le droit absurde de mal faire, n'est-ce pas sacrifier à sa propre sûreté? Renoncer pour le soulagement de tout un Peuple à un luxe funeste, à un faste ruineux, à une vanité stérile, n'est-ce pas se couvrir d'une gloire solide & véritable? Le vain étalage de la grandeur, les plaisirs insipides & couteux d'une cour, des amusements qui ne font qu'un ennui diversifié, font-ils capables de procurer au Monarque un contentement aussi pur, aussi durable, que les bénédictions continuelles d'un peuple fidele & sincere? Enfin un Prince est-il mieux gardé par des légions mercenaires, par des Grands intéressés, que par la tendresse d'un Peuple reconnoissant?

QUE l'homme espere donc que le progrès des lumieres, éclairant un jour les yeux des Souverains, leur fera distinguer le pouvoir véritable, la grandeur réelle , l'autorité défirable, de ce qui n'en eft que l'apparence. La main puiffante du fort conduit les Rois & les Peuples & les forcera de recourir à l'équité, à la raifon, fans lefquelles il n'eft rien de folide en ce monde. Avec quelle promtitude & quels fuccès un Monarque éclairé fur fes intérêts deviendroit le reftaurateur de fon Etat, les délices de fon Peuple, le modele des Souverains, le Héros véritable, l'admiration de la Poftérité! Eft-il une Politique comparable à celle d'un Prince qui travailleroit fans relâche à fon propre bonheur en travaillant chaque jour à celui de tous fes Sujets?

La combinaifon heureufe de l'intérêt des Souverains & des Sujets eft évidemment la bafe de la faine politique : tout dans cet ouvrage a dû faire fentir cette importante vérité. Récapitulons donc les principes qui viennent d'être établis, afin de les raffembler fous un même point de vue.

### §. XXV. *Récapitulation Générale.*

I°. L'HOMME, né dans l'état de Société, y eft retenu par fes befoins & par l'habitude qui la lui rendent néceffaire. Si la Société lui eft utile, il doit de fon côté fe rendre utile à la Société, afin qu'elle contribue à fon bien-être; l'intérêt particulier, pour le bien de chaque individu, doit fe combiner avec l'intérêt général. Les devoirs de l'homme font les moyens qu'il doit prendre pour fe rendre heureux dans la Vie Sociale. Les bonnes loix font celles qui font conformes à la Nature de l'homme focial & qui l'obligent à remplir fes devoirs envers fes affociés: la Morale eft la connoiffance de ces mêmes devoirs : la

Vertu ne confifte que dans l'utilité générale : la Société doit le bien - être à ceux qui lui font utiles; les avantages & les fecours qu'elle procure, font les fondements de l'autorité qu'elle exerce fur fes membres; nulle autorité n'eft jufte, fi elle ne fait du bien.

II°. Gouverner les hommes, c'eft exercer fur eux l'autorité de la Société, afin de les faire vivre conformément à fon but. Le Gouvernement agit au nom de la Société de laquelle il tient fon pouvoir, ou la force d'obliger tous les membres à remplir les devoirs fociaux & à fe conformer aux loix, qui ne font que les volontés générales. D'où il fuit que le Gouvernement eft la force de la Société deftinée à réprimer les paffions des individus, lorfqu'elles fon contraires à la félicité publique, & à faire remplir les engagements réciproques, contractés par le Pacte Social. En un mot, le Gouvernement eft fait pour obliger les hommes en Société à pratiquer les devoirs de la Morale. Toutes les formes de Gouvernement ont des avantages & des inconvénients. Tout Gouvernement eft bon , lorfque fidele à remplir envers les membres, les engagements de la Société, il les oblige tous à fe conformer à fes intentions.

III°. Les Souverains font les dépofitaires de l'autorité de la Société, choifis & approuvés par elle pour exercer fon pouvoir fur fes membres: obéir au Souverain qui gouverne conformément. à fes vues & au but de l'affociation, c'eft obéir à la Société de laquelle la Souveraineté eft émanée. Ainfi les droits du Souverain font les droits que la Nation a voulu lui conférer; fon autorité eſt fondée ſur celle de ſa Nation, l'obéiſſance qui lui eſt dûe a pour motif & pour meſure, le bien que cette autorité procure à la Nation, qui ne peut jamais conſentir à ce qui trouble ſon bien-être. L'équité eſt la vertu fondamentale du Souverain; il ne peut s'en écarter ſans danger pour lui-même.

IV°. Le Souverain eſt ſoumis à la loi qui eſt la volonté générale de la Société, & tous les Citoyens ſont ſoumis au Souverain, en tant que ſes ordres ſont conformes à l'intérêt général. Toutes les claſſes des Citoyens ne peuvent avoir d'intérèts ſéparés de ceux de la Société qui, procurant des avantages à tous, a droit de ſoumettre tous ſes membres à l'autorité publique. Chaque claſſe doit concourir à ſa maniere au bien général. La diviſion des intérêts eſt la vraie ſource de la foibleſſe des Nations & des abus dont elles ſouffrent.

V°. Le Deſpotiſme eſt l'intérêt particulier de ceux qui gouvernent, oppoſé à l'intérêt général. C'eſt la fantaiſie d'un ſeul homme ou d'un ſeul corps impoſée comme loi à toute la Société. Le Pouvoir abſolu dégénere bientôt en Tyrannie qui eſt un état de guerre entre le Souverain & tout ſon Peuple, état violent, également funeſte pour tous deux, & que pour ſon intérêt perſonnel nul Citoyen ne peut appuyer ou tolérer. Rien de plus contraire au but de la Société, que le Deſpotiſme ou la licence du Souverain; il anéantit tous les liens; il étouffe l'amour de la Patrie, l'activité, l'induſtrie, la vertu; il ſacrifie le bonheur de tous au caprice d'un ſeul ou d'un petit

nombre. Le pouvoir abſolu ne peut jamais procurer aux Nations un bien-être réel & permanent.

VI°. L a liberté eſt un droit inaliénable de
toute Nation ou Société, vû qu'elle eſt indiſpen-
ſablement néceſſaire à ſa conſervation & à ſa
proſpérité. Etre libre, c'eſt n'obéir qu'à des loix
tendantes au bonheur de la Société & par elle ap-
prouvées. La licence eſt auſſi contraire au bien
public, que le Deſpotiſme ou la Tyrannie. La
liberté ne peut ſubſiſter ſans vertu; il ne peut y
avoir de patriotiſme, de grandeur d'ame, d'honneur réel, d'amour du bien public que dans les
Nations jouiſſantes de la vraie liberté.

VII°. L a Politique doit veiller également ſur
tous les objets qui intéreſſent le bien - être & la
conſervation de la Société. La légiſlation doit
ſuivre les beſoins de l'Etat; elle doit exciter le
Citoyen au travail, régler ſes mœurs, ſemer en
lui la vertu, lui rendre la Patrie chere, favoriſer
la population, l'agriculture, le commerce vraiment utile, réprimer le vice. & récompenſer les
actions louables & les talents néceſſaires à la Société.

VIII°. L e genre humain doit être regardé
comme une vaſte Société à qui la Nature impoſe
les mêmes Loix, qu'une Société particuliere bien
organiſée doit impoſer à tous ſes membres. Les
Peuples ſont les individus plus ou moins ſages &
puiſſants de la Société univerſelle; ils ſont liés à
d'autres Peuples par les mêmes devoirs qui dans
une cité uniſſent des Concitoyens. Le droit des
gens ne devroit être que la morale appliquée à

toutes les Nations de la terre. Les guerres doivent être regardées du même œil que les violences & les aſſaſſinats; les conquétes ne ſont que des vols. Les alliances & les traités exigent la même bonne foi que les contraĉts, les paĉtes, les liaiſons entre des particuliers. Faute de ſentir ces verités, faute d'une force néceſſaire pour faire obſerver aux Nations les regles de la morale univerſelle, ou commune à tous les hommes, les Peuples connoiſſent rarement les devoirs qui les lient réciproquement, & leurs chefs aveuglés par leurs paſſions inſenſées ſe conduiſent comme des voleurs & des brigands qui foulent aux pieds toutes les Loix de l'équité. Les folies de ces hommes ſans loix conduiſent les Nations à la ruine.

IX°. Une politique injuſte ou négligente fait chaque jour des plaies cruelles aux Nations. Les délires & les violences des Souverains, ainſi que leur indolence coupable, font languir & périr les Sociétés: le luxe fut & ſera toujours une cauſe prochaine de deſtruĉtion pour un Etat: il énerve les ames, il affoiblit tous les reſſorts du Gouvernement. Il chaſſe le patriotiſme, il fait mépriſer l'honneur, il mine peu-à-peu les fondements de la Société. Pour réformer une Nation infectée de la contagion du luxe, il faudroit une ſageſſe, une vigueur, un courage opiniâtre dont peu de Souverains ſont ſuſceptibles, parce qu'ils vivent communément dans une ignorance complette de leurs vrais intérêts. La reſtauration d'un Etat une fois corrompu, eſt un prodige que l'on ne doit pas attendre de la paſſion, de la démence, des révolutions ſubites, des attentats, remedes violents qui ne font qu'augmenter la foibleſſe d'un Etat dont le tempérament eſt ruiné; il faut plutôt attendre cette réforme du progrès des lumieres, qui en éclairant les Peuples ſur leurs droits, & les Souverains ſur leurs devoirs & leurs intérêts évidents, leur feront ſentir que nul Chef ne peut-être heureux dans une Société mal-heureuſe; qu'il ne peut y avoir ni bonheur, ni ſolidité, ni puiſſance dans une Nation ſans mœurs; que nul Gouvernement ne peut ſubſiſter ſans juſtice & ſans liberté. Telles ſont les vérités ſur leſquelles tout ſyſtême politique devroit être fondé: elles ont été ſuffiſament démontrées dans toutes les parties de cet ouvrage, uniquement entrepris pour le plus grand bien des hommes & de ceux qui leur donnent des Loix.

F I N.